부캐는 크리에이터,
본캐는 선생님의

디지털 전환
교육담

부캐는 크리에이터, 본캐는 선생님의

디지털 전환 교육담

초판 1쇄 2021년 11월 26일

지은이 박정철
발행인 최홍석

발행처 (주)프리렉
출판신고 2000년 3월 7일 제 13-634호
주소 경기도 부천시 길주로 77번길 19 세진프라자 201호
전화 032-326-7282(代) **팩스** 032-326-5866
URL www.freelec.co.kr

편　집 서선영
디자인 황인옥

ISBN 978-89-6540-321-0

이 책에 대한 의견이나 오탈자, 잘못된 내용의 수정 정보 등은 프리렉 홈페이지(freelec.co.kr)
또는 이메일(help@freelec.co.kr)로 연락 바랍니다.

학생들이
더 좋아하는
수업의
디지털 전환

부캐는 크리에이터,
본캐는 선생님의

디지털 전환
교육담

박정철 지음

프리렉

안녕하세요 독자 여러분, 국내 첫 구글 이노베이터 박정철 교수입니다.

《구글 클래스룸 수업 레시피》(2020년, 프리렉) 출간 이후, 다시 교육에 관한 내용으로 찾아뵙게 되었습니다. 한국 구글 에듀케이터 그룹(Google Educator Group South Korea)의 리더로 활약한 많은 활동을 통해 저를 교육 혁신가로 많이 알고 계십니다만, 사실 제 주된 본업은 환자의 잇몸 건강을 치료하고 임플란트를 시술하는 치과의사입니다. 치과의사로서 KBS '생로병사의 비밀'이나 KBS '무엇이든 물어보세요'에 출연한 필자를 본 적이 있을지도 모르겠습니다. 이러한 본업에 임하는 모습은 대학 병원의 교수가 담당하는 **임상-연구-교육**이라는 3대 축의 하나인 **임상**이라는 분야 중 하나입니다.

그림 1 ⟩ KBS '생로병사의 비밀' 출연 장면

그림 2 ⇨ KBS '무엇이든 물어보세요' 출연 장면

사실, 저는 임상진료 외에 연구에도 관심이 많아 활발하게 연구 활동을 하고 있습니다. 잇몸 조직의 손상 부위를 재생하는 치료법으로 줄기세포를 이용한다거나 다양한 이식 재료를 사용한 뒤, 효능을 평가하고 이를 국제 저널에 논문으로 발표하기도 합니다. 2013년도에는 동양인 최초로 치과 연구 분야의 '노벨상'이라 불리는 Andre Schroeder Award를 수상하였고 2019년도에 Journal of Clinical Periodontology에 발표한 임상 연구 논문은 우수 논문(Top Downloaded Paper)으로 선정되기도 했습니다.

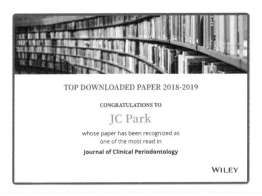

그림 3 ⇨ 유럽치주연맹의 공식학술지에서 우수 논문으로 선정

이러한 활발한 임상과 연구는 결국 더 나은 후학 양성으로 이어지게 됩니다. 정리해서 말하자면, 사실 제가 하는 이러한 임상, 연구 활동은 모두 제가 이룬 성과를 기반으로 하여 제 후배와 제자가 더 나은 성과를 달성하도록 하기 위함입니다. 그리고 이를 위해서는 **좋은 교육**이 필수입니다. 하지만 안타깝게도 저와 같이 대학 병원에 근무하는 많은 교수님은 임상진료에 지나치게 많은 시간을 뺏긴 나머지, 연구에 시간을 할애하지 못하기도 하고 또는 임상과 연구에만 전념하다 보니 교육에 관심을 기울이지 못하기도 합니다. 상황이 어느 쪽이든 왠지 교육은 항상 뒤로 밀리는 듯한 느낌입니다.

사실은 미래를 위해서는 교육이 맨 앞으로 와야 할 것 같은데 현실은 그렇지 않죠. 이것은 우리나라 여러 분야에서 보편적으로 접할 수 있는 현실이며, 동시에 우리나라 학생이 워낙 스스로 잘 알아서 공부하는 덕분이기도 합니다. 참으로 다행스러운 일입니다만, 교육에서 다소 부족한 부분이 있을지라도 그런 부분은 실태가 바로 잘 드러나지 않아 걱정스럽기도 합니다.

COVID-19(코로나19) 팬데믹이라는 유례없는 위기를 겪으면서 인류는 거대한 변화를 경험하고 있습니다. 이 중에서도 비즈니스 분야는 '재택근무(WFH, Work From Home)', 심지어는 '어디서나 근무(WFA, Work From Anywhere)'라는 방식을 상당수 채택했습니다. 일부에서는 오히려 재택근무 후 만족도나 업무 효율이 이전보다 향상했다고 합니다. 하지만, 교육 분야만큼은 누구도 감히 원격 수업(Remote Learning) 후 학생의 학업 성취도가 높아졌고 더 행복해졌다고 말하지 못합니다. 맥킨지 보고서에서도 16개월 동안 조사한 결과, 팬데믹 이후 학생의 학습 소실량은 무려 10개월 치에 달한다고 지적합니다.*

매일 아침 졸린 눈을 비비며 힘들게 등교하지만 그럼에도 학교에 가면 친구가 있고 선생님이 있어 즐겁게 소통할 수 있었습니다. 교실 안에서 함께 이야기하고 활동하면서 살아 있음을 느꼈고 함께 있음을 공감했었죠. 하지만, 오전 8시 50분까지 침대에 누워 있다가 9시 정각이 되어 잠옷 차림으로 줌(Zoom)에 접속하여 몇 번 클릭한 뒤에 온종일 멍하니 모니터만 응시하는 오늘날의 학생은 더는 살아 있음도, 함께 있음도, 배움의 감동도 느끼지 못하는 듯합니다. 하지만 이것이 그저 코로나19 때문에 생긴 문제는 아닌 것 같습니다. 놀랍게도 이런 걱정은 그전에도 늘 있었습니다.

대학 시절에 경험했던 일입니다. 늘 수업 시간에 모니터를 보면서 강의를 하는 교수님이 계셨습니다. 어느 날, 프로젝터가 갑자기 고장이 나면서 강의실 앞의 거대한 화면은 검은색으로 바뀌었습니다. "교수님, 화면이 안 나오는데요?"라고 누군가 이야기할 법도 했지만, 누구도 이야기하지 않았습니다. 어차피 강의를 듣지 않고 있었기 때문입니다. 교수님은 본인 앞의 모니터만 보시며 계속 강의했고 학생들은 검은 화면만을 멍하니 쳐다보며 깊은 명상의 세계로 여행을 떠났습니다.

강의가 끝나고 자리에서 일어서다 프로젝터가 고장 난 것을 안 교수님은 크게 화를 냈지만 때는 이미 늦었죠. 이 사건을 경험하면서 개인적으로 많은 생각을 했습니다. "교실의 **물리적인 프로젝터**는 항상 켜졌지만, 마음속의

---

* Dorn, E., Hancock, B., Sarakatsannis, J. & Viruleg, M. (2020). *COVID-19 and learning loss—disparities grow and students need help.*

심리적인 프로젝터는 꺼졌을 때가 더 많지 않았을까?", "몸은 **출석**했지만, 마음은 **결석**인 때가 더 많지 않았을까?" 하고 말이죠.

그림 4 ✧ 프로젝터가 꺼진 강의실. 어떻게 하면 학생 마음속 프로젝터를 켤 수 있을까요?

마음속 꺼진 프로젝터를 어떻게 하면 켤 수 있을까? 몸은 교실에 있지만, 마음은 결석인 학생의 상태를 어떻게 반전시켜 수업에 열중하고 몰입하고 감동하게 할 수 있을까? 교실에서 교수 혼자 이야기하고 학생은 멍하니 바라만 보는 이러한 수업을 어떻게 변화시킬 수 있을까? 제게는 이러한 고민이 팬데믹 이전부터 큰 숙제로 남아 있었습니다. 그러다 아내와 대화 중에 운명을 바꾸는 말을 듣게 되죠.

"칸 아카데미라는 게 있다던데? 그런 걸로 요새 수업을 많이 하나 봐."

아내가 알려준 낯선 이름은 마치 강남에서 비롯된 새로운 비즈니스 모델 혹은 학원 이름처럼 들렸습니다. 처음에는 크게 관심을 두지 않았고 그냥 인터넷에서 관련 자료를 몇 번 검색하는 정도로 끝났습니다. '살만 칸(Salman Khan)'이라는 인도계 펀드 매니저가 만든 플랫폼이라고 하더군요.

그 이후 시간이 날 때마다 관련 영상을 한두 개씩 찾아 시청하기 시작했습니다. 알고 보니 칸 아카데미는 빌 게이츠가 극찬한 교육의 미래라 불리는 새로운 교육 플랫폼이었습니다. 이후, 저는 살만 칸이 쓴 책도 읽었고 플립러닝의 대가 존 버그만 선생님이 운영하는 코스도 이수했습니다. 이런 방식으로 가르치면 어쩌면 교실에서 변화가 올 수도 있겠다 하는 생각이 들기 시작했습니다. 저는 그렇게 조금씩 새로운 수업, 특히 소위 에듀테크(EduTech)라 불리는 디지털 도구를 활용한 **수업의 전환**[*] 사례에 젖어 들기 시작했습니다. 그중에서도 구글과 같은 혁신적인 테크 자이언트가 제공하는 온라인/오프라인 교육 콘텐츠와의 만남은 큰 도움이 되었습니다. 그리고 저는 공식 구글 교육자 모임(Google Educator Group)을 국내에 최초로 도입하고 다양한 혁신적 수업 사례를 발굴하여 나누는 일을 2016년도부터 시작하였습니다.

얼마 지나지 않아 제 수업은 다음 그림과 같은 형태로 바뀌기 시작했습니다.

그림 5 ⊕ 계단식 강의실은 사라지고 삼삼오오 모여 토론하고 논쟁하는 창의적인 수업으로 바뀌었습니다. 선생님은 학생 사이를 오가며 그저 거들 뿐입니다.

---

[*] 이 책의 대주제인 디지털 전환에 상응하는 개념. 앞으로 우리가 속한 모든 사회는 디지털 기술에 의해 전환되는 시기를 맞게 될 것입니다.

또한, 지난 수년 사이에 저는 다음과 같은 책의 저자가 되었습니다.

그림 6 ⊕ 《교실의 미래를 구글하다 구글 클래스룸》(2016년 출간, 프리렉) 이 도서는 국내 최초의 구글 클래스룸 관련 도서입니다.

그림 7 ⊕ 《구글 클래스룸 수업 레시피》(2020년 출간, 프리렉) 이 도서는 온라인 서점 'YES24'에서 2020년 IT 분야 베스트셀러 1위로 선정되었습니다.

이와 함께 국내에서 처음으로 구글 클래스룸을 주제로 학술 논문을 게재하기도 했습니다*. 특히 2019년에 출간된 《내 인벤토리에 구글을 담다》는 2019년 한국과학창의재단 우수과학도서로 선정되기도 했습니다.

---

* 공준형, 문호진, 박정철. (2016). 치의학 교육의 새로운 트렌드 구글 클래스룸을 이용한 플립드 러닝의 적용 및 평가. *한국디지털콘텐츠학회 논문지, 17*(5), pp. 317-327.

그림 8 ↔ 《내 인벤토리에 구글을 담다》(2019년 출간, 프리렉) 이 도서는 2019년도 한국과학창의재단의 우수과학도서로 선정되었습니다.

또한, 저는 1만 명 이상의 구독자를 가진 유튜버가 되었습니다.

그림 9 ↔ 유튜브 채널 JCparkland. 다양한 강의와 학습 자료를 제공합니다.

지난 몇 년간 어떤 일이 필자에게 있었기에 칸 아카데미로 시작된 일들이 이러한 다양한 결과로 이어지게 된 것일까요? 바로 저에게는 **디지털 트랜스포메이션**(Digital Transformation, 디지털 전환)이 일어났던 것입니다. 기존의 형태(form)에서 새로운 형태로 전이(trans)가 일어나는 것을 '트랜스포메이션(transformation)', 즉 전환이라 합니다. 할리우드 영화 <트랜스포머 (Transformers)>를 떠올려보면 외계에서 온 자동차가 평소에는 자동차 모습이지만 전투 상황이 오면 로봇으로 모습을 바꾸는 것처럼 그 형상이 극적으로 바뀌는 변화 현상을 트랜스포메이션이라고 합니다. 특히 이러한 전환이 디지털 기술을 통해서 일어날 때 이를 디지털 트랜스포메이션 혹은 디지털 전환(후술하는 내용부터는 '디지털 전환'으로 지칭함)이라 부릅니다.

이제 우리는 은행에서 번호표를 뽑고 줄을 서서 기다리지 않아도 스마트폰을 통해 손쉽게 송금하고 예금에 가입하고 주식 거래까지 할 수 있습니다. 영화관 앞에서 줄 서서 기다리지 않아도 좌석을 지정해서 영화표를 예매하고 팝콘과 콜라까지 미리 살 수 있습니다. 회원가입을 위해 주민등록증 사본을 보내거나 가족관계증명서를 제출하지 않아도 스마트폰으로 찍은 주민등록증 사본을 올리면 인공지능이 이를 분석하여 진위를 확인한 뒤 접수해 줍니다. 얼굴 사진만 찍어도 심장 질환의 문제가 발생할지를 인공지능이 예측할 수 있게 되었습니다. 심지어는 운전자가 운전대 앞에 앉아서 손발 하나 까딱하지 않아도, 차 스스로 목적지까지 안전하게 운전하여 이동합니다. 이외에도 디지털이 바꾼 혁신 사례는 끝이 없습니다. 멋진 신세계가 펼쳐진 것이죠. 하지만, 온 세상이 다 바뀌어도 매일 아침 학교에 가는 우리 아이들의 교육 환경은 다른 분야처럼 빠르게 전환되지 않는 것 같습니다.

우리의 수업과 교육도 상황에 맞게 다양한 위기 상황에 대응하여 멋진 트랜스포머 로봇처럼 모습을 바꿀 수 있다면 얼마나 좋을까요? 비가 오면 비가 오는 대로, 감염 질환이 유행하면 유행하는 대로 새로운 지식이 등장하면 등장하는 대로 정말 유연하게 대처하고 적응하는 교육의 전환이 가능하다면 얼마나 신날까요? 물론 학교에서는 능력과 재능이 서로 다른 학생 다수를 상대로 기본적인 내용을 가르치고 국가에서 제시하는 지침에 따라 입시를 준비하면서 교육해야 하는 특수한 상황이 있기 때문에 디지털 전환이 쉽지 않을 수 있습니다. 오히려 디지털 전환이 학생에게는 독이 될 수도 있죠. 온종일 디지털 기기를 들고 있다 보니 운동량이 줄고 시력이 나빠지며 거북목 현상이 생겨서 부모님의 걱정은 깊어만 갑니다. 손으로 쓴 글씨는 점점 더 어설퍼지고 손들고 발표하고 친구와 어울리기보다 디지털 세상에서 댓글로 소통하는 것이 일상이 되어가는 외톨이 모습을 바라보며 위기감을 느끼는 교육자도 있습니다. 모든 것이 그렇겠습니다만 적절히, 지나치지 않게 중도를 지키는 것이 바람직하겠죠.

하지만, 안타깝게도 세상은 학생들이 자연스럽게 디지털 도구를 익히고 조화롭게 아날로그 수업 방식과 적절히 수준을 맞출 수 있을 만큼 기다려주지 않습니다. 미래학자 앨빈 토플러는 그의 저서 《부의 미래》에서 기업은 시속 100마일(약 160km/h)로 변화하며 민간단체는 90마일, 가족은 60마일, 정부는 25마일, 공교육은 10마일(약 16km/h)의 속도로 바뀌고 있다고 지적했습니다. 10마일로 달리는 교육으로 준비한 학생이 과연 100마일로 달리는 기업에 무사히 올라탈 수 있을까요? 올라타더라도 잘 적응할 수 있을까요? 그렇지 않겠죠. 따라서 미래 사회가 급변하고 있다면 그 미래를 살아갈 아이를 위한 교육 역시 이에 발맞추어 바뀌어야 한다고 생각합니다.

분필과 칠판(Chalk and Board)이라는 표현으로 상징되는 기존의 교육 방식으로 아이를 가르치고 획일화된 테일러리즘(Taylorism, 과학적 관리법)과 표준화 시험으로 학생의 능력을 평가하는 기존의 교육은 이제 그 유통기한이 얼마 남지 않은 방식이 아닐까 생각합니다. 물론 일대다 방식으로 교실에서 교육해야 했던 시절이었다면 당연히 이 방식만큼 효율적이고 객관성이 높은 방식은 없었을 것입니다. 그러나 이제는 교실 내 학생 수가 급격히 줄기 시작했고 오로지 정해진 길만 가야 했던 과거와는 달리 학생의 진로도 매우 다양해졌습니다. 그리고 디지털 도구를 적절히 활용하면 한 명의 교육자가 수십 명의 학생에게 동시에 맞춤형 피드백을 줄 수 있고 인공지능이 도와줄 수도 있게 되었습니다. 새로운 시대에는 새로운 교육이 필요합니다.

이에 저는 교실 내에서 디지털 도구를 적극적으로 활용하는 디지털 전환의 사례와 노하우를 한 권으로 정리해 보았습니다. 이 도구는 절대로 정답이 아닙니다. 오히려 이 도구들은 부족함으로 가득합니다. 하지만, 이러한 도구를 사용하면서 부족함을 채우고 많은 고민을 하는 좋은 계기가 되었으면 좋겠습니다. 또한, 도구가 가진 철학과 개성 있는 UI(사용자 환경)가 보여주는 새로운 세상을 경험하면서 규정과 엄격함으로 가득한 교육 현장에서 유연한 사고가 몸에 배기를 기대합니다. 마셜 맥루한 박사의 말처럼 **"사람은 도구를 만들고 그 도구는 다시 사람을 만들기 때문"**입니다.

제가 시행한 교육 혁신 사례를 보면서 많은 선생님이 스트레스와 부담을 느끼는 경우가 많다는 것을 경험했습니다. 처음 보는 도구도 많고 내용도 너무 방대해서 어디부터 시작해야 할지 이 모든 것이 충분히 부담으로 느껴질 수 있습니다. 하지만, 제가 보여 드리는 것들을 하루아침에 모두 시작하라는 뜻이 아닙니다. 가벼운 마음으로, "이런 방법도 있구나, 나는 이 방법에 흥미가 끌리니 이걸 시작해 봐야겠다."라는 마음으로 부담감은 떨쳐버리고 한 번에 하나씩만 차근차근 도전한다는 각오로 접근하면 좋은 결과가 있을 것입니다.

온라인과 오프라인 모든 곳에서 항상 존재하고(ubiquitous) 모든 학생에게 도달할 수 있는(reaching every student) 디지털 도구의 매력을 적극적으로 활용한 디지털 전환이 독자 여러분의 교실에서 새롭게 빛을 발할 수 있게 되기를 기원하며 이제 **수업의 전환**, 시작하겠습니다.

차
례

1부 지금은 디지털 전환 시대

한참 바둑을 집중해서 두고 있었는데 어느 순간 갑자기 상대의 수가 이상해집니다. 누가 보더라도 지금 상대방이 둔 수는 바둑이 아니라 오목 같은데 말이죠.

"저, 죄송한데요. 우리 지금 바둑 두는 거 아니었나요?"

"어, 모르셨어요? 조금 전부터 오목으로 경기 바꿨는데요?"

바로 이런 상황이 우리 앞에 펼쳐졌습니다. 디지털 기술이 만들어내는 놀라운 혁신들이 그 어느 때보다 더욱 빠르게 세상을 변화시키고 있습니다. 하지만 이러한 변화에 관심을 두지 않는다면 우리가 하는 종목이 바둑이 오목으로 바뀔 정도의 큰 변화가 왔는데도 모를 수 있습니다.

"미래는 이미 와 있다. 단지 널리 퍼져 있지 않을 뿐이다.

The future is already here – it is just unevenly distributed."

미국의 SF 작가 윌리엄 깁슨은 말했습니다. 그러나 이 역시도 바뀌었습니다. "미래는 이미 와 있다. 게다가 널리 퍼지기까지 했다, 당신만 모르게."라

1부 지금은 디지털 전환 시대

고 말이죠.

자, 세상이 어떻게 디지털 혁신을 통해 전환되고 있는지 그리고 교육은
어떻게 바뀌고 있는지 그 놀라운 세상을 한번 살펴보겠습니다.

01

디지털 전환: 구글이 시작하다

저는 국내 첫 구글 이노베이터로 활동하면서, 국내 최초 구글 교육자 그
룹을 한국에 도입하여 많은 선생님께 구글의 혁신적인 도구를 이용한 교
수법을 소개했습니다. 당시 마이크로소프트, 애플 모두 교육 관련 플랫폼을
제공했는데 저는 특히 구글의 접근 방식이 마음에 들어 구글의 도구를 열심
히 사용했습니다. 무엇보다 플랫폼을 가리지 않는 구글의 열린 접근 방식이
좋았고 대학 연구실에서 시작된 그들의 학구적인 출발점도 마음에 들었습
니다. 특히 20년이라는 짧은 역사 속에서 구글은 검색, 유튜브, 지메일, 지도
등 혁신적인 도구를 세상에 내어 놓고 인류의 삶의 모습을 많이 바꾸는 선
구적인 업적을 남겼습니다. 《구글맵 혁명》(2020년 출간, 김영사)이라는 책에
서 저자 빌 킬데이가 말한 "구글 지도가 등장한 이후 인류는 더는 길을 잃지
않게 되었다."라는 표현만 보아도 구글이 인류사에 얼마나 큰 획을 그었는
지 알 수 있습니다. 구글이 디지털을 통해 세상을 바꾼 이야기를 잠시 해 보
겠습니다.

▪ 세상을 바꾼 구글의 첫 시작

1998년도였죠. 스탠퍼드 대학 컴퓨터공학과 대학원생 래리 페이지(Larry Page)와 세르게이 브린(Sergey Brin) 두 명의 친구가 '구글(Google)'이라는 웹 검색 비즈니스를 시작합니다.

그림 1-1 ✛ 전설의 구글 창업 시절 사무실 모습, 푸른색 셔츠를 입은 사람이 바로 래리 페이지입니다. 당시 캠코더로 찍은 이 영상이 아직도 유튜브에 있는데, 볼이 빨간 이 두 대학원생이 세상을 이렇게 바꾸어 놓았다는 것이 믿어지지 않습니다.

그림 1-2 ✛ 차고의 사무실에서 나란히 자세를 취한 래리 페이지(왼쪽)와 세르게이 브린(오른쪽)의 모습 (출처: https://about.google/our-story/)

1부 지금은 디지털 전환 시대

구글을 창업했던 시절의 차고 사무실 모습을 보면 새내기 대학원생의 패기가 느껴지는 것 같습니다. 미국에 있는 스타트업 대부분이 그렇듯이 이렇게 차고에서 시작되었죠. 아마도 차고라는 공간적인 특성이 이들로 하여금 새로운 도전에 나서게 하는 환경을 제공하는 것 같습니다. 그런 의미에서 우리나라의 학교 환경, 특히 건축학적인 관점에서의 문제에 대해서는 많은 전문가가 개선해야 할 점이 있음을 지적하고 있습니다. 천정을 높인다든가 베란다 같은 공간을 많이 만들어 계단을 내려가지 않아도 바로 하늘을 접할 수 있게 하는 등의 아이디어가 그것입니다. 그리고 학교 내에 창의의 산실이 되는 이른바 '차고(Garage)' 공간을 제공하는 것도 좋겠습니다.

🔍 창의성을 기르는 공간 문화

짧은 기간이지만 미국에 와서 차고가 있는 집에 살아 보니 몇 가지 느낀 점이 있습니다.

첫째, 차고는 폐쇄적인 비밀 공간을 제공함으로써 **비밀 프로젝트**를 시작하기에 매우 좋습니다. 새로운 도전을 할 때는 대부분 그 시작이 보잘것없는 아이디어 수준일 때가 많습니다. 가족이 보기에도 이건 아니다 싶은 경우죠. 응원의 메시지는커녕 "공부 안 하고 뭐 하나!"라고 핀잔을 듣기에 딱 좋은 그런 비밀 프로젝트를 시작할 때 차고만큼 좋은 공간이 또 있나 싶습니다. 남의 눈치 보지 않고 마음껏 도전할 수 있겠죠.

둘째, 차고는 집 안에 있지만 **외부**로 간주됩니다. 정든 집을 떠나, 익숙한 환경을 떠나 낯선 외부 공간에 내 몸을 던짐으로써 각오를 단단히 하고 이를 악물게 됩니다. 집을 떠나 이렇게 도전하는 상황이니만큼 대충하지 말고 열심히 해야겠다는 결심이 저절로 생기는 셈이죠.

셋째, 하지만 차고는 집도 아니고 밖도 아닌 **중간지대**입니다. 자녀가 성장해서 사회로 나가기 전에 도전하기엔 딱 좋은 공간이죠. 언제라도 문제가 생기면 "엄마! 아빠!"를 외치며 집으로 들어올 수 있습니다. 보호받는 느낌이 들면서도 동시에 집을 떠나 모험적인 시도도 가능한 최적의 환경인 셈입니다. 마치 캥거루의 아기 주머니 같은 공간이라고 할까요? 엄마

품이지만 언제라도 고개를 내밀고 바깥세상을 경험할 수 있습니다.

넷째, 우리나라 아파트의 지하 주차장, 차고와는 달리 미국식 차고는 1층에 있어서 언제라도 손쉽게 들락날락할 수 있습니다. 무언가 새로운 실험을 하다가도 옆집 친구의 차고로 뛰어가서 새로운 도전을 함께할 수 있는 아주 편리한 공간적인 장점이 있는 것 같습니다. 우리나라 아이들은 10층에서 엘리베이터를 타고 1층으로 내려와서 다른 동으로 가서 다시 32층으로 올라가서 친구를 만나고 다시 내려오고 다시 올라와야 집으로 갈 수 있으니까 그냥 결국은 집에서 놀고 차라리 혼자 편하게 모니터 보면서 노는 것이 편할 수 있습니다. 주거 문화가 도전 문화에도 영향을 주는 듯합니다.

학교에서도 이러한 차고와 같은 공간을 만들어 주면 어떨까요?《해리 포터》시리즈에서도 학생들의 은밀한 이벤트는 주로 '필요의 방'이라는, 학교에 존재하지만 학교 시설은 아닌 방에서 일어납니다. 학교 내에 '차고(Garage)'라는 공간을 제공하여 학생의 창의적 활동을 지원하면 재미난 결과가 나올 듯합니다.

재미있는 사실은 구글 사무실로 쓰인 창고의 주인이 수잔 워치스키(Susan Wojcicki)였는데, 당시 인텔사의 직원이었다고 합니다. 수잔은 자신의 차고를 더벅머리 청년 두 명에게 임대한 다음에 이들이 하려는 비즈니스의 비전에 매료되어서 자신도 그만 구글의 16번째 직원이 됩니다. 그리고 현재 그녀는 유튜브의 CEO로 근무하며 무려 다섯 명의 아이를 낳고 구글에서 가장 오래, 가장 많이 출산 휴가를 다녀온 직원으로 알려집니다. 사실 수잔이 구글에 입사한 이후로 남성 엔지니어 위주의 문화였던 구글이 점차 구글 내 여성 직원의 비중을 높이고 새로운 트렌드를 시작하게 되었다고 하죠. 일과 가정의 행복 모두를 성취한 경우라 볼 수 있겠습니다.

참고로 수잔의 가족사가 매우 독특합니다. 세 자매 중 장녀인 수잔은 앞서 말한 대로 유튜브의 CEO이고, 둘째 자넷(Janet Wojcicki)은 샌프란시스코(UCSF) 의과대학 소아과 교수입니다. 막내 앤(Ann Wojcicki)은 타액에서

DNA를 추출해 유전 질병을 예측하는 바이오 스타트업 '23andMe'의 CEO 입니다. 아버지 스탠리(Stanley Wojcicki)가 스탠퍼드 대학교 물리학과 명예교 수인 것으로 봐서는 애당초 훌륭한 유전자를 갖고 태어났구나 생각할 수도 있습니다만, 사실은 어머니 에스더(Esther Wojcicki)를 알고 나면 오히려 어머 니의 양육이 훌륭했다고 더욱 인정하게 됩니다.

그림 1-3 ⊕ BBC에 실린 수잔의 가족사진. 왼쪽부터 어머니 에스더 워치스키(작가 겸 교사), 큰딸 수잔 워치 스키 (유튜브 CEO), 아버지 스탠리 워치스키(스탠퍼드 대학교 물리학과 명예교수), 막내딸 앤 워치스키(23andMe CEO) 그리고 둘째 딸 자넷 워치스키(샌프란시스코 의과대학 교수). (출처: bbc.com)

세 명의 딸을 너무나도 잘 키운 어머니 에스더 워치스키는 사실 미국의 팔로 알토라고 하는 지역의 고등학교에서 무려 50년 동안 미디어 아트를 가 르친 교사이자 작가입니다. 에스더 선생이 자신의 자녀를 잘 키웠을 뿐만 아니라, 애플의 스티브 잡스의 딸 리사라든지 수많은 미국의 유명 테크 스 타트업 CEO의 자녀나 실제 지금 스타트업의 CEO가 된 이들을 교육한 것으로 알려져 별명이 **실리콘밸리의 어머니**입니다. 도대체 아이를 어떻게 가르쳤기에 이렇게 창업을 잘하고 창의적이고 도전적이고 성공적으로 잘 키워낼 수 있는가 그런 질문을 많이 받았나 봅니다. 결국은 2019년도에 책을 출간합니다. 《어떻게 성공적인 인물로 양육할 것인가(How to Raise Successful People: Simple Lessons for Radical Results)》라는 제목의 책인데, 책에서 에스더 선생은 그 비밀을 **트릭(TRICK)**이라고 밝혔습니다. 이는 신뢰(Trust), 존중(Respect), 독립심(Independence), 협력(Collaboration), 친절함(Kindness)의 첫 글자를 딴 것입니다. 아쉽게도 우리나라엔 아직 번역 출간되지 않았으나, 관심이 있다면 여러분도 한번 찾아 읽어 보길 바랍니다.

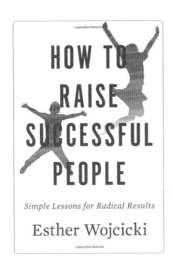

그림 1-4 ⟡ 《어떻게 성공적인 인물로 양육할 것인가(How to Raise Successful People: Simple Lessons for Radical Results)》의 표지입니다. 어떻게 성공적인 인물로 양육할 것인가에 대한 수많은 질문에 답한 책입니다.

▪ 실리콘밸리의 어머니, 에스더의 꿈: 교실에서의 문샷 싱킹

여하튼 에스더 선생은 평소 자신이 꿈꾸는 학교를 만들고 싶어 했는데 학교의 이름이 **문샷 스쿨**(Moonshot School)이라고 합니다. 2015년에는 이와 관련된 책을 출간하기도 합니다.《교육의 문샷 싱킹: 교실에서 블렌디드 러닝 시작하기(Moonshots in Education: Launching Blended Learning in the Classroom)》라는 제목의 책입니다. '문샷'이 무엇이기에 에스더 선생은 이러한 이름의 학교를 만들고 싶어 했을까요? '달을 향해 쏜다.'라는 의미인데 직관적으로 이해되지는 않습니다.

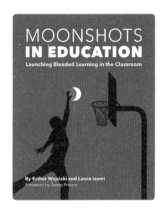

그림 1-5 ✛ 《교육의 문샷 싱킹: 교실에서 블렌디드 러닝 시작하기(Moonshots in Education: Launching Blended Learning in the Classroom)》책 표지입니다. 교육에 문샷 싱킹을 도입하자는 책입니다. 과연 문샷 싱킹은 무엇일까요?

이후에 소개할 구글의 수많은 프로젝트 역시 구글의 문샷 싱킹의 결과라고들 말하는데요 도대체 **문샷 싱킹(Moonshot Thinking)**이 무슨 말일까요?

달을 관찰하기 위해서 망원경을 개발한다고 가정해 보겠습니다. 누군가는 적외선 망원경, 누군가는 레이저 망원경, 누군가는 렌즈를 여러 개 조합하는 등 여러 시도를 통해 온 힘을 다하겠죠? 하지만, 사실 달을 가장 정확하고 자세하게 관찰하려면 달에 가는 것이 제일 정확하지 않을까요? 비록 어렵고 때로는 불가능해 보일지라도 망원경으로 관찰하기보다 차라리 달로

가는 우주선을 제작하는 것이 가장 확실한 방법이죠. 누가 보더라도 허황되고 말도 안 되게 큰 프로젝트이지만 사실은 이것이 가장 쉬운 방법이라고 구글은 말합니다. 왜냐하면, 기존의 선입견과 편견, 기술력, 기술, 인력, 시스템 등에서 완전히 자유로운 백지상태에서 문제를 해결할 수 있기 때문에 오히려 더 쉬울 수 있다는 논리입니다. 이것이 바로 달을 향해서 로켓을 쏘는 '문샷 싱킹'입니다.

1962년 미국의 케네디 대통령은 라이스 대학 연설에서 10년 내에 인간이 달에 갈 것이라는 야심 찬 문샷 싱킹을 천명합니다. 누가 듣더라도 상상할 수 없는 프로젝트였죠. 거대한 과제가 있고, 이에 대해 급진적인 해결책을 찾고, 이를 뒷받침할 혁신적 기술을 개발한다면 가장 손쉽게 해결된다는 문샷 싱킹. 그리고 실제로 미국은 7년 만에 달에 인간을 보냅니다. 이러한 도전적인 과제를 채택한 것은 "그것이 쉽기 때문이 아니라 어렵기 때문"이라고 케네디는 대학 연설에서 밝혔습니다. 그리고 약 50년이 지난 뒤 구글의 X 컴퍼니(구글의 문샷 팩토리)의 수장 아스트로 텔러(Astro Teller)는 어마어마한 인류의 난제를 해결하는 문샷 싱킹 프로젝트를 진행하게 됩니다.

그림 1-6 ✚ 문샷 싱킹의 구성 요소를 언급한 싱귤레리티 대학의 자료

1부 지금은 디지털 전환 시대

대부분의 기업, 학교 아니면 우리 개인의 삶도 마찬가지입니다. 예를 들어 지난해 대비 10% 성장을 계획한다고 생각해 봅시다. 예산을 조정하고 인력을 재배치하고 일정을 빡빡하게 짜면 10% 성장은 충분히 가능할 것입니다. 하지만, 10%가 아닌 10배(10x) 성장해야 한다고 가정해 보면 어떨까요? 일단 '그게 가능해?'라는 생각이 들겠죠. 지금과 같은 인력으로, 기술력으로, 예산으로, 환경으로, 제도로는 도저히 불가능한 10배 성장. 작년보다 10배 더 많이 수익을 올려야 하고 10배 더 많은 학생이 좋은 진학 성과를 얻어야 하고 10배 더 많은 학생이 행복해하며 자신의 꿈을 성취하는 그런 상황을 만들어야 한다면 기존의 비즈니스 모델, 기존의 수업 형태로는 불가능하다는 결론이 나옵니다. 당연히 원점에서 다시 계획을 세워야 합니다. 바로 이런 모습의 학교가 에스더 여사가 꿈꾸는 문샷 스쿨이기도 합니다.

물론 이런 학교를 만든다는 것이 결코 쉬운 일은 아닙니다. 어쩌면 불가능할지도 모르겠습니다. 하지만, 가끔 이런 순간을 경험해 보셨는지 모르겠습니다. 누군가가 그림을 그리다 말았는데 이것을 수정해서 마무리해야 하는 상황에서 몇 번 수정하다가 갑자기 "아 이거 처음부터 다시 그리는 게 빠르겠다!"라는 생각이 들었던 경험. 맞습니다. 구글 역시 이런 문샷 싱킹이 목표 프로젝트를 수행하기에 더 쉽다고 이야기합니다. 이전의 학교 문화와 수업을 바꾸려고 했던 이런 노력을 모두 덮어버리고 백지상태에서 문제의 본질에 가장 확실하게 도달하는 해결책을 찾아보면 어떨까요?

일론 머스크(Elon Musk)의 스페이스X 역시 문샷 싱킹을 실천한 사례로 손꼽을 수 있습니다. 기존의 우주 탐사용 로켓 발사에서 비용이 많이 드는 가장 큰 원인은 1단계 추진체(전체 50% 비용 차지)와 페어링(전체 10% 비용 차지)을 일회용으로 사용했기 때문이라고 합니다. 일론 머스크는 여기서 아주 근본적이고 직관적인 질문을 던지죠. "로켓 발사 비용을 줄이려면 어떻게 해야 할까? 추진체를 재활용하면 안 될까?" 당연히 현재 수준의 기술과 시스템으로는 불가능했습니다. 그렇다면 '새로운 기술을 만들면 되지!'라고 생각하고, 실천에 옮겨서 정말로 로켓 회수 기술을 개발합니다.

하지만, 이는 절대로 쉬운 일이 아니었습니다! 747 비행기의 다섯 배의 힘으로 날아가는 로켓을 역추진해서 일시적으로 수직 방향으로 다시 세우고 공중에서 작은 날개를 펴서 로켓의 방향을 계속 조절하여 균형을 잡아야 합니다. 게다가 로켓이 어디에 착륙할지 가늠하기 어려워서 바다에는 자율주행 드론십(자율무인선박)을 띄우고 있다가 로켓이 떨어질 것으로 추정되는 지점으로 신속하게 드론십을 이동해야 합니다. 그리하여 수많은 실패 끝에 마침내 팰컨 9*의 1단계 추진체는 4개의 날개를 펴고 기가 막히게 우뚝 선 모습으로 드론십에 안착합니다. 이렇게 성공하기까지 얼마나 많은 실패를 했는지는 이어 소개하는 유튜브 영상을 통해 꼭 보길 바랍니다. 처절한 실패의 연속이지만 이것을 너무나도 유쾌한 음악과 유머로 다루는 영상이라 꼭 보길 추천합니다.

---

* 팰컨은 영화 〈스타워즈〉 시리즈의 밀레니엄 팰컨에서 따온 이름이고 9는 1단계에 사용하는 9개의 엔진을 의미한다고 합니다.

그림 1-7 ⊙ 스페이스X가 '로켓을 성공적으로 착륙시키지 않는 모든 방법' 이라는 제목으로 유튜브에 올린 영상. 로켓이 뻥뻥 터져나가는데도 얼마나 경쾌하게 노래에 맞추어 영상을 편집했는지 보는 이들로 하여금 웃음을 짓게 합니다. 실패는 없습니다. 오로지 성공을 위한 배움의 과정만 있는 것이죠. 이들의 문샷 싱킹 방식은 이렇습니다.

◦ 구글의 문샷 싱킹, 세상을 바꾸다

이러한 문샷 싱킹으로 구글은 하나하나 세상의 모습을 바꾸어 나가기 시작합니다. 두 창업자가 구글을 창업하면서 마음속에 품고 있던 생각이 있었습니다. 흔히 회사를 설립할 때는 모두가 목표를 세웁니다. "돈을 벌어 조기 은퇴를 하겠다." 아니면 "투자자들이 만족할 만한 수익을 내겠다." 하지만, 독특하게도 두 창업자의 목표는 이러했습니다. **"전 세계의 지식을 잘 정리하여 누구나 손쉽게 접근할 수 있도록 하겠다."** 이러한 목표를 가지다 보니 지난 20여 년간 구글의 성장 과정을 살펴보면 일반 회사와는 분명히 다른 것 같습니다. "사악해지지 말자. (Don't be evil.)"라는 윤리 강령을 별도로 만들어서 지키려고 노력한 덕분인지 지식을 분류하기 위해 모으고 나누며 정리하는, 약간은 공익적인 성격을 가진 사업을 많이 수행합니다. 이 책의 일부를 할애하여 구글이 보여준 혁신 사례를 살펴보고자 합니다. 다음 사례는 교육 분야에서도 활용할 수 있는 도구이기도 하며 무엇보다 문샷 싱킹의 좋은 본보기입니다.

우선 세상의 모든 지식을 정돈하려면 일단은 지식을 한군데로 모아야겠다는 생각이 들었나 봅니다. 그들은 무모하게도(!) 실제로 전 세계의 모든 인터넷 홈페이지를 직접 저장하기 시작합니다. 1998년도의 인터넷을 기억하는 독자도 있을 텐데요, 지금의 상황과 별반 다르지 않았습니다. 검색 엔진에 접속하면 사이트 구성이 상당히 복잡한데, 해당 관심 영역을 클릭하면 광고인지 그림인지 정보인지 알 수가 없는 블로그가 새로 열립니다. 자세히 읽어 보면 광고 글인 경우가 많습니다. 그래서 이들은 직접 홈페이지를 검토한 뒤 '사람들이 얼마나 많이 클릭하는가?'를 보는 것이 아니라 '얼마나 많은 사이트가 이 페이지를 인용하는가?'를 기준으로 검색 엔진을 전면 개편하기 시작합니다. 아무래도 많은 사람이 인용하는 내용이라면 신뢰할 수 있는 사이트일 개연성이 크겠죠.

그림 1-8 ⊕ 페이지 랭크의 로고

1부 지금은 디지털 전환 시대

이렇게 해서 만들어진 것이 홈페이지의 순위로 중요한 페이지가 먼저 나오도록 한 '페이지 랭크(Page Rank)'입니다. 이 이름에는 사실 홈페이지에서 따온 '페이지'라는 의미도 있지만, 이 아이디어를 처음 제안한 것이 래리 페이지(Larry Page)이다 보니 '래리 페이지의 랭크(순위)'라는 자랑의 의미도 숨겨 놓은 듯합니다.

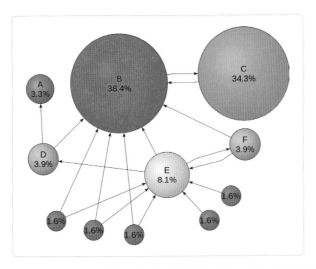

그림 1-9-2 홈페이지의 선호도보다 연결되는 링크 수가 많은 것을 기준으로 검색 결과를 우선하여 제시하는 구글의 혁신적인 검색 알고리즘을 나타낸 도해입니다. (출처: 위키피디아)

무모해 보이기까지 한 사업에 대해 야심 찬 비전을 품고, 게다가 이를 실천으로 옮긴 이들은 전 세계의 웹 사이트를 정리해서 정말로 인터넷 사용자들이 찾고자 하는 정보를 우선해서 제공하여 설립 20년 만에 전 세계 검색 엔진 시장의 90%를 차지하게 됩니다. 2위로 이들의 뒤를 쫓는 기업은 어디일까요? 야후나 네이버와 같은 다른 검색 엔진일까요? 재미있게도 유튜브입니다. 유튜브는 단순히 영상을 보고 즐기는 사이트가 아닌 요즘 젊은이들이 궁금한 게 있을 때 먼저 찾아보는 **검색 엔진**입니다. 이제 궁금한 것은 구글 아니면 유튜브에서 찾는다고 해도 과언이 아닙니다. 모두 알고 있겠지만, 유튜브는 현재 구글이 운영합니다. 그러니 세상에서 제일 큰 검색 엔진 1, 2위를 모두 구글이 차지한 셈입니다.

A. 더 좋은 검색을 하겠다!

이렇게 인터넷에서 지식과 정보를 수집하고 분류한 지 20년이 지나자 구글은 이제 검색한 **지식의 질(Quality)**에 대해서도 고민하기 시작합니다. 가장 큰 문제는 가짜 뉴스였습니다.

그림 1-10 ⊕ 영국의 윌리엄 왕자가 손가락 욕을?! (출처: Reuters)

점잖아야 할 영국 왕실의 윌리엄 왕자가 공개 장소에서 기자를 향해 손가락 욕을 했다는 뉴스입니다. 이 사진을 보고 많은 사람이 실망했고 분노하기도 했죠. 인터넷을 통해 이 뉴스는 순식간에 전 세계로 전파되었습니다. 심지어는 '윌리엄 왕자'로 검색해야 할 것을 '영국 찰스 왕자 손가락 욕'

등과 같은 잘못된 검색어로 검색하더라도 구글은 검색 트렌드를 분석하여 지금 사용자가 무엇을 찾고자 하는지를 찾아 그 결과 이 사진을 제시했습니다.

🔍 Did you mean 기능

구글의 'Did you mean' 기능은 검색하는 사람이 오타를 입력하거나 잘못된 검색어를 입력해도 원래 찾고자 하는 것이 이 검색어인지 묻고 먼저 이와 관련된 자료를 찾아주는 놀라운 알고리즘입니다. 우리말을 예로 들면 '바담 풍'이라고 하면 구글의 알고리즘은 '바람 풍'이라고 기가 막히게 알아듣는 것이죠. 네이버에서도 '제안: 바람 풍으로 검색한 결과입니다'라고 제안하는 기능을 모방했죠? 지난 수십 년 동안 수많은 검색 엔진의 트렌드를 구글이 이끄는 셈입니다.

그런데 놀랍게도 사실은 전혀 달랐습니다. 다른 각도에서 찍은 사진을 보니 윌리엄 왕자는 손가락 욕이 아니라 세 가지 무언가에 대해 설명을 하던 상황이었습니다. 하지만, 묘하게 옆에서 보면 손가락 욕을 하는 모습으로 보이고, 이 사진만을 본 사람은 윌리엄 왕자를 오해하게 됩니다. 마크 트웨인이 남긴 유명한 말이 있죠.

"진실이 신발 끈을 묶고 있을 때 거짓은 이미 지구를 반 바퀴 돈다."

그만큼 가짜 뉴스는 빠르게 전파된다는 뜻입니다. 일단 그럴싸해 보이고 무엇보다 사람들이 좋아할 만한 요소가 있기 때문입니다.

이러한 가짜 뉴스가 점차 많아지자 구글의 검색 엔진에서는 진실에 대한 방대한 **지식 금고(Knowledge Vault)**를 만들기로 합니다. 사실 구글로서는 너무나 명확한 진실을 검색하는 사용자에게는 굳이 검색 엔진을 돌릴 것도 없이 바로 지식 금고에서 정보를 꺼내 제공하면 더욱 빨리 정확하게 진실을 제공할 수 있겠다고 생각한 것인데, 시간도 절약하고 가짜 뉴스도 줄일 수 있다는 장점이 있습니다.

2012년 구글은 **지식 그래프(Knowledge Graph)**라는 서비스를 우선 시작합니다. 이것은 5억 개체에 대한 35억 개 지식을 정리한 데이터베이스입니다. 여기에는 결코 바뀔 수 없는 명제가 담겼는데 그 예는 다음과 같습니다.

- 영화배우, 감독, 영화
- 예술 작품, 미술관
- 도시, 국가

- 섬, 호수, 등대
- 앨범, 그룹
- 행성, 우주선
- 롤러코스터, 건물
- 운동팀

앞에 나온 예에서 알 수 있듯이 대한민국의 서울이라는 도시나 영화 <미션 임파서블>의 주연 배우 톰 크루즈 같은 지식은 누구나 궁금해하고 검색할 법하지만, 검색 결과는 그 어떤 상황에서도 변하지 않는 지식입니다. 번거롭게 사이트들을 검색해서 결과를 찾을 필요 없이 구글이 보유한 지식 금고에서 추출해서 지식 그래프로 바로 제공하는 것입니다. 여기에서 한 단계 발전한 것이 **지식 패널(Knowledge Panel)**입니다. 검색 키워드에 관련된 지식을 추가 검색 확률이 높은 것부터 정리하여 한 페이지에 제시하는 것입니다. 궁금한 것을 하나 물어봤는데 미리 추가로 질문할 열 가지에 대해 검색 결과를 보여준다고 할까요?

예를 들어 기업 테슬라(Tesla) 자동차의 설립일에 대해 검색해 보겠습니다. 영어로 'When was Tesla founded?'라고 입력하자 다음 그림과 같은 결과가 나옵니다. 사용자가 가장 원하는 것은 정확한 날짜죠. 따라서 단답식의 형태로 날짜와 장소가 제공됩니다. 이것은 **지식 카드(Knowledge Card)**라 부릅니다. 비슷한 예로 항상 논란이 되는 영화배우 톰 크루즈의 키에 대해 검색하면 "170cm!"라고 외치듯이 바로 결과가 나오는 식입니다. 반면에 테슬라 자동차의 설립일을 알고 난 뒤 자연스럽게 꼬리를 물게 되는 누가 설립했으며, 현재 CEO는 누구인지 등 함께 검색할 확률이 높은 질문에 대한 답변이 일목요연하게 하나의 표로 정리되어 오른쪽에 제시되는데, 이것이 **지식 패널(Knowledge Panel)**입니다.

그림 1-12 ✛ 지식 카드와 지식 패널이 동시에 제공되는 구글 검색 결과입니다.

그림 1-13 ✛ 톰 크루즈의 키를 묻자 5.577ft, 즉 170cm라고 간단하게 답이 제시됩니다. 관련 검색어에 니콜 키드먼의 키가 나오는 것이 재미있습니다. 사람들이 궁금한 것은 비슷한 모양입니다.

여기서 멈추지 않고 구글은 더욱 빠른 검색을 고민합니다. 한 페이지를 한 번 로딩할 때마다 시간 낭비가 생기기에 구글은 페이지 로딩 없이 바로 답을 제시하는 방법을 모색하기 시작했습니다. 그래서 얼마 전부터는 검색창, 즉 옴니박스(Omnibox, 정말 다양한 기능이므로 구글은 이 검색창을 '옴니박스'라 부릅니다)에서 바로 결과를 제시하기 시작했습니다. 구글의 첫 검색 페이지를 벗어날 필요도 없이 빠른 검색 결과를 얻을 수 있죠.

그림 1-14 ⊕ 얼마 전부터는 검색 페이지를 벗어나지 않고 옴니박스 내에서 바로 검색 결과가 제시되기 시작했습니다. 검색할 내용을 적고 [Enter] 키를 누르지 않아도 이미 답을 얻을 수 있는 것입니다.

또한, 구글은 이미지를 동반한 검색 결과에서조차 시간과 페이지를 절약하기 위해 회전목마 방식의 프레임을 도입하였습니다. '지구 중력'이라고 검색해 볼까요? 지구의 중력이 지식 카드의 형태로 9.807m/s^2이라고 제시됩니다. 좀 더 자세한 내용이 필요하면 지식 패널을 참고하면 되겠죠. 이렇게 지구의 중력에 대해 알게 되면 사용자들은 자연스레 다음에 달은 어떨지, 화성은 어떨지 궁금해지며 이를 비교하기 위해 계속 검색하게 됩니다.

구글은 이러한 상황 전개를 예측하고 이미지와 함께 그 결과를 회전목마 방식으로 제시합니다. 화살표를 클릭하면 다음 그림처럼 페이지를 스크롤하지 않아도 가로 화면으로 한눈에 결과를 볼 수 있습니다. 이러한 방식을 구글은 **엔티티 캐러셀(Entity Carousel)**이라 부릅니다. 화면을 위아래로 스크롤하는 시간조차 절약하겠다는 치열한 고민의 결과입니다.

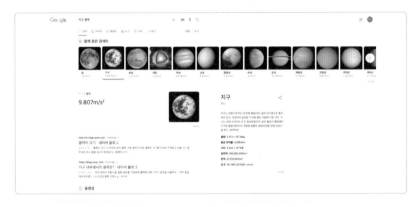

그림 1-15 ✛ 엔티티 캐러셀 방식으로 제공한 검색 결과입니다.

이처럼 구글은 지금도 끊임없이 검색 엔진을 개선하는데, 현재 이들은 검색의 궁극 형태를 준비 중이라 합니다. 래리 페이지의 야심 찬 아이디어가 과연 실현될지는 모르겠습니다만, 소문에 의하면 궁금한 것이 떠오르고 이를 생각하기만 해도 결과가 나오는 검색 엔진을 개발하는 중이라 하네요. 이것이 과연 가능할 것인지는 모르겠습니다만, 그만큼 구글이 검색에서는 최고가 되고자 불철주야 노력한다는 것은 확실합니다.

B. 세상의 모든 책을 스캔하겠다!

구글은 인터넷에서 홈페이지를 검색하고 지식을 정리하는 분야에서 최고의 기술을 만들고자 문샷 싱킹을 했습니다. 여기서 멈출 수는 없겠죠. 이들은 인터넷에서 검색할 수 없는 지식 정보에까지 관심을 두기 시작합니다. 바로 책입니다. 자, 한번 상상해 볼까요? 전 세계에 있는 책을 모두 스캔해서 인터넷에 올린다는 것이 과연 가능할까요? 예를 들어 미시간 대학 도서관에 있는 550만 권의 책을 모두 스캔하는 작업에 얼마나 소요될까요? 일반적인 조건으로 계산해 보니 약 1,000년 정도 걸릴 것으로 추정되었습니다 (참고로 미시간 대학은 래리 페이지의 모교입니다). 래리 페이지가 참으로 대단하다 생각되는 것이 이러한 생각을 학부 시절인 1996년부터 해왔다는 것입니다. 그리고 구글이 어느 정도의 여력을 갖게 되자 책을 모두 스캔해서 책 내용이 검색되려면 얼마나 걸릴지 예상해 보기 위해서, 스캐너와 메트로놈을 구해서 한 권을 스캔하는 데 드는 시간을 계산했다고 합니다. 그러고는 놀랍게도 '되겠는데?'라는 결론을 내렸다고 합니다(보통은 안 되겠다고 했을 것 같습니다만). 여하튼 1,000년이 걸릴 것으로 예상했던 스캔 작업을 구글은 단 6년 만에 해냅니다.

구글이 사용한 방식은 책을 특수한 장비에 끼워 자동으로 한 페이지씩 넘기면서 동시에 카메라로 찍은 뒤 이를 이미지로 만들고 OCR로 텍스트를 인식하는 방법입니다. 정말 상상할 수 없는 속도로 스캔하기 시작했는데요, 구글은 2002년부터 구글 북스(Google Books)라는 프로젝트의 이름으로 1억 4,000만 권의 책을 목표로 스캔을 시작했는데 벌써 5,000만 권의 책을 스캔했다고 합니다.

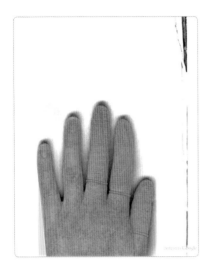

그림 1-16 ⇧ 구글 북스의 손. 초창기 스캔 작업 중에 우연히 작업자 손이 스캔된 사진인데 오른쪽 아래에 'Digitized by Google'이라고 워터마크가 있습니다. 이제는 스캔이 자동화되어서 이 사진도 추억이 되겠네요. 인터넷에는 구글 북스의 손이 여러 버전으로 발견되어 사용자 사이에 즐겁게 공유되고 있습니다. (출처: https://www.wikiwand.com/en/Google_Books)

구글이 이 프로젝트를 시작하면서 가장 큰 문제가 되었던 것은 저작권이었습니다. 나라별로 기준도 다를뿐더러 오래된 고서라면 문제가 없겠지만, 최근에 출간한 책이라면 문제가 될 수 있습니다. 어쩌면 작가들이 의욕을 상실하고 더는 원고를 쓰지 않겠다고 나설 수도 있는 중요한 문제입니다. 이에 구글이 아이디어를 냅니다. 책의 내용을 단어별로 쪼개서 흩어 버리는 겁니다. 책의 원래 내용과 의미를 알 수 없게 하는 방식이죠. 마치 태엽 시계의 톱니 단위까지 시계를 분해한 뒤 다시는 조립할 수 없도록 완전히 흩어놓는 것입니다. 단어를 한곳에 모으되 원래 글을 알 수 없도록 하는 것이 핵심입니다.

이제 원래 책의 내용은 알 수 없게 되었지만 대신 특정 키워드를 입력하

1부 지금은 디지털 전환 시대

면 구글이 스캔한 책 중에서 그 키워드가 얼마나 자주 등장하는지를 그래프로 볼 수 있게 됩니다. 이름하여 구글 북스의 **엔그램 뷰어(Ngram Viewer)**입니다. 엔그램(n-gram)은 *n*개의 단어나 키워드가 연속적으로 나타나는 것을 의미하는데, 이렇게 하면 빈도수가 적거나 중요하지 않은 키워드는 추려낼 수 있습니다. 여기서 아이디어를 얻은 것이죠.

구글 북스의 엔그램 뷰어는 영어와 중국어(간체), 프랑스어, 독일어, 히브리어, 이탈리아어, 러시아어, 스페인어로 된 구글의 말뭉치에서 1500년부터 2019년 사이 출간된 출판물에서 발견되는 연간 엔그램(어떤 단어의 글자 수)의 수를 이용하여 일련의 검색 문자열의 주기를 도표화합니다. 우선 '달'과 '별'을 검색해 보았습니다.

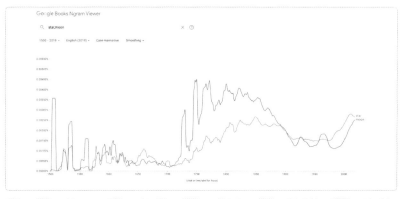

그림 1-17 ✛ 구글 북스의 엔그램 뷰어에서 '별' 과 '달' 을 비교 검색한 결과입니다. 빨간색 그래프가 '달', 파란색 그래프가 '별' 의 언급량 그래프입니다.

1500년대에는 큰 차이가 나지는 않습니다만 1800년대부터 압도적으로 달에 대한 이야기가 많아집니다. 달에 바치는 아름다운 시와 노래에서 달이 많이 언급되어서 그런 것일까요? 하지만, 이상하게도 1950년을 기점으로 달과 별이 자리를 바꾸기 시작합니다. 이제 인류가 달에 도달한 사건이 있어서인지 다음은 별로 가야 한다고 생각해서일까요? 문헌에서 별에 대한 언급이 많아지기 시작합니다. 그런데 사실 달이랑 별이랑 싸워봤자 별로 소용이 없습니다. 이 둘의 언급은 태양에 비하면 압도적으로 적습니다.

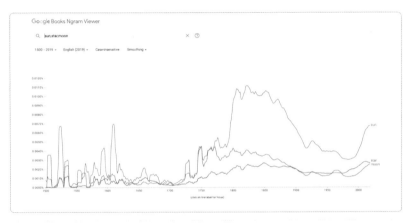

그림 1-18 ⊕ 구글 북스에서 '태양', '별', '달'을 서로 비교한 엔그램 뷰어 검색 결과입니다. 파란색 그래프가 '태양', 빨간색 그래프가 '별' 그리고 초록색 그래프가 '달' 언급량 그래프입니다.

그런데 세 키워드로 겨루어봤자 별로 소용없습니다. 지구(Earth, 어쩌면 흙이라는 뜻의 단어도 포함되었을 수 있습니다만)의 빈도수에 비하면 또 압도적으로 적습니다. 이렇게 클릭 몇 번만으로도 지난 520년간에 걸친 인류의 관심사를 알 수 있습니다. 이런 것이 바로 데이터 마이닝이죠? 게다가 엄청난 규모입니다.

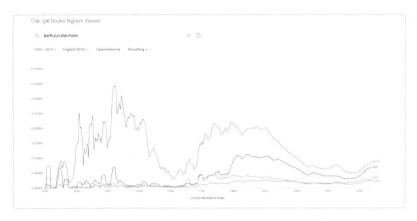

그림 1-19 ❘ 구글 북스에서 '지구', '태양', '별', '달'의 등장 빈도를 서로 비교한 엔그램 뷰어 검색 결과입니다. 파란색 그래프가 '지구', 빨간색 그래프가 '태양', 초록색 그래프가 '별' 그리고 노란색 그래프가 '달' 언급량 그래프입니다.

구글이 디지털화한 수많은 책 중에서는 저작권이 사라졌거나 공개된 책도 있습니다. 저작권 걱정 없는 이런 책은 구글을 통해 볼 수 있습니다만, 그렇게 되니 세상에 읽을 책이 너무 많습니다. 시간이 무한한 것도 아닌데 스캔한 책을 어떻게 다 읽을 수 있을까요? 혹시 이 책들을 다 읽은 사람에게서 지식을 손쉽게 전수받을 수는 없을까요? 이런 생각에서 구글은 톡 투 북스(Talk to Books) 서비스를 제공합니다. 이 서비스에 들어가 마치 친구와 대화하듯이 자연어로 질문을 던지면 구글이 관련된 책을 찾아 이에 맞는 답변을 내놓습니다. 책을 단순히 스캔만 한 것이 아니라 문맥도 이해한다는 의미죠.

 톡 투 북스 서비스: https://books.google.com/talktobooks

그림 1-20 ✥ **구글 톡 투 북스(Talk to Books) 메인 페이지**

　구글 톡 투 북스에게 "어떻게 하면 부자가 될 수 있니? (How can I be rich?)"라고 물었는데 답변을 보고 크게 웃었습니다. "부자와 결혼해라."라는 답이 나온 책을 보여주네요. 내용이 궁금하다면 링크를 클릭해 스캔한 책으로 이동하여 책을 읽을 수도 있습니다. 물론 전체 책을 모두 읽고 싶다면 책을 사면 됩니다. 구글이 출판사, 작가와 함께 인류에게 지혜를 제공하고 그 과정에서 저작권은 준수하는 합리적인 방법을 찾은 듯합니다. 여하튼 인간의 힘으로는 모두 볼 수 없는 엄청난 분량의 책을 모두 머릿속에 담아두고 이를 잘 정리해서 알려주는 구글의 인공지능이 고마울 따름입니다.

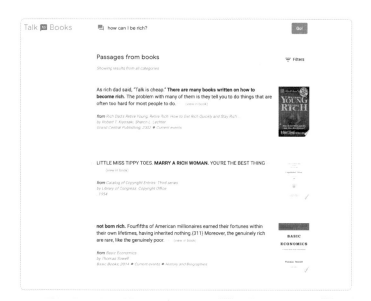

그림 1-21 ✛ 구글 톡 투 북스에 어떻게 하면 부자가 될 수 있는지를 물어보았습니다.

그림 1-22 ✛ 특정 인용문이 등장한 페이지의 미리 보기와 함께 책을 구매할 수 있는 링크도 제공합니다. 저작권 문제도 해결하고 출판사에도 도움이 될 해법인 듯합니다.

C. 지구를 모두 스캔하겠다!

이제 조만간 구글이 정말로 인류가 만든 모든 책을 스캔할 날이 올 듯합니다. 그때가 오면 구글 북스 개발팀은 조금 한가해지겠죠? 그래서인지 구글은 언젠가 올 그날을 대비해 또 다른 형태의 지식 수집 프로젝트를 시작했습니다(사실 이미 거의 끝나가고 있긴 합니다). 바로 지구의 지도 정보입니다. 즉, 지구 표면을 스캔하여 디지털화하기 시작했습니다. 이름하여 **구글 지도(Google Maps)**와 **구글 어스(Google Earth)**입니다.

외국 여행을 가면 어떤 지도를 사용하시나요? 아마 여행자의 99%는 구글 지도를 사용할 겁니다. 사실 구글 지도는 원래 구글의 기술이 아닙니다. 구글이 인수한 것이죠. 앞서 말씀드린 대로 구글은 1998년 검색 비즈니스를 시작한 이래 가파른 속도로 성장하기 시작합니다. 점차 검색 수가 많은 키워드를 보며 기업의 성장 방향을 가늠할 수 있게 되었는데, 구글은 놀랍게도 전체 검색의 절반이 '지리 정보'에 관한 것이라는 것을 발견하게 됩니다. 사람들이 어느 건물이 어디 있고 그곳으로 어떻게 가야 하는지 뜻밖에 많이 궁금해한다는 것을 알게 되었죠. 당연히 구글 검색에도 지도 검색 서비스가 급히 필요하다는 것을 인식하게 됩니다.

이에 2004년 구글은 'Where 2 Technologies'라는 호주 기업을 인수하여 구글 지도 서비스를 만듭니다. 2005년에는 'Keyhole'이라는 기업을 인수하여 구글 어스 뷰어의 기반을 만들고 구글 지도에도 다양한 기능을 추가합니다. 2004년에는 'ZipDash'를 인수하여 지도에 실시간 교통 정보도 반영합니다. 구글 지도의 자세한 발전사와 그들의 야심에 대해 좀 더 알고 싶으시다

1부 지금은 디지털 전환 시대

면《구글맵 혁명》(2020년 출간, 김영사)이라는 책을 권합니다. 화약과 종이와 나침반의 발명 과정을 통해 이것이 세상을 어떻게 변화시켰는지를 다룬 책과 같은 느낌을 느끼게 하는 **구글 지도 발전사**입니다. 특히 저도 구글 사용자로서 구글 지도와 구글 어스의 기묘한 공존이 항상 이상하다고 느꼈는데 이 책을 읽으면서 이 부분을 이해했습니다. 두 팀이 가진 태생적 차이 탓에 갈등하고 대립하되 그렇다고 합해질 수는 없는 그런 상황이 연출된 것이 이해되더군요.

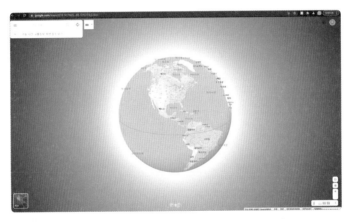

그림 1-23 ✛ 구글 지도(데스크톱 버전)에서 줌 아웃을 계속하면 지구의 구형 형태를 볼 수 있습니다.

여기서 잠깐, 구글 지도의 놀라운 기능을 하나 소개하겠습니다. 데스크톱 브라우저에서 구글 지도에 한번 들어가 보세요(https://google.com/maps). 구글 지도에서 마우스 휠을 돌려 계속해서 줌 아웃하면 지구가 점차 작아지기 시작합니다. 그러다 어느 순간 동그란 지구본 모양이 만들어지죠. 예전에는 종이 지도 모양인 사각형으로 끝났는데 얼마 전부터는 지구본의 형태로 바꿰었습니다. 놀랍게도 진짜 지구본을 돌려 보듯이, 데스크톱으로도 지구를 돌려볼 수 있습니다.

지구본 형태로 구글 지도 보기

① 구글 지도 왼쪽 아래 [레이어] 아이콘에 마우스를 올립니다.

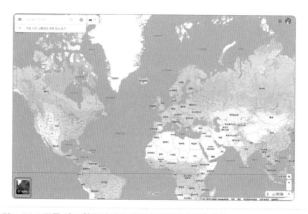

그림 1-24 ⊹ 구글 지도 왼쪽 아래에 레이어 아이콘이 보입니다.

② [더보기]를 클릭합니다.

그림 1-25 ⊹ 마우스를 올리면 나타나는 여러 가지 옵션 중 [더보기]를 클릭합니다.

③ 새로운 화면에서 옵션이 나오면 [지구본 뷰]에 체크합니다.

그림 1-26 ⊕ 하단에 위치한 지구본 뷰에 체크하면 지구본 모습으로 바꿀 수 있습니다.

④ 지도를 축소하면 지구본 모습으로 지도가 바뀌게 됩니다.

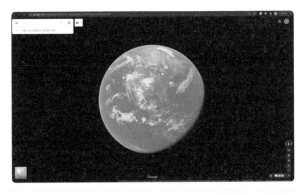

그림 1-27 ⊕ 푸른 별 지구의 모습을 마치 우주에서 바라보는 듯한 뷰로 바뀐 구글 지도

더 놀라운 것은 지금부터입니다. 왼쪽 아래에 있는 [위성] 버튼을 누르면
추가 기능이 생기는데 지구 상공의 인공위성에서 찍은 이미지가 오버래핑

되어 푸른 지구 모습을 볼 수가 있습니다. 정말 대단한 것은 이때 왼쪽에서 창이 열리며 등장하는 숨은 정보로, 달, 화성, 수성, 금성, 토성, 토성의 위성인 타이탄까지 3차원 지도로 매핑하여 보여줍니다.

그림 1-28 ⊕ 우주에서 바라본 수성의 모습. 줌 인과 줌 아웃을 통해 표면을 자세히 관찰할 수 있습니다.

그림 1-29 ⊕ 달의 표면을 계속 줌 인해서 다가가면 지구에서 잘 보이는 가장 큰 분화구인 코페르니쿠스 크레이터가 보입니다. 수많은 크레이터에 모두 이름이 있군요. 케플러 분화구, 티코 분화구 등등 과학사의 주요한 인물의 이름을 떠올리며 달 표면을 한참을 돌아보는 멋진 경험을 했습니다.

구글 지도에서 제공하는 우주 기능을 통해 이제 우리는 달에 있는 분화구 하나하나의 이름까지 확인할 수 있습니다. 이제 여러분은 공식적으로 달에 가더라도 길을 잃지 않게 되죠. 구글 지도가 내비게이션 역할을 할 테니까요. 이게 바로 구글 지도가 제공하는 세계관입니다. 구글 지도를 보면서 집 앞 골목길로부터 시작해서 최고 태양계까지 부드럽게 이어지며 줌 아웃이 되는 정말 놀라운 경험을 해 보신다면 미국의 작가 프랭크 화이트가 말한 오버뷰 이펙트(Overview Effect, 아주 높은 우주에서 지구를 내려다보며 큰 그림을 보고 난 후에 가치관이 바뀌는 현상)를 몸소 체험할 겁니다. 비록 지구에 살고 있지만 최소한 지구 밖의 태양계를 떠올리며 **태양계급 사고**를 하는 겁니다.

반면에 우리나라에서 제공하는 웹 지도 서비스를 한번 볼까요? 대표적인 것은 바로 네이버 지도입니다. 서버가 우리나라에 있으니 로딩이 빠르다는 게 아주 큰 장점입니다. 구글 지도처럼 줌 아웃을 해보겠습니다. 지도가 계속 작아집니다. 하지만, 어느 순간 더는 작아지지 않고 지도가 멈춥니다. 중국과 일본이 부분적으로 보이긴 하는데 클릭해도 아무것도 나오지 않습니다. 그냥 그림만 보여주는 상태입니다. 북한도 클릭해 보지만 아무 일도 일어나지 않습니다.

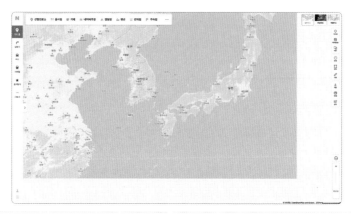

그림 1-30 ⊕ 네이버 지도를 줌 아웃하면 순식간에 이렇게 지도가 잘린 부분이 나오게 됩니다. 더 이상의 지도는 없습니다.

지금 "세계로 나가라!", "우주로 나가라!"라고 아이들을 격려하고 준비시키며 키워도 부족한 상황입니다. 그런데 좁은 지도를 보여주며 "우리는 이정도만 알면 되지.", "이게 우리 세상의 전부야."라고 부지불식간에 주입하는 것은 아닌지 걱정됩니다. 사람은 도구를 만들고 도구는 사람을 만든다는데 말이죠. 미국과 중국, 아니 세계가 모두 달로, 화성으로 나가고자 온 힘을 기울이고 있습니다. 일론 머스크가 인류는 다행성(Multiplanetary) 종족이 되어야 한다는 꿈까지 꾸는 상황에서 우리도 이에 뒤처지지 않는 꿈을 꾸어야 한다고 생각합니다.

이제 인간이 사는 지표면 98%의 매핑이 끝났다고 합니다. 단순한 인공위성 지도로 매핑을 끝낸 수준이 아닙니다. **스트리트 뷰(Street View)**라는 서비스를 통해서 실제 거리를 걷는 듯한 영상 이미지도 제공하기 시작했습니다. 이것은 실제 자동차와 사람이 360도 카메라로 계속 이동하며 사진을 찍어 제공하는 서비스입니다. 촬영 중에 행인과 자동차가 모두 찍히다 보니 사생활 침해 문제가 대두하기도 했는데, 인공지능을 통해 자동으로 모자이크 처리하여 쉽게 해결했습니다. 문제가 생기기도 하지만 순식간에 문제를 해결하기도 합니다.

그림 1-31 ⊕ 구글 스트리트 뷰로 가 보는 뉴욕의 원 월드 트레이드 센터 거리

이렇게만 해도 세상에 없던 훌륭한 지도입니다만, 구글 지도팀은 여기에 한 단계 더 업그레이드를 시도합니다. 인공위성 지도는 머리 위에서 찍은 사진이기 때문에 평면으로만 보이지만, 실제로는 높은 빌딩도 있고 낮지만 복잡한 3차원 구조물도 있죠. 스트리트 뷰로 자세히 볼 수는 있지만, 이 역시 2차원 평면 사진에 불과합니다. 따라서 구글은 지도에 3차원 구조를 매핑하고자 비행기를 저고도로 띄워 45도 각도로 도시의 사진을 찍기 시작합니다. 방대한 양의 사진을 비행기에서 찍고 나서 이것을 3차원의 건물 매트릭스에 정교하게 오버래핑을 하면 마치 드론을 통해 도시 상공을 나는 것처

럼 고화질로 도시를 돌아볼 수 있습니다(아직은 대도시 위주입니다만, 점차 서비스 지역이 많아지고 있습니다).

그림 1-32 ◈ 뉴욕 시내를 45도 항공 이미지를 통해 돌아보고 있습니다. 마치 스파이더맨이 된 것처럼 브로드웨이 사이를 누비고 엠파이어 스테이트 빌딩 꼭대기에서 뉴욕의 360도 전경을 감상할 수도 있습니다.

구글 어스의 45도 항공 이미지를 이용해서 뉴욕 맨해튼 도심을 스파이더맨처럼 날아다니는 영상을 녹화한다면 영화나 여러 가지 콘텐츠로 재구성할 수 있을 듯한데, 방법을 몰라 궁금했던 분이 계시다면 기쁜 소식을 전해드리겠습니다. **구글 어스 스튜디오**(google.com/earth/studio)에서는 무료로 이러한 영상을 녹화, 편집할 수 있는 도구를 제공하고 있습니다. 지구 대기권을 슈퍼맨처럼 쾌속 질주하거나 뉴욕 도심과 이탈리아의 콜로세움 주변을 회전하며 날아다니는 느낌을 그대로 생생하게 녹화하고 편집할 수 있습니다. 게다가 태양의 위치까지 조절할 수 있으니 아침 햇살과 함께 도시가 깨어나는 멋진 영상도 만드실 수 있습니다. 참고로 이후 추출된 영상은 '애프터 이펙트(After Effect)'라는 도구를 이용해서 최종 마무리를 해야 하고 이때 영상 내에 다양한 라벨링을 하면서 할리우드 수준의 영상을 만들 수 있을 겁니다.

그림 1-33 ✦ 구글 어스 스튜디오(https://google.com/earth/studio)에서는 구글 어스에서 제공하는 45도 항공 사진 지도를 멋지게 촬영 녹화할 수 있는 수준 높은 서비스를 제공합니다.

구글 지도에서 더는 나올 것이 없겠다 싶습니다만 그렇지 않습니다. 구글 지도팀은 이제 건물 내부의 지도를 제공하는 서비스를 시작했습니다. 건물 밖만으로는 부족한 가 봅니다. 게다가 심지어는 심해 지도도 만든다고 합니다. 과연 구글 지도의 야심은 어디까지인지 궁금합니다.

D. 인간의 건강 정보를 정복하겠다!

지도 정보를 거의 정복한 이후 구글은 또 하나의 새로운 도전 과제로 넘어가기 시작하였습니다. 바로 인간의 의료건강 정보입니다. 구글은 이렇게 이야기합니다. "이제 지구의 매핑이 끝났어요. 이제는 사람의 건강을 매핑할 차례입니다." 아마도 수많은 빅데이터를 수집하고 이를 분류, 정리하여 보기 편한 형태로 제공하는 데 숙달된 듯합니다. 인간의 의료건강 정보 역시 비슷한 형태로 다룰 수 있겠다는 자신감이 생긴 것이겠죠? 한 분야의 도전과 성장 그리고 정복의 경험을 그대로 다른 대상으로 전환하여 하나하나 정복해 나가는 것이 구글의 스타일인데 이제 많이 익숙해졌을 듯합니다.

구글의 모기업, 알파벳 아래에는 다양한 자회사들이 있는데 이 중 **베릴리(Verily)**라는 의료 관련 자회사가 있습니다. 이 회사를 통해서 구글은 인간의 의료건강 정보 매핑을 시작합니다. 하지만, 이 프로젝트에도 어려움은 있습니다. 인간의 의료건강 정보가 너무나 제한적이고 이미 수집된 데이터베이스도 많지 않으며, 게다가 대부분이 환자의 데이터라는 점입니다. 다시 말해 건강한 사람의 평소 건강 데이터가 터무니없이 부족한 상태죠. 그나마 있는 건강한 사람의 데이터도 특정 시기에 국한된 데이터일 뿐 이들을 추적 조사하여 데이터를 누적 추적하는 중장기적 데이터는 없었던 것입니다.

그래서 구글은 또다시 과감한 프로젝트를 시작합니다. 이름하여 **프로젝트 베이스라인(Project Baseline)**입니다. 생각해 보면 우리나라에도 의료 관련 데이터는 많습니다. 건강보험심사평가원에 요청하면 관련 처방 정보를 받아서 연구에 활용할 수 있습니다. 그리고 국민건강영양조사 데이터는 전 국민의 표본 집단으로 삼아 건강 상태를 수집한 방대한 자료입니다. 하지만, 이 자료 또한 특정 시기로 국한된 정보입니다. 건강한 사람이 성장하고 노화하고 한때 병들어 치료받는 정보는 전혀 없는 상태죠.

그림 1-34 ⊕ 베릴리사의 프로젝트 베이스라인 홈페이지

　이에 구글은 사람의 건강을 추적하고 이를 데이터로 축적하는 프로젝트를 시작했습니다. 프로젝트 베이스라인, 즉 기준점 프로젝트라는 것입니다. 건강한 사람 한 명에게 베릴리 스터디 워치(Verily Study Watch)를 제공하고 착용하도록 한 뒤 아침에 몇 시에 일어나는지 얼마나 걷는지 등을 체크합니다(사실 시계가 갖고 싶어서 프로그램에 참여하는 사람도 있다고 하네요).

그림 1-35 ⊕ 베릴리 스터디 워치. "저는 스터디 워치를 정말 즐기고 있어요. 사람들이 멋있다고 하네요!"

그리고 1년에 한 번 스탠퍼드 대학이나 듀크 대학에 방문하여 혈액 검사, 눈 검사와 CT, MRI 등을 찍고 검체를 제공합니다. 연구 프로젝트에 따라서는 코로나19, 정신 건강, 장 건강 등으로 나누어 참여하기도 합니다. 물론 이런 때는 특정 질환의 환자를 대상으로 모집하기도 합니다. 이렇게 정보를 모으기 시작합니다. 그러면 한 해 두 해 데이터가 쌓임에 따라서 점차 참여자가 노화하고 병들어 가고 치료받고 완쾌하고 일부는 악화하는 상황이 보이겠죠. 일반 의료계에서 접근하는 행위와 다르게 의료 서비스를 수행하는 것입니다. 바로 구글이 잘하는 빅데이터를 통한 분석과 정리 기법을 활용해서요.

구글은 이제 여기에서 더 나아가 메디케어라는 미국의 보험제도 데이터와 연결하기 시작합니다. **블루버튼 2.0 프로젝트**입니다. 6천만 명의 환자 진료 데이터를 개발자가 자유로이 활용하게 함으로써 결과적으로 건강한 사람이 어떻게 병이 들고 어떤 진료를 받고 진료비가 얼마나 들고 언제 죽는지까지, 즉 인간의 생로병사를 하나의 플랫폼에서 볼 수 있는 것입니다.

그림 1-36 ✛ 블루버튼 2.0 프로젝트(https://bluebutton.cms.gov/)

이렇게만 보더라도 1만 명의 의료건강 데이터가 매일 누적되는데, 여기에 더해 미국 국립보건원은 더 큰 프로젝트를 진행합니다. 무려 백만 명의 유전자 데이터를 기증받아서 이를 연구에 활용하는 것입니다. 바로 **올 오브 어스(All of Us)**라는 연구입니다. 이것은 구글이 직접 주관하는 것은 아니고 구글이 참여 기업으로 함께 하는 프로젝트입니다. 그렇지만 이들이 추진하거나 관여하는 프로젝트의 규모만 보아도 정말 문샷 싱킹이라는 것이 바로 이런 것이라는 생각이 듭니다.

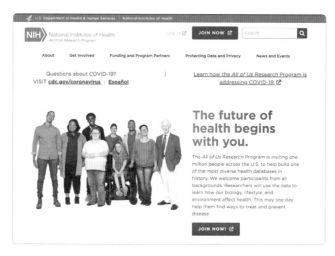

그림 1-37 ◈ 미국 보건성이 진행하는 올 오브 어스(All of Us) 연구. 구글도 참여하고 있습니다.

이제 손바닥 안에 인간의 생로병사를 다 움켜쥐는 연구가 시작된 것입니다. 정말 두렵기까지 합니다. 반면에 우리나라는 이런 연구를 시도할 수가 없습니다. 주민등록번호와 같은 개인정보가 포함되면 연구에 활용할 수가 없습니다. 너무나 안타까운 현실이죠. 물론 국민의 개인정보를 지키기 위해서라는 명분을 말하지만 정작 우리나라의 주민등록번호가 중국에서 묶음으로 몇만 원에 팔리는 현실을 생각한다면 아이러니가 아닌가 합니다. 보안이 문제라면 철저한 보안 시스템을 도입해서라도 데이터를 활용할 수 있도록 하면 되는데, 추후 의료건강 데이터조차 미국이 제공하는 데이터를 받아서 연구해야 하는 상황이 앞으로 오지 않겠는가 하는 생각이 듭니다. 정말 심각하게 고민해 봐야 하는 문제입니다(바로 이런 문제 앞에서 문샷 싱킹이 필요한 것이겠죠?).

지금까지 구글의 디지털 기술력이 바꾸는 많은 사례를 살펴보았습니다. 정말 디지털이 가진 힘이 대단하다는 생각이 들었습니다. 만일 이러한 디지털 도구들이 교실에 들어와 교육을 바꾸기 시작한다면 어떤 놀라운 일이 생길지 상상해 보면 소름이 돋을 지경입니다. 모든 학생에게 교육자의 손길이 도달하고 한 명의 낙오자도 없이 양질의 교육 기회를 제공하며 동시에 다양한 능력과 재능과 꿈을 가진 아이에게는 별도의 교육을 손쉽게 효율적으로 제공할 수 있는 세상이 펼쳐진다면 얼마나 즐거울까요? 앞으로 다룰 내용을 통해서 그런 세상을 만들어 가는 실마리를 얻길 바랍니다.

02

학습의 전환: 배우는 기술을 배우다

이 책에서 전하고 싶은 디지털 전환을 통한 혁신적인 교수법 사례를 자세히 다루기 전에 중요한 한 가지를 먼저 설명하겠습니다. 제아무리 디지털이 놀라운 일을 가능하게 할지라도 결국은 디지털 도구 바탕에 아날로그적이고 전통적인 방법론이 탄탄하게 자리 잡는 것이 중요하기 때문입니다. 기존의 교실에서는 흔히 **3R**을 강조했다고 합니다. **읽기(Reading)**, **쓰기(Writing)**, **산수(Arithmetic)**가 바로 이것입니다. 곰곰이 생각해 보면 19세기형 교실의 대표적인 모습, 특히 우리가 수업을 받았던 모습을 상상할 수 있는 대목입니다. 하지만, 시대는 정말 많이 바뀌었죠.

▪ 교실에서 무엇을 가르칠 것인가?

최근 교육 현장에서 강조하는 21세기형 역량으로 전미교육협회(NEA)가 강조하는 **4C**, 즉 **창의력(Creativity)**, **협력(Collaboration)**, **커뮤니케이션(Communication)**, **비판적 사고력(Critical Thinking)**을 이야기합니다. 하지만 여기에 그치지 않고 한 단계 더 나아가면 **디퍼 러닝(Deeper Learning)**이라는 개념이 있습니다. 윌리엄 앤드 플로라 휼렛 재단(William and Flora Hewlett Foundation)에서는 기존의 4C에 2가지 요소를 추가하여 '디퍼 러닝' 개념을 제시했습니다. 다음은 디퍼 러닝의 6가지 요소입니다.

1. 창의력(Creativity)

2. 비판적 사고력(Critical Thinking)

3. 커뮤니케이션(Communication)

4. 협력(Collaboration)

5. 학구적 마인드셋(Academic Mindset)

6. 배우는 방법 배우기(Learn How to Learn)

여기서는 4C에 덧붙여 '학구적 마인드셋'과 '배우는 방법 배우기'를 추가해 총 6가지 요소를 강조합니다. 우선 학구적 마인드셋은 흔히 말하는 깊이 있는 공부, 공부를 위한 공부 내지는 진리 탐구를 위한 공부 정도로 설명할 수 있습니다. 나머지 5가지 역량을 지지하는 가장 기본적인 공부하고자 하는 '마음' 내지는 '동기부여'라고 보아야 할 듯합니다. 아마도 머지않은 미래 사회에는 로봇과 인공지능이 많은 일을 대체하면서, **블루칼라는 로봇**으로, **화이트칼라는 인공지능**으로 대체되는 시대가 오겠죠? 인간이 예전처럼 그리 많은 시간을 업무에 투자하지 않아도 되는 때가 온다면 과연 우리는 무엇을 하고 살까요? 나태해지거나 우울해하지는 않을까요? 그렇다면 삶의 의미는 어디에서 찾을까요? 아마도 중세 시대 귀족이 예술과 문화와 종교에 심취하며 (생계에는 신경 쓰지 않고도) 멋진 인생 경험을 누렸던 것처럼 우리에게도 다시 한번 이런 시대가 오지 않을까요? 아마도 휼렛 재단에서도 그렇게 생각한 것 같습니다. 그러니 한번 학구적인 마음가짐으로 멋진 연구도 하고 인생의 의미를 찾아보라는 이야기인 듯합니다. 하지만, 제가 중요하게 생각하는 것은 마지막 요소입니다. **"배우는 방법을 배워라."**, 이것이 무슨 말일까요? 저는 이 요소가 앞으로 미래 사회에서 강력한 역량이 되리라고 생각합니다.

"배우는 방법을 배워라."를 한번 곱씹어 보면 사실 학교에서 배우는 방법을 배운 적이 별로 없는 것 같습니다. 그렇다고 집에서 알려주지도 않은 것 같습니다. 초등학교 1학년 때 학교라는 곳에 처음 등교해서 바로 공부가 시작됐죠. 책 읽는 법을 배우고 글 쓰는 법을 배우고 계산하는 법을 배우면서 그렇게 한 해 한 해 학년이 올라갔던 것 같습니다. 그러다가 3~4학년이 되면서 점점 학생들 사이에 격차가 발생하기 시작합니다. 이러한 격차가 생기는 데는 여러 가지 원인이 있겠습니다만 가장 큰 요소는 배우는 방법을 터득했는지 아니면 터득하지 못했는지가 아닐까요? 수업을 듣고 필기를 요령 있게 잘하는 방법이나, 주어진 시간 내에 빠르고 정확하게 잘 암기하는 방법, 과제물을 작성할 때 정확하게 요점을 파악하고 좋은 점수를 얻을 수 있도록 제출하는 방법 등 이런 요령만 터득했더라도 학창 시절에 효율적으로 공부해서 좋은 성적을 받았을 텐데요.

아쉽게도 정작 학교에서 이런 방법론을 배운 적이 없다 보니 공부 수완(흔히 '공부 머리'라고 하는)이 좋은 친구는 빨리 요령을 터득하고 그렇지 못한 친구는 점점 뒤처지고 부정적인 피드백을 받다가 결국은 공부를 포기하는 것이 아닌가 싶습니다. 이러한 것은 졸업 이후의 삶에도 영향을 미칠 수 있습니다. 초중고 K-12 기간과 대학, 그 이후의 업무 환경에서 우리는 평생을 계속 배워야 하는 운명을 타고 태어났는데 정작 어떻게 배우고 어떻게 습득하는지에 대한 노하우를 배우지 못하고 있습니다. 오히려 '공부 열심히 해라!'라고 닦달하며 노력 부족이 모든 것의 원인인 것처럼 문제를 단순화해 버렸죠. 성적이 안 나오는 친구들은 자기 머리 탓을 하며 자괴감에 빠지기도 합니다. 하지만, 사실 공부하는 요령을 누가 알려준다면 참 쉽게 할 수 있는 공부인데도 말이죠.

▪ 배움의 기술

메타인지(Metacognition) 또는 메타학습이라고 하죠? 자신이 인식하고 배우는 과정을 인지하고 그것을 마치 3인칭 시점에서 내려다보면서 어디가 잘되고 무엇이 부족한지 깨닫는, 그러한 학습이 가능하다면 자신의 공부 방법을 반성하고 부족함을 보완하며 점차 더 나은 공부 방법을 찾아갈 수 있을 것입니다. 하지만, 대부분 교실에서 일어나는 학습은 마치 초보 운전자처럼 눈앞의 길만 뚫어지게 보며 당장 눈앞에 닥친 당면 과제만 해결하며 가다 보니 주변의 상황이나 전체 여정의 큰 그림은 인식하지 못하는 경우가 종종 있는 것 같습니다.

조슈아 웨이츠킨(Joshua Waizkin)이라고 하는 사람이 있습니다. 《배움의 기술(Art of Learning)》(2007년 출간, 이제)이라는 책의 저자이며 전미 체스 챔피언 8회, 태극권 세계 챔피언 2회(미국 대회는 13번 우승)에 등극했으며, 주짓수의 대가 마르셀로 가르시아의 가르침으로 주짓수 검은띠를 획득했습니다. 현재는 '배움의 기술' 재단을 운영하며 다음 도전 과제로 서핑을 배우고 있다고 합니다.

그림 1-38 ⊕ 조슈아 웨이츠킨의 모습. 2달 걸려 배울 것을 하루 만에 배우는 방법에 대해 이야기하고 있습니다.

이미 아홉 살에 미국 체스 챔피언에 오른 신동이라고 하니 이처럼 놀라운 속도로 학습하는 그의 모습이 당연하다고 느껴질 수도 있지만, 사실 곰곰이 생각해 보면 꼭 그가 천재라서 그런 것 같지는 않습니다. 체스는 머리로 하는 경기이고 주짓수나 태극권은 몸으로 하는 경기인데 어떻게 전혀 속성이 다른 두 분야에서 그렇게 빨리 필수 능력을 획득할 수 있었던 것일까요? 어린 시절부터 시작하여 평생을 운동해온 사람도 부끄러워할 정도로 말이죠.

체스를 열심히 하던 그는 어린 시절 지나치게 성공적인 경력을 만들게 되면서 지나친 관심이 부담스러웠다고 합니다. 결국, 체스를 그만두기로 합니다. 이후에는 그냥 평범하게 살다가 스물한 살 때 우연히 잔디밭에서 중국 출신 노인이 태극권을 하는 모습을 보고 그것에 매료되어 태극권에 입문했다고 하는데, 불과 5년 만에 세계 챔피언이 되었습니다. 머리로 하는 체스와 몸으로 하는 태극권 모두를 단기간에 섭렵하는 데에는 뭔가 엄청난 비밀이 있을 것 같은데요, 그가 집필한 책《배움의 기술》을 보니까 관련 내용이 있습니다. "체스나 태극권이나 모든 것에는 배우는 요령이 있다. 그리고 나는 그 요령을 알고 있다."라는 것이죠. 이 책의 부제가 '내 실력을 200% 끌어올리는 힘'입니다. 배움의 기술을 획득함으로써 여러분의 실력을 200% 이상으로 끌어올리고 싶지 않으십니까?

이러한 이야기는 《탤런트 코드》(2021년 출간, 웅진지식하우스)라는 책에서도 언급합니다. 이 책에서는 심층 연습이라는 개념이 등장하는데, 6분 만에 한 달치 클라리넷 연습을 끝낸 소녀 이야기가 등장합니다. 느릿느릿 이어지다 툭툭 끊기고 머뭇거리고 실패하고 또 이어지는 이러한 심층 연습이 뇌의 미엘린* 형성에 영향을 주고 청킹(Chunking)을 통한 의미 결합을 통해 결과적으로 단기간에 집약적인 스킬 성장을 만들어낸다는 이야기를 책에서는 합니다. 이외에도 풋살 이야기와 비행기 시뮬레이터 예시도 등장하는데 결국은 이 책에서도 배우는 법을 어떻게 배울 것인가를 이야기합니다.

학교에서 공부하는 학생이건 회사에서 새로운 업무를 배우는 회사원이건, 아니면 은퇴 후 새로운 기회에 도전하는 중년이건 어떤 주제든 좀 더 빨리 배우는 요령이 무엇이냐에 따라 결과는 차이가 크지 않을까 생각합니다. 우리 아이에게 사실 학교에서 제일 먼저 가르쳐야 할 중요한 역량인데 정작 학교에서는 잘 알려주지 못합니다. 그러므로 교육자로서 학생에게 무엇인가를 가르칠 때는 사실 과목의 내용을 가르친다는 생각보다는 **과목을 공부하는 방법을 가르친다**는 생각으로 접근하는 것이 좋겠습니다. 경제학을 가르

---

* 미엘린은 뉴런을 감싸고 있는 절연 물질을 말한다. 미엘린이 두꺼워질수록 뉴런은 전기 신호가 새는 일 없이 빠르고 강하게 정보를 전달한다.

치는 것이 아니라 경제학을 공부하는 방법을 가르치는 것이죠. 사실 그 과목에서 배우는 지식은 사회에 나갔을 때는 이미 새로 업데이트해야 하는 상황일 가능성이 큽니다. 그렇다면 유통기한이 짧은 지식을 가르치기보다는 새로운 지식을 계속 업데이트하며 평생을 배워나갈 수 있는, 다시 말해 물고기를 주는 것이 아닌 물고기 잡는 법을 가르치는 교육을 해야 하지 않을까요?

인공지능과 머신러닝, 로봇 등 앞으로 인류에게는 계속 새로운 기술이 등장할 것입니다. 하나같이 인간과 비교했을 때 인간의 능력을 압도하는 도구입니다. 인간의 기억력으로 하드디스크의 저장 능력을 능가할 수 있을까요? 아니죠. 하드디스크에 저장되고 복제되고 공유되고 연결되는 저장 능력을 어떻게 이기겠습니까? 그럼 연산은 어떨까요? 비교도 안 되죠. 오늘날의 슈퍼 컴퓨터에는 **페타플롭스**(FLOPS) 수준의 연산 능력이 있습니다. '페타'는 1015를 뜻하니 '페타플롭스'는 1초에 1015번의 부동소수점 연산을 수행하는 성능이고, 한마디로 초당 1,000조 번의 연산 능력이 있다는 뜻입니다. 이길 수 없는 경쟁입니다. 그렇다면 이런 기술과 경쟁해서 사람만이 할 수 있는 능력을 소유하고 발전시켜야 한다면 어떤 것이 있을까요? 필자의 결론으로는 하나를 들으면 열을 터득하는 상상력, 유추력, 직관적인 추측력 등이 인간만이 가진 능력이고 이를 교육에서 더욱 강조해야 한다고 생각합니다. 이어령 선생이 이야기한 것처럼 말과 달리기를 해서는 결코 인간은 말을 이길 수 없습니다. 인간이 달리는 말 위에 올라타야 하겠지요. 이를 위해서는 인간의 고유 능력을 극대화해야 할 듯합니다.

■ '이케아 해커'에게 배우다

교실에서 선생님이 분명히 칠판에 '바람 풍'이라고 써야 하는데 '바담 풍'이라고 썼을 때 입력 데이터가 오류임에도 '아 바람 풍을 쓰려다 잘못 썼나 보다.'라고 귀신같이 알아듣고 심지어는 '혹시 선생님에게 어제 무슨 일이 있었나?', '실수할 분이 아닌데 이상한데?'까지 여러 단계의 생각을 하는 것이 바로 인간입니다. 하나를 배우면 열을 아는, 눈치가 코치인, 척하면 삼천리인 것이 바로 인간의 가장 큰 무기가 아닐까요? 아쉽게도 오늘의 교육에서는 이러한 것이 설자리가 없습니다. 왜냐하면 많은 학생을 가르치다 보니까 매뉴얼대로만 진행이 될 수밖에 없는 현실이 엄연합니다. 진도도 나가야 하고 표준화도 하고 객관화도 해야 평가에 객관성이 보장될 수 있죠. 아쉽습니다. 물론 매뉴얼도 잘 만들어야 하고 표준화된 교과과정도 필요합니다. 객관적인 평가 역시 당연합니다. 하지만, 이제는 좀 더 인간만이 잘할 수 있는 능력, 그런 것을 많이 가르치면 좋을 것 같습니다.

이케아(IKEA)라는 가구 회사가 있죠. 누가 보더라도 글자 하나 없이 명쾌하게 그림만으로 가구를 조립할 수 있도록 멋진 매뉴얼을 함께 제공하는 회사입니다. 가구를 한번 직접 조립해 본 사람이면 누구나 공감할 겁니다. 수많은 나사와 앞뒤 구분 없는 나무판을 끙끙거리며 조립해야 하는 스트레스, 이런 스트레스를 깔끔하게 해결한 것이 이케아의 매뉴얼입니다.

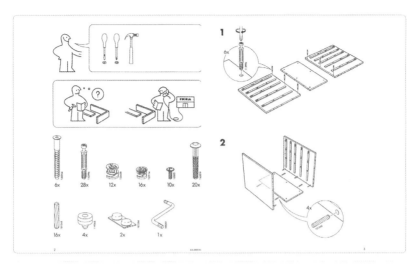

그림 1-39 ⬦ 이케아가 제공하는 가구 조립도. 설명 문구 하나 없이 모든 것이 그림으로 명쾌하게 표현되어 있습니다.

하지만, 이케아가 정성껏 만든 이 매뉴얼을 따르지 않는 '괘씸한 사람'이 있는데 그들을 '이케아 해커'라 부른다고 합니다. 이케아 해커가 만드는 결과물을 한번 보겠습니다. 일단 이케아에서 작은 의자 2개를 삽니다. 매뉴얼을 보지 않고 부품을 한참 이리저리 들여다봅니다. 그리고 아이를 위한 자전거로 변신시킵니다. 부족한 부품은 3D 프린팅해서 사용합니다.

그림 1-40 ⊕ 이케아 의자 2개로 만든 자전거

　침대를 삽니다. 우리 아이가 2층 침대도 물론 좋아하지만, 미끄럼틀도 참 좋아하는데, 침대로 미끄럼틀을 만들 수는 없을까를 고민합니다. 매뉴얼 없이 부품만 들여다보고 결과적으로 아이가 좋아하는 미끄럼틀이 달린 2층 침대를 만들어 내는 것이죠. 사실 이 정도로 새로운 제품을 만들어 내는 것은 단순 이케아 해킹이 아닌 '익스트림 이케아 해킹(Extreme IKEA Hacking)'이라 부른다고 하네요.

그림 1-41 ⊕ 아이를 위해 2층 침대에 비밀의 방까지 만든 익스트림 이케아 해커의 영상

■ 러닝 컬처가 있는 교실

이러한 여유 있는 사고와 독창적인 도전이 앞으로는 교실에서 좀 더 많이 일어났으면 좋겠습니다. 문제는 바쁜 일정 속에 배워야 할 과목은 너무 많고 교사 혼자서 수십 명의 학생을 가르치는 상황에서 어떻게 이것이 가능하겠냐는 것이죠. 게다가 대학 입시가 첫 번째 과제인 우리나라 학교 환경에서 제도적으로 이를 가능하게 할 방법이 많아 보이지는 않습니다. 최소한 저는 이러한 것이 가능해지려면 교실 내에서 배우고자 하는 배움의 문화 '러닝 컬처(Learning Culture)'가 만들어져야 한다고 생각합니다.

평생을 바둑 기사로 살아온 세계 최강의 바둑 기사를 압도적 전력으로 이기는 **머신러닝(Machine Learning)**과 경쟁해 이기려면 인간은 어쩔 수 없이 **러닝머신(Learning Machine)**이 되어야 합니다. 앞서 이야기한 휼렛 재단이 강조하는 'Learn How to Learn' 역량을 미래 사회에서 필요한 역량으로 꼽은 것과 일맥상통합니다. "부디 제자를 러닝머신으로 훈육하길 바랍니다.

어떤 과목이건 어떤 주제이건 배우고자 하도록 안내하고, 게다가 이것을 잘 배우는 방법을 가르쳐 주세요." 제가 대학 교수님께 강연할 때 부탁하는 내용 중 하나입니다. 영문학과 교수님은 학생에게 영문학을 가르치고 경제학과 교수님은 경제학을 가르칩니다. 하지만, 곰곰이 생각해 보면 제자 중에 영문학을 배워서 영문학을 전공하고, 경제학을 배워서 경제학을 전공할 제자가 얼마나 있을까요? 또 정말 학문에 뜻이 있어서 설령 계속 그 길로 공부한다고 하더라도 평생 영문학과 경제학을 지속할 가능성은 또 얼마나 될까요? 심지어는 은퇴 이후에 새로운 경력을 찾아 끊임없이 기술을 배우고 도전을 해야 하는 세상이 오고 있다면요?

그렇기에 영문학을 가르치는 교수님은 영문학과 학생에게 영문학을 가르치기보다는 "내가 평생 영문학을 공부해 보니 영문학을 공부하는 방법은 이렇게 하는 게 좋더라. 교과서 외에 새로운 지식은 어디서 찾으면 좋더라. 영문학이 우리 인생에 왜 중요한지 생각해 보니 이렇더라." 등 영문학을 전공하면서 얻은 이러한 지혜와 통찰력을 오히려 더 전수해야 할 것 같습니다. "너희가 앞으로 졸업 후에 어떤 직업을 선택할지 모르겠지만 아마도 높은 확률로 이 전공과목과는 다른 직업을 갖게 될 텐데 이 과목을 한 학기 공부한 것이 너희의 인생에 도움이 되었으면 좋겠다. 그렇기에 이번 학기에 이 과목에 속하는 단편적인 지식을 깊이 파고들기보다는 이 과목을 배우는 방법을 같이 배움으로써 응용 능력을 키워 주고 싶다."라고 접근하는 것이 어떨까 싶습니다.

제자를, 학생을 어떤 과목이건 어떤 주제건 빨리 배우고 잘 배우는 러닝머신으로 키우려면 어떻게 해야 할까요? 그렇게 하려면 **우선 교육자가 먼저 러닝머신이 되어야** 합니다. 배움의 경험과 철학 없이는 학생에게 노하우를 전수할 수 없기 때문입니다. '지식의 저주'라는 표현이 있죠. 노래를 듣고 이것을 스틱으로 박자를 통해 상대방에게 전달해 보라고 과제를 주면 참가자는 열심히 박자를 두드립니다. 전 세계인이 아는 '생일 축하합니다'라는 노래인데도 노래의 정체를 모르고 박자만 듣는 이들은 십중팔구 무슨 노래인지 맞추지 못한다고 합니다. 반면 노래를 미리 알고 있는 사람은 도대체 왜 이 박자를 듣고 노래를 못 맞추는지 답답해한다고 하죠. 이처럼 노래를 아는 사람은 노래를 모르는 사람의 마음을 결코 이해하지 못합니다. 이것이 지식의 저주입니다.

이거 너무 쉬운 건데 왜 모르지? 이런 생각 다들 해 보셨지요? 하지만 초심자라면 당연히 모를 수 있습니다. 따라서 배우는 과정 중에 충분히 좌절하고 실패할 수 있음을 헤아려야 합니다. 교육자 역시 처음에 학생이었던 그 시절을 되새기면서 말이죠. 학생이 쉽게 좌절하지 않고 이를 극복할 수 있는 노하우와 마인드셋을 학생에게 전해야 합니다. 앞서 스페이스X가 1단계 추진체를 바로 세우고자 수많은 폭발을 경험했다고 했던 것 기억하시죠? 영상 중에 스페이스X의 대표인 일론 머스크가 산산조각이 난 로켓을 살펴보는 장면이 나옵니다. 정말 암담한 상황일 것입니다. 이때 "어떻게 된 거예요?"라는 누군가의 질문이 영상에서 들리는데 이에 대한 일론 머스크의 대답이 대단합니다. "**아 좀 긁혔네요. (Just a scratch.)**" 그의 대답 속에서는 비참한 좌절감이 느껴지기보다는 불발로 끝난 폭죽을 바라보는 장난꾸

러기 같은 모습이 비쳐 보였습니다.

■ 실패는 그저 배움의 과정일 뿐

러닝머신이 되어 가는 과정에서 가장 큰 적은 아마 **실패에 대한 두려움**이 아닌가 싶습니다. 자꾸 실패가 반복되면 먼저 이에 제동을 거는 것이 다른 이도 아닌 바로 자의식입니다. "도대체 이걸 왜 하는 건지. 금쪽같은 시간에 잠이라도 잤으면 덜 피곤했을 텐데." 들인 돈이 얼마인데, 10년 전에 그냥 얌전히 졸업하고 취직했으면 이런 일이 없었을 텐데, 부모님을 잘 만났다면 이런 일을 하고 있지 않을 텐데 등 꼬리에 꼬리를 무는 자괴감과 반성이 마음속에서 고개를 들기 시작합니다. 그러니 자연스레 남들이 뭐라 하기도 전에 제풀에 그만 흐지부지 포기하는 것이 일반적입니다. 물론 용케 이 단계를 넘어선다 할지라도 이번에는 주변의 태클이 들어오죠. 자꾸 실패하고 넘어지는데 "왜 그걸 하고 있느냐?", "시간이 남아도느냐?", "부끄럽지 않으냐?", "인생을 이렇게 낭비해도 되겠느냐?" 등의 한 마디 한 마디가 마음의 상처가 되고 결국 잘 아는 세상, 실패가 없는 안전한 세상 속에 안주하게 됩니다. 새로운 배움의 영역으로 도전하려는 도전 의식은 사라지게 되죠.

폭발해 버린 로켓을 바라보면서 "젠장 망했다! 투자자 여러분 죄송해요!" 라고 이야기하는 대신 **"의도하지 않게 예상치 않은 시점에서 매우 빠른 속도로 로켓을 분해하는 방법을 알게 되었다."**라고 일론 머스크처럼 이야기할 수 있는 그러한 마인드셋이 러닝머신이 되는 길에는 필수입니다. 저 역시도 이러한 배움의 과정에서 발생하는 좌절과 실패를 체험하기 위해 접시 돌리기 키트를 사서 접시 돌리기를 연습하기 시작했습니다. 당연히 태어나서 처음 해보는

1부 지금은 디지털 진환 시대

일이니 엄청나게 많이 떨어뜨렸습니다. 모든 가족이 다 웃었죠. '저 사람이 왜 저러지?'하고 말리기도 했습니다만 저는 무엇보다 배우는 요령을 알고 싶었습니다. **'분명히 접시 돌리기에도 요령이 있을 텐데.** 접시 돌리기를 빨리 마스터하는 방법이 있을 것이다.' 저는 바로 배움의 기술을 찾고 싶었고 결국 찾았습니다. 다음 영상에 올린 것처럼 고민하며 접시를 돌리다 보니 불과 며칠 만에 접시를 능숙하게 돌릴 수 있게 된 것입니다. 그리고 보니 접시 돌리기조차도 배우는 요령이 있더군요. 처음으로 의식하게 된 신기한 경험이었습니다.

그림 1-42 ✦ 접시 돌리기를 통해 배움의 기술을 터득하는 연습

이런 경험을 하고 나니 드는 생각이 있었습니다. 세상만사가 모두 요령이 있겠구나. 사실 저는 과거에는 새로운 것을 배울 때 첫 페이지부터 묵묵하게 읽어 나가는 스타일이었습니다만 이제는 좀 더 요령이 생긴 것 같습니다. 목차를 살펴보고 큰 그림을 그려 봅니다. 개념에 대한 부분과 실제 문제 해결에 대한 부분, 그리고 이후 부가적인 내용이 보이기 시작합니다. 그렇

다면 어느 부분부터 공략하는 것이 가장 빨리 배우는 방법일지를 먼저 고민하기 시작합니다. 메타인지가 시작된 것입니다. 잘할 수 있는 부분과 어려울 부분을 분류하고 단기간에 임팩트 있는 성장을 위한 부분을 먼저 공략하여 자신감을 얻기도 합니다. 상당히 효율적인 학습을 시작한 것입니다.

이제 저는 저글링을 연습하고 있습니다. 3개까지는 할 수 있게 되었고 4개를 연습하고 있습니다만 이것은 정말 어렵습니다. 계속 떨어뜨리고 있습니다. 끊임없이 실패합니다. 떨어뜨리고 줍고를 반복합니다만, 이 모든 것이 실패나 좌절이 아닌 성공으로 가기 위한 배움의 과정이라고 생각하면 결코 좌절로 받아들여지지 않고 즐거운 실패로 받아들여지게 됩니다. 그리고 이 역시도 요령이 있다고 생각하기에 그 요령을 찾고자 계속 노력하고 있습니다. 언젠가는 4개, 5개씩 돌릴 수 있게 되리라 확신하고 있습니다. 또한 그런 모습을 저희 아이들에게 보여주고 싶습니다.

▪ 성장형 마인드셋을 확보하라

캐롤 드웩 교수가 쓴 《마인드셋》(2017년 출간, 스몰빅라이프)이라는 책을 보면 아이들은 대개 두 부류로 나뉜다고 합니다. 어린 학생한테 매우 어려운 퍼즐을 과제로 내면 과제를 가지고 한참을 고민한답니다. 이런저런 시도를 하겠죠. 첫 번째 부류는 퍼즐을 풀다가 포기하면서 "선생님 이거 너무 어려워요.", "전 잘 모르겠어요." 내지는 "선생님 저는 원래 퍼즐을 못해요.", "저희 집은 가족 대대로 퍼즐을 못해요." 등의 이야기를 한다고 합니다. '나의 능력은 고정되어 있고 노력해도 늘지 않는다.'라고 하는 **고정형 마인드셋(Fixed Mindset)**을 가진 친구입니다. 반면에 두 번째 부류 역시 퍼즐을 못

풀기는 마찬가지랍니다. 퍼즐이 어렵기 때문입니다. 그런데 이 부류의 아이들은 포기하고 집에 가려다가 다시 돌아와서 이렇게 묻는다고 합니다. "선생님, 이 퍼즐은 어디서 파나요? 이거 오늘은 못 풀겠는데 사 가지고 집에 가서 연습하려고요. 조금만 더 연습하면 풀 수 있을 거 같아요." 오늘의 내 능력은 지금 여기 수준이지만 열심히 하면 늘 수 있을 것이라는 **성장형 마인드셋(Growth Mindset)**을 가진 친구입니다.

그림 1-43 ◈ 필자가 간단히 리뷰한 책 《마인드셋》. 내용을 간략하게 정리했습니다.

고정형 마인드셋을 가진 친구들에게는 어려운 과제나 도전 문제는 전혀 달갑지 않은 숙제입니다. 이들은 도전하기 싫어합니다. 왜냐하면, 도전했다가 실패하면 그것은 말 그대로 실패이고 나의 부족함을 드러내는 것이기 때문입니다. 하지만, 성장형 마인드셋을 가진 친구에게는 어려운 과제가 오히려 즐겁습니다. 도전해서 틀려도 괜찮습니다. 과제를 통해서 배우고 능력이 향상되면 더 어려운 과제도 풀 수 있을 것으로 생각하므로 오히려 도전이 즐겁습니다. 그래서 이 책에서는 이렇게 말합니다.

"세상에는 강자와 약자가 있는 것이 아니라 배우려 하는 자와 배우려 하지 않는 자가 있다."

자, 그렇다면 누가 강자일지는 너무나 명확합니다. 교실에서 학생은 과연 배우려고 하는 자인가요, 아니면 배우려 하지 않는 자인가요? 교육자를 중심으로 실패와 도전에 너그러워지고 이를 오히려 즐기는 문화가 만들어진다면 자연스럽게 배우려 하는 문화가 만들어지면서 그 문화가 학생에게도 전파될 것으로 생각합니다.

수업의 전환: 수업은 뒤집어야 제맛이지! 플립 러닝

사실 제가 교육에서 디지털 전환을 시작하게 된 것은 디지털 때문은 아니었습니다. 학생에게 도움이 될 수 있는 좋은 교수법을 찾아서 고민하던 차에 '거꾸로 수업', 즉 **플립 러닝(Flipped Learning)**을 만나게 되었는데, 이 방법을 제대로 구현하려니 디지털 도구의 도움이 필요했던 것입니다. (치과대학의 특성상 한 학년이 70여 명에 달하여 효율적인 피드백을 제공하려면 디지털 도구가 필수였습니다.) 여하튼 수업을 혁신하고자 제가 따라 하기 시작한 플립 러닝이란 무엇일까요?

▪ 수업의 모든 것을 뒤집다

플립 러닝은 수업의 순서를 뒤집는다는 뜻으로 잘 알려졌습니다. 기존의 수업을 살펴보면 교실에서는 교사가 혼자 열심히 수업을 진행하고 학생은 열심히 필기하고 이해하고 외운 다음, 집에 가서 숙제로 받은 응용문제를 풀어야 하는데, 이때 막히면 정작 도움을 구할 사람이 주변에 없습니다. 결국은 혼자서 문제를 해결하지 못한 채 다음 수업에 들어옵니다. 이후에는 또다시 다음 진도를 나가야 하기 때문에 이전 시간에 이해 못 한 것을 묻고 해결하고 싶지만 그럴 시간이 없습니다. 그러다 보니 새로운 내용 중에 또 이해가 안 되는 내용이 또 생깁니다. 점점 상황이 악화하면서 결국 이 학생은 이번 학기 수업은 그냥 포기해야겠다고 생각하게 됩니다. 아니 어쩌면 이번 생을 포기하는 학생이 생길지도 모르겠습니다. 바로 이러한 비효율을 뒤집자는 것이 플립 러닝입니다.

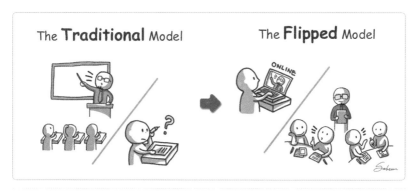

그림 1-44 ⊕ 플립 러닝을 기존의 수업 형태와 비교한 그림입니다. 왼쪽이 기존의 수업 모습, 오른쪽이 플립 러닝 수업 모습입니다. 모두가 모여 있는 교실에서는 선생님 혼자 이야기하고 집에 가서 혼자 과제를 수행하려니 도움을 청할 곳이 없습니다. 이러한 문제를 해결하려는 것이 플립 러닝입니다. 혼자 있는 시간(Individual Space)에는 선생님의 강의를 듣고 모두가 모여 있는 곳(Group Space)에서는 응용하고 분석하고 평가하고 상의하는 활동을 하는 것이 플립 러닝의 핵심입니다.

'거꾸로 수업'의 첫 시작에 대해서는 이론이 몇 가지 있습니다. 2000년 마이애미 대학의 모린 J. 라지(Maureen J. Lage) 교수 등이 **역전형 교실(Inverted Classroom)**이라는 개념으로 논문을 발표했습니다*. 이 논문에서 라지 교수는 미시경제학 수업 전에 강의 영상과 PPT를 학생에게 제공하며 숙지하고 오도록 공지했습니다. 이후 교실에서 학생과 대면하면서 질문을 받았고 질문이 있으면 10분 정도로 짧게 강의하게 됩니다. 질문이 없으면 강의는 없

---

* Lage, M. J., Platt, G. J. & Treglia, M. (2000). Inverting the Classroom: A Gateway to Creating an Inclusive Learning Environment. *The Journal of Economic Education: Vol. 31, No. 1*, pp. 30-43.

고 바로 활동으로 이어집니다.

당시 라지 교수가 영상을 시청하고 수업에 들어온 학생에게 제공한 활동은 5센트부터 시작하는 콜라 캔 경매를 진행하는 것이었습니다. 5센트씩 값이 올라갈 때마다 구매하려는 사람의 수를 세고 최종 낙찰되면 이 모든 데이터를 그래프로 그립니다. 최적화된 의사결정에 대해 토론할 수 있는 좋은 자료가 만들어지는 것이죠. 조금 복잡한 활동으로는 학생 한 명에게 두 개의 버터나이프를 주고 땅콩버터 샌드위치를 만들게 하는 것이었습니다. 주어진 시간 동안 얼마나 많은 샌드위치를 만들 수 있는지 측정하고 투입한 재료, 자본(나이프) 대비 노동력, 수익성을 분석하는 활동이었습니다.

이러한 활동이 끝나면 교수가 미리 준비한 학습지(Worksheet)에 다양한 토론과 발표 과정 등을 통해서 모은 데이터를 입력합니다. 필요한 경우에는 이 자료를 걷어서 채점합니다만 정확도가 아닌 성실함만 채점했다고 합니다. 성실하게 거꾸로 수업에 참여하고 있는지를 보겠다는 것이었죠.

하지만, 아쉽게도 당시에는 유튜브도 없었고 구글 클래스룸도 없었습니다. 기술 지원이 부족하다 보니 아무래도 교육계에 확산하기 어려웠던 것 같습니다. 라지 교수 역시 혁신적인 시도 이후, 크게 호응이 없는 듯해서 자신도 잊고 연구에 전념했다고 하네요.

이후 2007년 콜라라도의 한 고등학교 교사 존 버그만(John Bergman)과 아론 샘즈(Aron Sams)가 학생에게 영상을 제공하기 시작합니다. 우연히 자신의 강의를 녹화할 수 있는 소프트웨어를 구해서 시작한 것이었는데, 놀랍게도 이 영상을 사전에 시청한 친구들이 실제로 교실에서 수업을 들은 학생들과 비슷한 학업 성취도를 보이는 것을 목격하게 됩니다. 여기에서 '유레카!'의 외침이 생긴 것입니다. 그렇다면 굳이 교실에서 멍하니 수업을 듣고 있을 것이 아니라 미리 수업을 듣고 오고 교실에서는 블룸의 교육목표 피라미드 상위에 있는 '분석'하고 '평가'하고 '창조'하는 활동을 할 수 있지 않을까라고 인식하게 된 것입니다.

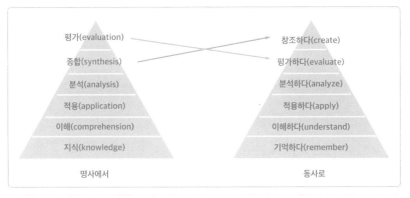

그림 1-45 ◆ 1956년 벤저민 블룸이 제안한 교육 목표와 이후 제자가 주축이 되어 시대에 맞게 수정 변형한 교육 목표

이후 존 버그만은 FLGlobal(flglobal.org)이라는 단체를 설립하여 플립 러닝을 전 세계에 전파하는 전도사 역할을 합니다. 물론 플립 러닝의 역사적인 첫 시작은 다른 사람에게 양보해야겠지만 K-12(초중고 교육)에서 전 세계적인 붐을 일으킨 것은 존 버그만의 역할이 가장 크다 할 수 있습니다. 이후 존 버그만은 일련의 온라인 교육 과정을 개설하여 자신이 얻은 수많은 플립 러닝의 노하우를 아낌없이 나누기 시작했습니다. 다음 과정을 통해 영상을 촬영하는 노하우부터 학생에게 피드백을 주는 방법까지 세세한 도움을 받을

1부 지금은 디지털 전환 시대

수 있습니다.

그림 1-46 ⊕ flglobal.org 단체에서 제공하는 온라인 수업을 이수하면 받을 수 있는 배지. 저 역시도 레벨 1, 2와 트레이너, 그리고 대학 교육 레벨 1을 이수하였습니다.

이러한 플립 러닝은 교육의 혁신적인 형태로 많이 알려졌지만, 2014년도 까지만 해도 소수 교육자만 이를 활용했습니다. 특히 대학에서 플립 러닝을 하는 교수님을 찾기는 정말 어려웠습니다. 2014년 3월 KBS에서 방송된 '미 래 교실을 찾아서'라는 다큐멘터리에서 플립 러닝이 소개되면서 일부 언론 에서도 여러 번 다루어 주고 심지어는 플립 러닝으로 진행하는 학원까지 등 장했지만, 대학 교육 현장에서 적용하는 교수님이 주변에 없다 보니 도움을 구할 곳이 없었죠. 어쩔 수 없이 인터넷에서 검색을 시작하며 대학 교육, 혁 신, 플립 러닝에 대해 배우고 어렵게 개념을 이해하고 학생과 수업을 시작 하며 하나하나 시행착오를 통해 경험을 쌓기 시작했습니다.

플립 러닝, 즉 거꾸로 수업이 모든 교육의 정답은 아닙니다. 그저 기존 수 업 방식의 비효율을 극복하려는 노력으로 볼 수 있습니다. 하지만, 최소한 지난날의 교실에서 볼 수 있던 비효율이 상당 부분 해소되는 것은 사실입니 다. 각자 나름대로 똑똑하고 재미있고 다양한 학습자가 모인 그 소중한 **그룹 공간(Group Space)**에서 오로지 선생님만 발언권을 갖고 있고 앵무새처럼 이야기하고 있다면 이것은 모두의 시간을 낭비하는 것입니다. 반대로 학교에서 받아온 응용, 창의 과제를 해결해야 하는 **개인 공간(Individual Space)**에서는 정작 도움을 청할 사람이 주변에 없다는 것 역시 학생에게는 큰 어려움입니다. 거꾸로 수업의 핵심은 그룹 공간에서 하던 활동을 개인 공간으로, 반대로 개인 공간에서 하던 활동을 그룹 공간으로 옮기는 것입니다.

　쉽게 말해서 **수업 시간에 들어야 할 수업을 미리 집에서 듣는 것이고, 평소에 숙제로 하던 활동을 교실에서 하는 것**입니다.

표 1-1 ⊕ 기존의 수업 방식과 플립 러닝 방식을 공간의 활동 개념으로 비교한 표

기존 수업 방식		플립 러닝 방식	
그룹 공간 (Group Space)	학생들은 침묵하고 선생님 혼자 강의한다.	**개인 공간** (Individual Space)	선생님의 강의를 영상이나 교재로 미리 학습한다.
개인 공간 (Individual Space)	과제를 받은 학생은 혼자서 해결하고자 하지만 도움을 받을 곳이 없다.	**그룹 공간** (Group Space)	동료 학습자와 함께 문제를 해결하고 토론하는 활동을 한다.

▪ 플립 러닝 영상 만들기 노하우

　플립 러닝을 시작하려면 선생님은 영상 강의를 만들어 수업 전에 제공해야 합니다. 물론 존 버그만은 플립 러닝에서 영상이 제일 중요한 것은 아니라고 말합니다. 그럼에도, 영상을 잘 활용하면 매우 효과적으로 수업을 진행할 수 있습니다. 이에 지금부터 플립 러닝을 위한 영상 제작 노하우를 간단하게 나누고자 합니다.

　우선 영상으로 강의를 미리 제작합니다. 전체 강의 시간이 50분 분량이라고 반드시 50분짜리 강의를 녹화해야 하는 것은 아닙니다. 존 버그만은 학

생 나이를 기준으로 삼으라고 권장합니다. 10살이면 10분, 20살이면 20분이죠. 직관적이고 외우기 편한 방법입니다. "그럼, 학생 나이가 50대이면 50분입니까?" 이런 질문이 나올 수도 있지만, 그건 아닌 것 같습니다. 학생이 집중할 수 있는 시간을 기준으로 삼으라는 뜻입니다. 개인적 경험으로 보자면 30분을 넘어서기 시작하면 그때부터는 학생도 부담을 느끼는 것 같습니다. 이름 그대로 짧게 볼 수 있는 '짤강'으로 제작하는 것이 반응도 좋고 부담도 적어 적절합니다.

아무리 학습자의 집중 시간을 고려해서 영상 시간을 결정한다 하더라도, 50분 꽉 채워서 진도를 나가도 이해할까 말까 한 고전 역학이나 천체 물리학 수업을 20분짜리 영상으로 어떻게 만드느냐는 질문도 받았습니다. 질문의 주인공은 KAIST 교수님이셨습니다. 어려움이 충분히 예상되는 과목이라 공감했습니다. 안타깝게도 플립 러닝이 만병통치약은 아닙니다. 플립 러닝은 모든 과목의 모든 챕터에, 모든 선생님과 모든 학생에게 적용할 수 있는 방식은 아닙니다. 한 과목 내에서도 영상으로 대체할 수 있는 부분이 있는가 하면 학생과 하나하나 짚어 가면서 칠판을 이용해 해결해야 하는 챕터도 있습니다. 저 역시도 그렇게 진행합니다. 따라서 제일 바람직한 상황은 선생님 스스로 생각했을 때, 플립 러닝을 적용할 수 있는 부분에 적절히 활용하는 것입니다.

물론 요령은 있습니다. 전체 강의를 모두 영상으로 만들어 제공하겠다는 생각을 하기보다는 교실 강의가 '메인 요리'라면 영상은 '전채 요리'의 역할을 할 수 있도록 수업을 설계하는 것입니다. '짤강'에서는 이순신 장군의 마지막 순간을 짧게 재구성해서 보여주고 당시 국제 정세에 대한 수업의 흥미 유발 요소로 활용하는 방법도 가능하겠습니다. 이때 영상에서는 조선시대 장군의 투구를 쓰고 영상을 촬영해도 좋겠죠. 아니면 생명체의 기본 구성에 대한 강의라면 세포 내 소기관 중에는 핵과 미토콘드리아, 소포체 등이 있는데 이 중에서 "미토콘드리아는 어머니에게서 그대로 물려받는다는 것 알고 있죠? 어머니의 어머니 그 위의 어머니로 계속 올라가면 누가 나오게 될까요? 바로 에덴동산에 있었던 최초의 여자 이브! 자세한 내용은 강의 시간에 설명하겠습니다!"라고 하며 영상에서는 '떡밥'만 던져주는 예도 생각할 수 있습니다. 즉, 수업에 대한 큰 그림을 그려주고 흥미를 유발하는 역할로 적절히 활용하는 것입니다.

▪ 영상을 보았는지 어떻게 확인하나요?

사실 학기 초에는 제 유튜브에 올린 강의를 열심히 보는 것 같았습니다. 학생 수가 70명인데 유튜브 조회 수가 80이 넘었으니 보고 또 본 기특한 친구도 있다는 뜻이었습니다. 그런데 놀랍게도 계속 수업이 반복되자 조회 수가 조금씩 줄기 시작했습니다. 결국은 20 근처까지 떨어지더군요. 너무나도 실망하여 학생에게 물었습니다(꾸짖었습니다).

"강의 영상이 얼마나 길다고 그걸 안 보고 오는 겁니까!"

그런데 한 학생이 너무나도 지혜로운 답을 하였습니다.

"교수님, 조회 수가 적은 건 저희가 함께 모여서 보았기 때문입니다."

너무나 예상 밖의 답이라서 더는 뭐라고 하지 못했습니다만, 어쨌건 영상을 안 보는 학생이 있으면 플립 러닝에서는 수업을 진행할 수 없습니다. 그래서 조금은 반 강제적으로 영상을 보게 할 방법을 궁리하기 시작했습니다. 아마도 많은 교육자에게도 비슷한 고민이 있었던 모양입니다. 이러한 문제를 해결하는 서비스가 등장하더군요. 바로 **에드퍼즐(Edpuzzle)**입니다.

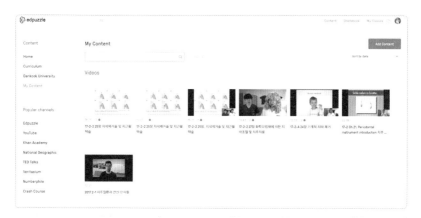

그림 1-47 ✦ 에드퍼즐(edpuzzle.com)에 들어가면 다양한 영상 강의를 구글 클래스룸과 연동하여 올리고 학생에게 제공할 수 있습니다.

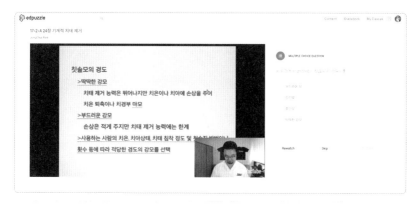

그림 1-48 ✦ 영상 중간마다 중요한 요소를 확인하고자 원하는 곳에 퀴즈를 삽입할 수 있습니다. 문제를 틀리면 넘어갈 수 없게 하여 반드시 강의를 듣도록 할 수 있습니다.

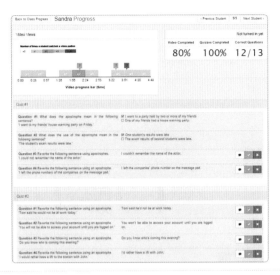

그림 1-49 ✧ 학생이 동영상 강의를 몇 배속으로 보았는지 모두 기록되며 퀴즈에 답변을 잘했는지도 모두 기록됩니다(빅브라더가 생각날 정도로 치밀하게 관리할 수 있습니다).

이렇게 학생이 영상을 보는지 완벽에 가깝게 확인하고 관리하는 방법도 있습니다만, 아무래도 학생의 자율성을 침해하는 듯한 기분이 들어서 더는 사용하지 않습니다. 학생을 믿되, 이를 확인할 최소한의 장치만 만들어야겠다고 생각한 것입니다. 이에 필자는 최근에는 '위스키'를 권장하고 있습니다. 위스키라는 술을 한 잔 권하는 것이 아니라 바로 **WSQ(Watch-Summarize-Question)**를 하는 것입니다. 우선 학생에게 영상을 보고 오도록 권장합니다. 이후 영상을 요약하게 합니다. 종이 템플릿을 제공하여 종이에 적도록 하는 방법도 있고 구글 클래스룸과 같은 온라인 플랫폼이 갖춰진 학교에서는 구글 문서(Google Docs)를 이용할 수도 있습니다. 이후에 강의와 관계된 질문을 하나 던지도록 합니다.

아마 대부분 처음 받는 질문은 "선생님은 어떻게 이렇게 잘 생기셨나요?", "선생님은 어떻게 이렇게 강의를 잘하시나요?" 등과 같은 아부성 질문이 대부분일 듯합니다. 하지만, 시간이 지날수록 질문하는 연습을 통해 점점 좋은 질문을 하기 시작합니다. 나중에는 질문 하나만 가지고도 한 시간이 다 지나갈 정도로 좋은 질문이 나오기 시작합니다. 사실 이를 통해서 저 역시 좋은 연구 주제를 얻기도 할 정도로 학생의 질문 수준은 대단합니다. 이러한 위스키의 노하우는 커치의 플립 러닝 노하우 책(《커치 선생님과 함께 뒤집는 수업》, 국내 미출간)에서 도움을 얻었습니다.

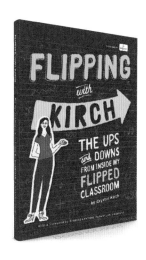

그림 1-50 ⟳ 《커치 선생님과 함께 뒤집는 수업》은 플립 러닝에 관한 많은 노하우를 다루는 책입니다. 개인적으로 많은 아이디어를 얻은 책입니다.

■ 플립 러닝의 진정한 가치

이렇게 해서 영상을 보고 온 친구에게는 저마다 수준에 맞는 궁금증이 생깁니다. 각자 서로 다른 궁금증이죠. 그리고 교실에서는 학생 한 명 한 명과 이야기하고 친구끼리, 동료 학습자끼리 이야기하면서 각자가 궁금한 것을 고민하고 파고드는 과정이 시작됩니다. 사실 과거에는 그런 모습을 저희가 볼 수 없었습니다. 왜냐하면 진도를 계속 나가야만 하니깐요. 그러나 플립 러닝이 도입된 교실에서는 훨씬 여유가 생깁니다. 이미 수업의 많은 부분의 내용을 영상을 통해 보고 왔기 때문이죠.

이제 선생님은 조금 여유를 가지고 교실 안을 돌아다니면서 학생끼리 나누는 이야기를 듣다 보면 예전에는 보이지 않던 것이 보이기 시작합니다. 바로 그런 순간에 학생 곁에서 학생에게 필요한 도움을 줄 수 있다는 것, 그것이 바로 플립 러닝의 가치입니다. 플립 러닝이란 단순히 수업을 뒤집고 영상을 촬영하는 것이 아니라 **학생 한 명 한 명에게 도달할 수 있는 플랫폼**을 제공하는 것입니다. 결국, 플립 러닝을 통해서라면 블룸의 교육목표에서 최상위에 있는 응용, 분석, 창의까지 가능합니다. 그러나 교실에서 이러한 교육목표만 존재하는 것은 아니죠. 플립 러닝을 통해서 재미있게도 오히려 선생님과 학생의 관계가 좋아지고 학생 역시 동료 학습자, 즉 친구를 더욱 가깝게 느끼기 시작합니다. 교실에서 인공지능과 경쟁해서 패할 것만 공부하던 수업 시간이 인공지능이 할 수 없는 것으로 가득 찬 따스한 교실로 바뀌는 것입니다. '아, 내가 교육자가 되었구나!'라고 보람을 느끼는 순간이 바로 이때였습니다.

결국, 플립 러닝의 시작은 그룹 공간의 낭비를 줄이고 학생의 목소리를 듣고 학생 한 명 한 명에게 도달할 수 있게 하여 교실에서 전체적인 변화를 만들어냅니다. 이전에는 교실 강단 앞에서 학생 앞에 지적으로 군림하고 강

1부 지금은 디지털 전환 시대

의실에서 주목을 독차지하던 교육자가 이제는 학생 사이를 오가면서 마치 여행 안내자처럼 "넌 어떤 것이 궁금하니? 아 그게 궁금하다면 오늘 이렇게 공부해 볼까?", "넌 뭐가 궁금하니? 아 너는 이런 걸 잘하니 이쪽으로 한번 해볼까?"라며 학생을 이끕니다. 마치 여행지에서 같이 여행을 가더라도 안내자가 관심사에 따라 개별적으로 여행자의 여정을 계획해 준다면 서로 다른 색다른 여행이 되는 것처럼 학생들의 지적 여정 역시 교육자가 '코치' 내지는 '안내자'로서 학생에게 맞는 멋진 여정을 제공할 수 있는 것입니다.

그림 1-51 ⊙ 플립 러닝을 통해 교실에서 얻고자 하는 궁극적인 목표를 '교단의 현자에서 학생 곁의 안내자로(Sage on the stage, Guide on the side)'로 표현한 그림입니다.

마차를 타던 시절을 생각해 볼까요? 말이 마차를 끌고 마부는 마차 앞에 앉아 있습니다. 손님은 뒷좌석에 타고 마부에게 "서울역까지 가주세요."라고 하죠. 그럼 마부가 알아서 서울역까지 손님을 데려갑니다. 이것이 오랜 세월 마차로 이동하던 방식이었습니다. 누구도 이 방식에 대해 이견을 내지 않았습니다. 세상 모두가 이렇게 마차를 타왔기 때문이죠.

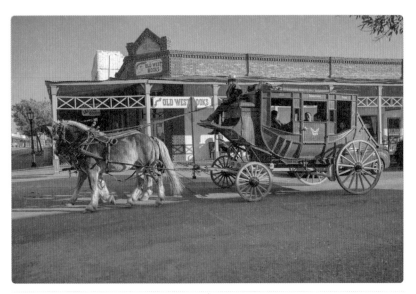

그림 1-52 ↔ 마차를 타는 가장 보편적인 방식. 마부가 마차를 몰고 승객은 마부에게 모든 것을 맡깁니다. (출처: Unsplash)

하지만, 어느 날 **엔진**이 개발되었습니다. 말 수십 마리의 힘에 버금가는 엔진이 등장함에 따라 굳이 번거롭게 말로 마차를 끌고 다닐 필요가 없게 되었습니다. 자, 이제 엔진을 어디에 연결해야 할까요? 원래 말이 있던 그 자리에 엔진을 연결하고 다니면 되지 않을까요? 그런데 놀랍게도 자동차의 발전은 그렇게 이루어지지 않았습니다. 엔진 위에 승객이 바로 올라타게 되었죠. 그 과정에서 한 명이 사라졌죠? 바로 **마부**입니다.

그림 1-53 ✦ 엔진이 등장한 후 마차의 구조가 바뀌었습니다. 엔진 위에 승객이 직접 올라타고 직접 운전하게 됩니다. 그 과정에서 '마부'가 사라졌습니다.

아마 교실의 발전을 이보다 더 잘 설명해 주는 비유도 없다고 생각합니다. 과거에는 교실에 있는 교사가 아니면 지식을 배울 곳이 따로 없었기 때문에 아이들은 졸린 눈을 비비며 학교로 와야만 했습니다. 수업 시간에 존다고 혼나기도 하고 숙제 안 했다고 쫓겨나기도 하면서 열심히 배워야 했습니다. 하지만, 이제 우리 손에는 '엔진'이 있습니다. 바로 유튜브, 구글 검색 엔진, MOOC(Massive Open Online Course) 등과 같은 디지털 세상 속의 도구를 통해 전 세계 석학의 강의를 무료로 들을 수 있게 된 것입니다. 이젠 굳이 학교에 가지 않아도 유튜브만 보고서도 핵융합 발전기를 스스로 만들 수 있을 정도의 방대한 고급 정보가 인터넷에 있습니다.

자, 그럼 마부가 사라졌듯이 교실에서도 한 명이 사라지는 것은 아닐까요? 바로 **교육자**입니다. 이제 이러한 온라인 도구 때문에 교육자의 존재 이유가 위협받기 시작한 것입니다.

아, 그렇다면 이제 교육자로서의 미래는 끝인가요? 이제 인공지능 왓슨, 구글, 알렉사에 우리의 역할을 넘기고 "우리는 사라지는 건가요?"라고 아쉬워하는 교육자도 있을지 모르겠습니다만 다행히도(!) 그렇지는 않습니다. 사실 오히려 그 반대입니다. 교육자로서의 역할이 더욱 드러나기 시작했습니다.

몽골에 있는 한 학생이 과학에 관심이 많았는데 MOOC 수업으로 전자회로 수업을 들었다고 합니다. 그리고 그 과목을 수강한 15만 명 중 만점을 받은 340명 중의 한 명으로, 그 성적을 토대로 MIT에 입학했다는 기사가 뉴욕 타임스에 보도되었습니다*. 2015년 베이징 세계육상선수권대회에서 케냐의 줄리우스 예고(Julius Yego)가 창던지기로 우승했습니다. 창던지기의 불모지 케냐에서 "어떻게 창던지기를 배운 겁니까?"라는 기자의 질문에 "유튜브에서 보고 배웠습니다."라고 답했습니다.

---

* 뉴욕 타임스 기사: https://www.nytimes.com/2013/09/15/magazine/the-boy-genius-of-ulan-bator.html

The New York Times Magazine

The Boy Genius of Ulan Bator

f ⊙ y ✉ ↗ ⛶ 168

Battushig Myanganbayar and his sister outside their home in Mongolia. Chiara Goia for The New York Times

그림 1-54 ↔ 몽골 울란바토르의 천재 소년. MOOC 수업을 듣고 그 놀라운 성적을 토대로 MIT에 입학했습니다.

　이렇게 학생 스스로 온라인 도구를 통해서 배우고 궁금한 것을 찾아서 배우는 일이 많아짐에 따라 선생님의 역할은 더욱 중요해졌습니다. 자동차 경주에서 가장 중요한 역할을 하는 **코치**와 같습니다. 앞만 보고 달리는 선수는 사실 큰 그림을 그리지 못합니다. 하지만, 경기장 전체 모습과 날씨와 다른 팀의 분위기와 선수의 컨디션을 모두 관찰하는 코치는 선수와 무선 통신을 통해 끊임없이 안내와 코칭을 해줌으로써 퍼포먼스를 올려줄 수 있죠.

　"너는 이런 재능이 있으니까 이런 공부를 좀 더 해봐.", "아, 너는 아침에 공부가 잘되는 체질 같아. 아침에 좀 더 집중적으로 공부해 보자.", "너는 더 능력이 있으니 이것도 같이 해봐. 충분히 할 수 있을 거야." 등 온라인으로 혼자 공부하는 학습자에 대한 동기부여, 포기하지 않는 정신 관리 등을 코치가 해주어야 학습 동기와 의지가 오래갈 수 있습니다.

이것이 이제 교육자의 새로운 역할입니다. **티칭이 아닌 코칭의 시대**입니다. 칠판 앞에 서서 지식을 전달하는 존재가 아니라 스스로 공부해서 오면 학생 사이를 돌아다니면서 서로 가르쳐주고 토론하고 실습할 수 있도록 격려하고 응원하는 역할을 해야 합니다. 흔히 말하는 치어리더의 역할을 해야 합니다. 교육자에서 코치로, 치어리더로 교육자의 **역할 전환**이 필요한 시점입니다. 과연 준비가 되셨나요?

평가의 전환: 구글 설문지 활용법

플립 러닝을 위해 영상을 미리 제공한 선생님은 학생이 영상을 다 보고 온 이후 교실에서 학생을 만나게 되지만 이들을 앞에 두고 당혹스러워합니다. 사전에 영상으로 기본적인 수업을 듣고 온 학생이기 때문에 도대체 수업 시간에는 무엇을 해야 하는지 알 수 없기 때문입니다. 늘 강조하지만 우리 스스로가 한 번도 이런 방식으로 수업을 받아 본 적이 없는 것이 교육자의 현실이기에 결코 당황할 필요는 없습니다. 지금부터 하나씩 배우면 됩니다.

플립 러닝을 조금 운영해 본 교수님 중에서는 자신이 미리 15분짜리 영상으로 강의를 미리 제공했기 때문에 강의를 15분 일찍 끝낸다는 분도 계셨습니다만 이것은 사실 플립 러닝이라고는 볼 수가 없습니다. 그저 강의를 잘라서 앞으로 미리 보낸 것일 뿐이니 진정한 의미의 거꾸로 수업은 아닙니다. 또한 거꾸로 수업에서 대부분 동영상에 초점을 많이 두곤 합니다만 엄밀하게 플립 러닝에서 동영상은 주된 요소가 아닙니다. 심지어는 동영상을 안 써도 됩니다. 결국, 존 버그만이 늘 강조하듯이 플립 러닝은 **학생 한 명 한 명에게 도달하기 위한 프레임워크**라고 이해해야 합니다. 무슨 뜻일까요?

▪ 퀴즈로 시작하는 수업

제가 플립 러닝용 '짤강' 영상을 미리 보고 온 학생에게 위스키(WSQ)를 한 잔씩 준다는 것은 앞서 이야기했습니다. 이후 수업은 어떻게 진행하는지 자세히 설명하겠습니다.

실제 교실 환경에서는 어떤 일이 일어날까요? 우선 위스키, Watch-Summarize-Question을 통해 강의 영상을 시청한 사실을 확인받은 학생은 교실로 들어와 바로 퀴즈를 준비합니다. 제가 썼던《교실의 미래 구글 클래스룸》(프리렉)이라는 책에서는 소크라티브(Socrative)라는 앱으로 퀴즈를 본다고 설명했었는데요, 사실 저는 최근에는 구글 설문지로 많이 시험을 보기 시작했습니다. 아무래도 소크라티브를 무료 버전으로 계속 이용하다 보니 사용자 중에 튕겨 나오는 경우도 발생하고 오류도 가끔 있었습니다. 학생들 입장에서는 성적에 들어가는 퀴즈에서 오류가 생기는 것이 달가울 리가 없으므로 아무래도 좀 더 안정적인 앱으로 바꾸게 되었습니다. 지금은 구글 설문지(Google Forms)를 사용하는데, 물론 단점도 있지만 구글과 호환성이 좋아 주로 사용하게 되었습니다. (교실에서 사용하는 디지털 도구 중에서 완벽한 것은 단 하나도 없습니다. 모두 나름의 단점과 한계가 있습니다. 그럼에도, 이런 도구를 잘 조합하여 수업에 적절히 활용하는 것이 교육자의 숙제입니다.)

저는 매 수업 시작과 동시에 구글 설문지로 10개의 객관식/단답형 문제를 냅니다. 내용은 어렵지 않고 강의 영상을 보았다면 누구나 쉽게 풀 수 있는 수준입니다. 심화 학습을 하려는 것이 아니라 강의 영상을 보고 왔는지를 확인하는 것이 기본적인 목표이기 때문입니다.

가끔은 "강의 영상에서 박정철 교수(본인)가 입고 나온 옷의 색깔은 무슨 색인가?"와 같이 쉬운 보너스 문제도 내서 학생의 의욕을 올리곤 합니다.

매시간 퀴즈를 보기 때문에 15주 중에서 중간고사와 기말고사를 제외한 13번의 퀴즈 성적이 누적되면 꽤 비중이 커집니다. 이전, 기존의 수업 형태에서는 중간고사와 기말고사에서 많은 비중을 두고 있었습니다만 이제는 퀴즈의 비중을 늘려서 매시간 영상을 보고 성실하게 퀴즈에 임한 학생이 더 좋은 성적을 받도록 하고 있습니다.

과거에는 '중간 40+기말 40+출석 10+**퀴즈 10**'이었지만 이제는 '중간 25+기말 25+**퀴즈 30**+출석 10+리포트 10'으로 비율을 조정했습니다. 퀴즈가 비중이 제일 커졌으니 학생으로서는 중간고사 때 컨디션 난조로 시험을 망치고 한 학기를 포기해야 하는 일들은 줄었고 대신 매시간 성실하게 영상을 보고 퀴즈 문제를 푸는 일에 공을 들이게 될 수밖에 없습니다.

또한, 퀴즈 10문제 뒷부분에는 1문제를 더 추가해서 그때그때 필요한 설문을 넣습니다. 이 설문은 **수업에 대한 즉각적인 평가**를 얻기 위해서입니다. 수업의 속도는 어떠한지, 내용의 난도는 어떤지, 이해하기 어렵지는 않은지 등을 물으며 조언을 구합니다. 물론 학기말에 학교 시스템을 통해 올리는 수업 평가도 있습니다만, 사실 한 학기가 모두 지난 시점에 받는 수업 평가는 큰 도움이 되지 않습니다. 학생도 수업을 잘 기억하지 못할 때가 잦고 그냥 좋은 것이 좋은 것이니까 하는 마음으로 덕담과 비슷한 평가를 남기는 경우가 많기 때문입니다.

게다가 11번째 설문지 문항은 학생의 목소리를 들을 좋은 기회이기도 합니다. 필자는 학생 70명을 상대로 수업을 해야 하는데, 학생 한두 명의 얼굴과 이름은 기억이 나도 사실 그 외 학생의 이름을 외우거나 이야기를 나누는 것은 불가능에 가깝습니다. 그러다 보니 졸업생이 방에 찾아와도 이 학생이 졸업생인지 재학생인지 잘 모를 때도 있습니다. 그렇지만, 구글 설문지를 통해 학생의 목소리를 듣다 보면 디지털 공간이긴 합니다만 학생과 좀 더 친밀해지는 감정을 느끼게 됩니다.

지금 가장 큰 고민은 무엇인지, 학교생활에서 어려운 점은 없는지, 졸업 후에는 어떤 길을 가고 싶은지, 그야말로 학생과 상담할 수 있는 절호의 기회라고 생각합니다. 구글 설문지를 통해 이러한 이야기가 매주 한곳에 쌓이면 이 데이터는 학생을 지도할 때 소중한 자료로 활용할 수 있습니다. 디지털이지만 따뜻할 수 있는 것이 바로 이런 손쉬운 피드백 덕분입니다.

▪ 구글 설문지의 장점

구글 설문지로 퀴즈를 보면 어떤 장점이 있을까요?

첫 번째 문제와 보기를 **무작위**로 섞을 수 있습니다. 아무리 가까이 앉아서 스마트폰을 나란히 하고 부정행위를 하려 해도 문제와 보기가 모두 섞여 있기 때문에 불가능합니다. 물론 부정행위를 하려고 마음만 먹으면 어떤 방법으로든 할 수는 있겠지요. 하지만, 최소한 무작위로 섞여 있는 문제 덕분에 많은 부분이 예방되는 것 같습니다.

그림 1-55 ✛ 나란히 앉더라도 옆 친구의 스마트폰에 있는 무작위로 섞여 있는 문제를 보기는 쉽지 않습니다. 화면이 작기도 하지만, 무엇보다도 구글 설문지의 기능 덕분에 문제가 모두 뒤섞여있기 때문입니다.

그림 1-56 ✛ 구글 설문지의 질문 순서 무작위로 섞기. 구글 설문지 오른쪽 위 설정 아이콘(⚙)을 클릭하면 설정이 나오는데 여기서 프레젠테이션 아래 [질문 순서 무작위로 섞기]를 체크합니다.

그림 1-57 ⊕ 원하는 대로 문제 순서를 무작위로 섞어 제시합니다.

그림 1-58 ⊕ 문제를 섞을 때 주의해야 할 부분입니다. 저희는 문제를 낼 때 습관적으로 문제에 번호를 달곤 하는데, 이렇게 하면 문제를 구글 설문지가 열심히 무작위로 섞더라도 입력한 번호가 그대로 나타나므로 섞은 의미가 없습니다.

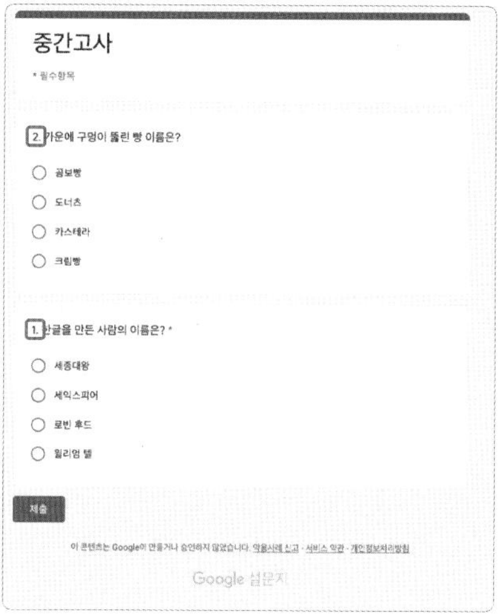

그림 1-59 ⊕ 문제는 섞였으나 번호가 같이 따라다니므로 구별할 수 있습니다. 따라서 구글 설문지에서는 문제 앞에 번호를 붙이지 않도록 주의합니다.

　두 번째, 실시간 채점을 통해 그 결과가 제 모바일 기기 안에 나타납니다. 분명히 '2 더하기 2'는 '4'라고 가르쳤는데 5라고 답하는 친구가 많다면 이것은 제가 잘못 가르친 것이죠. 그래서인지 시험을 보는 순간에 저 역시도 학생 앞에서 시험을 보게 됩니다. 그리고 이러한 부분을 고려하여 다음 수업에서 개선할 수 있도록 노력합니다. 무엇보다 수십 명의 시험 문제를 직접 채점하지 않아도 자동으로 그 점수가 그래프로 그려지는 모습을 보고 있노라면 이것이 진정 디지털 전환의 힘이라고 감동하게 될 것입니다. 이보다 더한 감동을 원하신다면 이후에 나올 많은 활용법을 참고해 주세요.

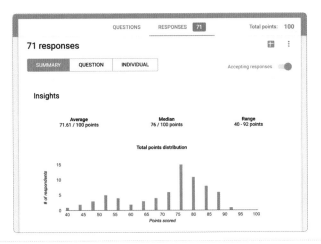

그림 1-60 ⊕ 학생의 성적이 실시간으로 집계되어 그래프로 제시됩니다. 채점 하나 하지 않았는데 수십 명의 시험 결과가 바로바로 올라오는 것을 보면 마음속에 흐뭇함이 샘솟습니다.

세 번째, 채점은 기본적으로 **자동**으로 이뤄집니다. 객관식은 아주 쉽게 자동으로 채점됩니다. 단답형도 자동 채점이기는 하지만 문제를 출제할 때 약간의 요령이 필요합니다. 예를 들어, '독립선언서'가 답이라고 할 때 학생에 따라서 '독립 선언서'라고 하기도 하고 '독립선언서'라고 쓰기도 합니다. 어떤 친구는 '독 립 선 언 서'라고 쓸 수도 있죠. 당연히 모두 정답으로 처리해야 합니다. 따라서 미리 정답란에는 '1. 독립선언서 2. 독립 선언서 3. 독 립 선 언 서'를 모두 입력해야 합니다. 영어도 마찬가지입니다. 하지만, 이런 부분은 시험을 몇 번 치르다 보면 금방 요령이 생깁니다. 답안을 미리 넣으려면 각 문제 왼쪽 아래에 있는 [답안]을 클릭하여 정답을 입력합니다.

그림 1-61 ◈ 미리 정답을 체크하고 퀴즈를 보면 답을 입력한 뒤 바로바로 채점됩니다. 선생님의 업무를 현저하게 줄이는 효자입니다.

그림 1-62 ◈ 쉽게 정답을 입력하도록 다양한 단서 조건을 달아 두지만, 시험 중에 경황이 없는 친구라면 분명히 실수합니다. 모두 영어 소문자로 띄어쓰기하라고 했음에도 스마트폰으로 쓰다 보면 분명히 문제가 생기곤 합니다. 대문자로 썼다고 오답 처리하기에는 너무 냉정하죠. 이러한 부분을 잘 해결하려면 발생할 수 있는 다양한 답안을 미리 넣어두면 편리합니다.

네 번째, **정답 해설**이 가능합니다. 예를 들어 "거북선을 만든 사람은 누구인가?"라는 질문에 학생이 '홍길동'이라고 오답을 적었다면 구글 설문지에서는 제가 미리 넣어둔 해설 문장이 학생에게 바로 제공됩니다. "거북선을 만든 분은 이순신 장군이라고 제가 강조했었죠? 잘 기억해 주세요!"라고 말이죠. 반대로 정답을 입력한 경우에도 원한다면 피드백을 넣을 수 있습니다. "수업 중에 강조했던 내용인데 잘 기억했군요. 훌륭합니다!" 이렇게 말입니다. 학창 시절 가장 답답했던 것은 시험을 본 뒤에 80점을 받았는데 어떤 문제를 틀려서 20점이 감점된 것인지 정답을 알려주지 않는다는 점이었습니다. 초등학교 저학년 때야 한 명 한 명 빨간 펜으로 첨삭한 시험지를 받았지만 고학년, 대학생이 되면서부터는 시험지에 오답 설명을 적어서 돌려준 선생님과 교수님은 안 계셨던 것 같습니다. 그러다 보니 평생 잘못된 지식을 가진 것은 아닌지 걱정되기도 합니다. 시험이 끝난 뒤 교수님께 여쭙고 싶은 마음이야 간절하지만 시험이 지나고 나면 이런 마음이 이상하게도 사라지곤 하니 시험이라는 것이 과연 지식을 평가하는 것인지 그냥 점수를 주기 위한 행위인지 헷갈리곤 합니다.

평가(Assessment)란 학생이 얼마나 똑똑한지 정도를 평가하는 것이 아니라 해당 지식을 아는지를 평가하는 것이고, 만일 모른다면 제대로 알려주는 것이 올바른 평가가 갖는 속성이라고 생각합니다. 하지만, 지금 행해지는 많은 평가는 그렇지 않습니다. 선생님 한 명이 수십 명의 답안지를 보며 채점하고 첨삭하는 것은 불가능하기 때문입니다. 물론 못 하는 것은 아니지만 정말 많은 노력과 시간이 필요하겠죠. 다른 일을 못 할 정도로 얽매일 수도

1부 지금은 디지털 전환 시대

있습니다. 하지만 구글 설문지와 같은 디지털 도구를 활용한다면 클릭 한 번으로 수십수백 명의 답안지를 채점하고 틀린 지식을 수정해 주며 평가 과정을 마무리할 수 있습니다. 이것이 바로 디지털 전환의 힘입니다. 그럼 남는 시간과 에너지는 어떻게 할까요? 더 좋은 교육을 위해 사용하시면 되겠습니다. **"Less teching, more teaching."** 기술적인 것은 구글에게 맡기시고 남는 시간은 더 가르치시는 데 써달라는 것이 구글 클래스룸의 모토이기도 합니다.

그림 1-63 ◇ 학생이 문제에 오답을 입력한 경우에는 제대로 된 설명을 미리 입력해 둘 수 있습니다. 문제를 하나 더 맞추는 게 중요한 것이 아니라 모르거나 틀린 지식을 제대로 이해하고 넘어가느냐가 중요하겠죠.

다섯 번째, 문제 출제와 **공유**가 간편합니다. 기본적으로 구글 설문지는 특별한 앱을 내려받아서 시험을 보는 것이 아니라 웹 브라우저(구글 크롬 브라우저를 우선 권장)를 통해서 시험을 보고, 로그인하면 좋지만 그렇지 않더라도 학생의 이름과 학번, 이메일 등을 입력하면 충분히 개인을 구별할 수 있습니다. 정말 간편하게 시험을 볼 수 있습니다. 스마트폰, 태블릿, PC 등 학생이 가진 어떤 기기든 가능합니다. 그래서 BYOB(Bring Your Own Bottle)이 아닌 BYOD(Bring Your Own Device) 형태로 시험을 볼 수 있는 것입니다. 시험 문제를 나누어 주는 방법도 몹시 간단합니다. 시험마다 개별적인 링크가 만들어지니 이것을 카카오톡, 구글 클래스룸, 이메일 등으로 보내면 됩니다. 시험 시작은 간단한 잠금 장치로 관리할 수 있고 시험을 끝내는 것 역시 구글 설문지의 [응답을 받지 않음] 버튼을 통해 관리할 수 있습니다.

그림 1-64 ⊹ 출제한 시험 문제는 링크로 간단하게 공유할 수 있습니다. bit.ly 등의 단축 주소 서비스를 이용하면 더 짧은 주소로 바꿀 수 있습니다. 'bit.ly/220512중간고사' 등과 같은 방식으로 말이죠.

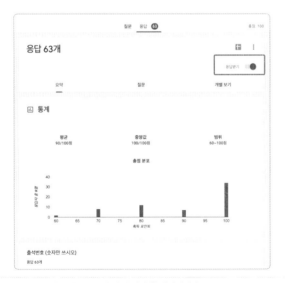

그림 1-65 ⊹ 설문지를 시작하면 자동으로 응답 받기가 활성화됩니다.

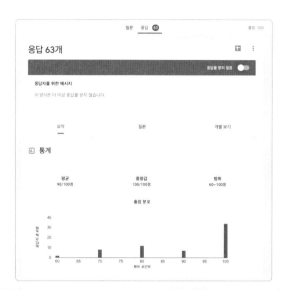

그림 1-66 ⊕ 시험이 끝나면 응답 탭 아래의 응답 받기를 밀어 끌 수 있습니다. 그러면 더는 답변을 입력할 수 없습니다. 참고로, 만일 학생 중 문제는 다 풀었는데 아직 입력을 안 한 사람이 있다면 제출이 불가능해지 므로 문제가 복잡해질 수 있습니다. 특히 [입력] 버튼을 눌렀는데 로딩 화면만 나오고 아직 확실히 입력이 되 었는지 확인이 안 되었을 때는 큰 문제가 생길 수 있습니다. 확실하게 확인하고 나서 응답을 중단하는 것이 안전합니다.

여섯 번째, **멀티미디어 활용**이 가능합니다. 기존의 종이 시험지에서는 관련 자료로 이미지나 표를 주로 사용했습니다. 특별한 경우가 아니면 대부분은 흑백 이미지였죠. 하지만 수십 년 전 초등학생 때 미술 시험을 떠올려 보면 중요한 그림이 종종 번져서 인쇄되는 바람에 그림 구별이 어려울 때도 있 었습니다. 시험지에 구별할 수 없는 그림이 있다는 것을 시험 중에서야 알 게 된 미술 선생님은 방송실 장비를 통해 미술 문제 1번의 참고 그림은 보 티첼리가 그린 '비너스의 탄생' 그림이라고 알려주는 촌극이 벌어지기도 하 지요. 그러나 이제 구글 설문지를 통해 시험을 보면서 다양한 그림을 직접 삽입하여 이전에는 할 수 없던 형태의 문제를 출제해 보세요. 특히 직접 소장하지 않은 그림이라도 손쉽게 검색해서 입력할 수 있습니다. 다음 그림처럼 오른쪽 [이미지 삽입] 버튼을 클릭하면 업로드, 카메라, 사진, 구글 이미지 검색 등의 옵션이 제시됩니다. 이 중 구글 이미지 검색에서는 시험 문제에 사용해도 저작권의 문제가 발생하지 않는 (완벽하진 않으므로 항상 재검토가 필요합니다만, 그래도 일차적으로 걸러져 제시되므로 편리합니다.) 그림이 제시되므로 편하게 그림을 활용할 수 있습니다. 심지어는 유튜브 영상을 문제에 넣을 수도 있습니다. 체육 과목이라면 "다음 제시된 동작의 체조는 어떤 기법인가?"라고 물어보며 영상을 보여줄 수도 있습니다. 물론 직접 촬영한 영상을 올려두고 이를 끌어와서 제시하는 것도 가능합니다.

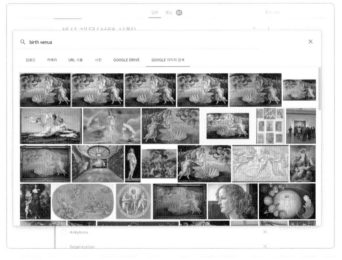

그림 1-67 ✛ 이미지 삽입 옵션 중 구글 이미지 검색에 들어가 보티첼리의 '비너스의 탄생' 그림을 찾으려 합니다. 더 많은 검색 결과를 원한다면 영어로 검색하는 것이 유리합니다. 이후 검색된 그림 중 하나를 선택하면 문제지에 삽입됩니다.

그림 1-68 ⊕ 삽입한 그림에 캡션을 달거나 이를 이용해 문제를 출제할 수 있습니다. 마우스 커서를 올리면 텍스트가 나올 수 있게 할 수도 있습니다. 이전 종이 시험지에서는 볼 수 없었던 해상도, 색상, 크기로 자료를 제시할 수 있습니다. 의학 수업 시간 중에 "비너스의 왼쪽 어깨가 비정상적으로 내려가 있는 것이 관찰된다. 이를 통해 이 모델이 가지고 있을 것으로 의심되는 질병은 무엇인가 답하라."와 같은 재미난 문제를 출제할 수도 있겠죠. 참고로 이 모델은 폐결핵 환자였을 것이라는 설이 있습니다.

일곱 번째, 공평하게 시험을 시작할 수 있도록 **잠금**을 걸 수 있습니다. 구글 설문지로 시험을 볼 때 학생은 각자의 기기를 사용하게 됩니다. BYOD(Bring Your Own Device) 상황이 되는데, 학교에서 일괄 제공하는 기기가 아니다 보니 상황이 조금씩 다릅니다. 일단 배터리가 부족하여 수 분내로 꺼질 듯한 스마트폰이 있기도 하고, 데이터가 부족하여 와이파이로 전환해야 하는 태블릿이 있기도 합니다. 또한 각자의 상황에 따라 분명히 로그인을 하고 설문지를 로딩했는데 아직도 화면이 안 뜨는 때도 있죠. 그러다보니 시험 시작은 10시부터인데 10시 5분, 10분이 되어도 아직 시험을 시작하지 못하는 학생이 생기곤 합니다. 따라서 먼저 시험을 시작한 사람과 격차가 생길 수밖에 없습니다. 그러므로 공평하게 시험을 볼 수 있는 환경을 제공한다면 학생의 불만을 줄일 수 있습니다.

그림 1-69 ⊕ 실제로 사용했던 중간고사 문제지입니다. 구글 설문지에서 빠지지 말아야 할 것은 학생 이름과 출석번호입니다. 가끔 학생 정보를 입력하지 않아서 채점이 불가능한 상황이 생길 때가 있었습니다. 강제로 이메일을 수집하면 해결되지만 그래도 안전을 위해서 꼭 이름과 학번을 입력하도록 합니다. 섹션 기능을 이용해 정보를 입력하는 구역과 실제 문제 구역을 구분합니다.

그림 1-70 ⊕ 섹션 1에서 섹션 2로 넘어가려면 섹션 1의 마지막 비밀번호를 성공적으로 입력하도록 합니다. 이를 위해서는 오른쪽 아래의 점 아이콘(⋮)을 누른 뒤 [응답 확인]을 통해 조건부 항목을 입력합니다. 비밀 번호로는 대개 4자리 숫자를 씁니다. 따라서 그림에서처럼 숫자, 같음, 부여할 비밀번호, 그리고 아무 번호나 입력할 때 보여줄 경고 문구를 입력하면 되겠습니다. 해당 비밀번호가 아니면 다음 섹션으로 넘어갈 수 없습니다.

1부 지금은 디지털 전환 시대

그림 1-71 ⊕ 이후 성공적으로 비밀번호를 입력하면 섹션 1의 가장 아래 메뉴의 [다음 섹션으로 진행하기] 설정에 의해 섹션 2로 자동으로 넘어가고 학생은 이제 본격적인 시험을 볼 수 있습니다.

마지막으로, 구글 설문지로 시험을 보게 되니 종이에 **인쇄할 필요가 없어졌습니다.** 학생 수가 많은 시험이라면 문제지와 답안지 정리하는 데도 꽤 시간이 걸립니다. 하지만 구글 설문지로 시험을 보면 모든 것이 구글 스프레드시트 하나로 정리됩니다. 그래프로 시각화할 수도 있고 필요한 경우 학생에게 결과를 공유하기도 편합니다.

그림 1-72 ⊕ 구글 설문지는 다양한 템플릿을 활용하면 퀴즈 외에도 설문, 수업 평가, 퀴즈, 모임 참석 여부 확인 등의 다양한 용도로 활용할 수 있습니다. 구글 설문지(forms.google.com)로 들어가 구글 아이디로 로그인하면 그동안 만든 모든 문제가 저장되어 있으니 나중에 재활용하기도 편합니다.

최근에는 구글 설문지에 다양한 부가 기능을 설치할 수 있어서 추가 기능도 유용하게 사용할 수 있습니다. 이래저래 구글 설문지로 학생을 평가하기가 쉬워지고 있습니다. 다만 시험 중 기기 오류로 튕겨 나가는 학생이 있을 수 있다는 점은 모든 디지털 도구 활용 평가에서 조심해야 하는 부분입니다. 항상 이럴 경우를 대비해서 여분의 기기를 미리 교실에 비치하거나 만일의 경우를 대비해서 종이 인쇄물을 준비하는 것도 좋을 것 같습니다. 디지털 기술을 교실에 처음 적용할 때는 모두가 생소한 환경이기에 의도치 않게 좌절하는 상황이 생길 수 있습니다. 한 번에 너무 많이 도전하기보다는 작고 간단한 기능부터 조금씩 수업 환경에 적용하면서 경험치를 조금씩 쌓고 나서 전면 적용하는 것을 추천합니다.

디지털 전환을 통해 이전에 할 수 없던 것이 가능해지고 있습니다. 오로지 상상력 부족만이 우리의 한계를 결정지을 뿐입니다. 구글 설문지를 통해서 많은 학생과 수시로 소통하고 평가하고 체계적으로 분석하는 교육을 시작해 보세요. 제가 소개해 드린 것보다 더욱 다양한 활용이 가능할 것입니다.

05

영상의 전환: 강의 영상 촬영과 편집 노하우

플립 러닝에서 강의 영상이 주가 아님을 여러 차례 설명했습니다만 그럼에도 여전히 강의 영상은 중요한 요소입니다. 복습의 도구로도 활용할 수 있고 심지어는 졸업 후에도 다시 궁금한 내용을 찾아볼 수 있어서 어떤 의미에서는 평생 교육의 실마리가 되기도 합니다. 학생들은 소위 '인강(인터넷 강의)' 세대이므로 영상에 대한 기대치가 높은 편인데 반해, 우리 세대의 교육자에게는 영상 역시도 디지털 도구와 마찬가지로 새로운 미디어이기 때문에 학생들이 좋아하는 좋은 교육 영상을 만들려면 영상에 대한 공부가 조금 필요할 수 있습니다.

▪ 강의 영상 어떻게 만들 것인가?

초등학교 시절부터 유명 연예인이 광고하는 온라인 학습지를 통해서 인강에 익숙한 오늘날의 학생에게는 온라인 영상을 통해서 학습하는 것이 제 2의 천성에 가깝습니다. 다들 아시는 것처럼 영상에는 영상만이 가진 문법이 있습니다. 사실 교육자인 우리 세대는 그러한 문법을 잘 모르기에 그저 오프라인의 강의를 잘 촬영하여 제공하면 좋은 온라인 강의 영상이 된다고 착각하고 있죠. 하지만, 사실 학생의 수준에 맞는 영상을 제공하려면 훨씬 많은 과정이 요구됩니다.

이미 높을 대로 높아진 학생의 수준에 맞는 강의 영상을 만들려면 무엇보다 다양하고 많은 영상을 보아야 합니다. 강의 영상을 만들어야 한다고 강의 영상만 보는 것은 의미가 없습니다. 패러디와 같은 방식이 영상에서는 많은 인기를 끌고 있기 때문에 최근 영화, 드라마의 명장면이나 대사를 숙지하는 것이 좋습니다. 최근, 유튜브나 틱톡에서 뜨는 각종 챌린지 영상도 도움이 됩니다. 어떤 포인트에서 학생이 열광하는지를 이해하기 위해서입니다. 또한, 유명 유튜버의 채널을 몇 개 정도는 구독하는 것도 좋습니다. 수십만의 청중과 소통하는 그들이 올리는 영상을 보면서 자막은 어떻게 달고 있고 음향 효과는 어떻게 내고 있는지, 그리고 편집은 어떻게 하고 있는지 봐야 합니다. 결국 좋은 아이디어는 어디선가 본 것에서 얻어지는 경우가 많습니다. 물론 그것이 표절의 형태가 되어서는 절대로 안 되겠습니다.

저는 플립 러닝 초기부터 강의 영상을 직접 제작해서 모두 유튜브에 올리는데요, 사실 학생 관점에서 정말로 매주 수업 전에 영상을 보고 오는 것이 어떤 기분인지 몹시 궁금했습니다. 혹시 부담은 아닌지, 내용이 부족해서 실망스럽지는 않은지 등. 그래서 설문 조사를 진행한 적이 있습니다[*]. 조사 결과, 강의를 유튜브로 볼 때 가장 좋은 점이 무엇이었을까요? '무료라서 좋다.', '강의 자료가 많아서 좋다.' 등이 상위를 차지했습니다만 재미있게도 '누워서 강의를 들을 수가 있어서 좋습니다.'라고 답을 한 학생의 이야기가 상당히 기억에 남습니다.

---

[*] Dental students' learning attitudes and perceptions of YouTube as a lecture video hosting platform in a flipped classroom in Korea J Educ Eval Health Prof 2018; 15: 24

이 조사는 상당히 의미 있다고 봅니다. 저는 학생마다 공부가 잘되는 시간이나 장소, 자세가 모두 다르다는 의미로 해석했습니다. 이전에는 모두가 수업이 (라이브로) 진행되는 그 시간에 교실 의자에 앉아서 집중해야 하니까 사실 좀 힘들 때도 있었습니다. 누구나 살다 보면 집중이 안 되는 날도 있고 컨디션이 나쁜 날도 있죠. 이런저런 이유로 강의에 집중하기 어려울 때가 잦은데 유튜브는 언제 어디서든지 자신이 편한 곳에서 효율적인 시간에 원하는 자세로 수업을 들을 수 있으니 학습 능률이 좋아지는 것이죠.

게다가 15분짜리 강의 영상을 올리지만 실제로 보는 시간은 15분보다 짧아서 매우 효율적입니다. 왜냐하면 대부분 재생 속도를 2배속으로 설정하여 시청하기 때문입니다. 유튜브는 재생 속도를 조절할 수 있지만, 오프라인 수업은 강의 속도를 조절하는 것이 불가능하죠. 따라서 영상을 올릴 때는 2배속으로 듣는다는 것을 미리 고려하는 것이 좋고 될 수 있으면 자막을 달아 이해를 돕는 것이 좋습니다.

그림 1-73 ✛ 유튜브 시청 중에 오른쪽 아래의 설정 아이콘(⚙)으로 재생 속도를 변경하면 최고 2배속으로 시청할 수 있습니다.

그림 1-74 ⊕ 재생 속도를 1.5, 1.75, 2배 등 좀 더 자세하게 조정하고 싶다면 [맞춤설정]을 이용하면 됩니다.

"교수님, 여기 내용은 잘 아니깐 빨리 강의해 주세요."

"교수님 여기는 이해가 잘 안 되니깐 더 천천히 설명해 주세요."

수업 중에 이렇게 부탁하기가 결코 쉬운 일이 아닙니다. 특히 궁금한 것을 질문하는 것은 타인에게 폐를 끼친다고 여겨지며 약간은 금기시되는 분위기이기도 하죠. 하지만 유튜브에서는 가능합니다. 다시 처음부터 영상을 보아도 좋고, 강의가 어려우면 천천히 듣는 것도 가능합니다. 필기할 것이 많으면 영상을 잠시 멈춰 두고 본인의 필기가 끝날 때까지 선생님 혹은 교수를 기다리게 해도 상관없습니다. 아는 내용이 많은 곳은 화살표를 눌러 5초씩, 10초씩 영상을 뛰어 넘길 수도 있습니다. 그야말로 제가 올려놓은 강의 콘텐츠를 가지고 이리저리 가지고 노는 식입니다.

이런 학습을 **능동적 학습**(Active Learning)이라 합니다. 피동적으로 뒷짐 지고 강의를 바라보는 것이 아니라 능동적으로 책상 앞에 바짝 앉아서 듣고 싶은 영상은 듣고 또 듣고 반복하고, 반대로 아는 영상은 가볍게 건너뛰기도 하는 상황이죠. 학생에게 제가 가진 콘텐츠를 마음껏 요리할 수 있는 거대한 권력을 주는 셈입니다.

▪ 강의 영상 만들기 노하우

강의 영상은 앞서 이야기했듯이 '학생의 나이'를 기준으로 재생 시간을 정하는 것이 좋습니다. 하지만 너무 길어지지 않도록 주의가 필요합니다. 50분 수업을 위해 강의 영상을 50분 동안 찍어서 인터넷에 올리는 것은 바람직하지 않습니다. 게다가 강의 영상에 어울리는 콘텐츠가 따로 있습니다. 그러므로 오프라인 강의를 찍어서 인터넷에 올린다고 온라인 강의가 완성되었다고 할 수 없습니다. '1박 2일'이나 '런닝맨'과 같은 예능 프로그램을 필드에서 카메라로 쭉 찍은 뒤 바로 방송으로 송출한다고 하면 아마 "도대체 이게 뭐야?"라는 반응이 대부분일 테죠. 즉, 날 것 그대로가 아니라, 약간의 설정과 편집이 필요한 것입니다.

알려진 내용에 따르면 예능 프로그램을 만들려면 일단 여러 명의 작가가 달라붙어서 이벤트와 대사를 기본적으로 정해 주고 이를 대본으로 출력해서 출연진 각자에게 제공합니다. 그리고 카메라 수십 대가 각 출연 연예인을 따라다니며 근접 촬영하고 이와 별도로 전체 그림을 찍는 카메라도 따로 있다고 합니다. 이 모든 촬영물은 나중에 편집 과정을 통해서 시청자가 재미있게 볼 수 있는 최종본으로 재구성하여 탄생하게 됩니다. 따라서 준비하고 실제 촬영하는 시간은 수 일에서 수 주까지 걸릴 수 있지만, 막상 안방으로 전달되는 영상은 한 시간 분량이 될 수도 있는 것입니다. "드라마는 지루한 부분을 잘라낸 인생"이라고 말한 영화감독 알프레드 히치콕의 말처럼 강의 영상은 '방대한 지식 중에서 온라인 영상에 어울리는 부분만 잘라낸 영상'이라고 볼 수 있습니다.

그렇기에 강의 영상은 명확한 제작 의도(Intention)를 가지고 만들어야 합니다. 플립 러닝의 정의에서도 'FILP'을 활용하여 네 기둥을 표현하면서 유연한 환경(Flexible Environment), 배우려는 문화(Learning Culture), 의도가 있는 콘텐츠(Intentional Contents), 전문 교육자(Professional Educator)를 강조합니다. 이 중에서 의도가 있는 콘텐츠가 바로 인터넷에서 소비되는 것을 염두에 둔 영상 촬영이라고 볼 수 있습니다.

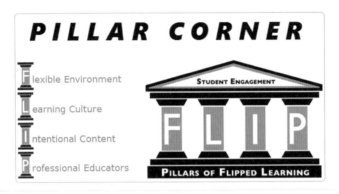

그림 1-75 ✛ 플립 러닝의 4대 기둥 (출처: flippedlearning.org)

온라인 환경이라는 특성상, 집중도가 짧을 수밖에 없으므로 강의는 더 짧고 핵심만 짚는 형태로 바뀌어야 합니다. 즉, 큰 그림 위주로 제작하는 것이죠. 물론 재미가 있으면 더 좋겠습니다. 이렇게 해서 강의 영상에서 다음 수업에 대한 내용을 기본적으로 다루고 나면 학생이 교실에 왔을 때는 이미 어느 정도 궁금증이 생긴 상태입니다. 영상을 보고 생긴 질문에 답변하는 시간을 가지기도 하고, 질문이 많지 않다면 이제 그날 주제의 의미를 집중적으로 다루게 됩니다. 아무래도 기본적인 개념에 대한 소개 영상을 인터

1부 지금은 디지털 전환 시대

넷에서 미리 보고 왔으니 시간이 여유롭습니다. 흔히 말하는 새로운 형태의 수업 방법인 문제중심학습(PBL), 사례기반학습(CBL), 팀기반학습(TBL), 게임화(Gamification) 등 다양한 수업 활동에 도전할 여유가 생깁니다.

하지만, 이렇게 수업마다 영상을 제공하면 학생의 부담이 더 늘어나는 것 아니냐는 질문을 종종 받습니다. 매주 수업을 위해서 영상을 미리 보고 와야 하니 말이죠. 실제로 처음에는 영상 보는 것에 부담을 느끼고 매시간 퀴즈를 보는 것에 익숙하지 않아 부담감을 느낄 수 있습니다. 매주 무언가를 계속해야 한다는 것은 쉬운 일은 아니죠. 그러나 조금 더 수업을 진행해 보면 확실히 느낄 수 있습니다. 사실 학생의 부담은 더 적어지게 됩니다. 플립 러닝의 정의가 수업의 순서를 바꾸는 것이었죠? 교실에서 듣던 수업을 집에서 미리 듣고 원래는 집에 가서 혼자서 하던 숙제를 교실에서 친구와 함께 푸는 것이죠? 즉, 숙제가 사라진다는 것입니다. 혼자서 어렵게 풀고 고민해야 했던 숙제가 사라지고 이전에 혼자서 머리 싸매고 힘들게 숙제를 하던 시간에 편한 옷에 편한 자세로 강의 영상을 20분 정도 보고 오면 되므로 학생으로서 손해 보는 장사는 아닙니다.

플립 러닝이 정말 학생에게 도움이 되는 형태의 교육인지 확인하고자 플립 러닝에 대한 연구 문헌과 메타 분석을 찾아보면 플립 러닝이 기존 전통 수업보다 학습 효율이 높다는 분석을 볼 수 있습니다. 물론 전 세계의 교실에서 플립 러닝이 동일하게, 그리고 효율적으로 잘 진행된다는 보장은 없으므로 이러한 사례를 모아서 분석하는 메타 분석이 과연 정확한 것인지는 앞으로 잘 판단해야 합니다. 또한, 논문에서는 반영이 안 되는 학생의 행복감,

교사의 자존감, 학생 간의 친밀도 등의 변화에 대해서도 분석을 해야겠습니다만 이전 수업보다 분위기가 밝아지고 수업 참여도가 높아졌다는 것은 확실하다고 생각합니다.

이러한 효과적인 특성이 있기에 공부할 것 많기로 유명한 하버드 의학전문대학원도 본과 4학년 모든 과정을 플립 러닝으로 전환한 것이겠죠. 하버드 대학교의 러닝 스튜디오를 보면 많은 학교가 바꾸어 나갈 미래 교실의 모습이 살짝 엿보입니다. 이전에는 계단식 강의실에서 선생님이 교단을 장악했었습니다. 사실 이러한 형태의 강의실은 그리스 시대의 원형 극장(Amphitheater), 즉 공연장의 모습을 본떠 만든 것이었습니다. 가수에게 집중할 수 있도록 만들어진 공연장을 강의실로 가져오니 교실에서는 선생님에게 집중하고 그의 말을 잘 들어야 한다는 암묵적인 강압이 주어졌겠지요. 교육자가 교실의 중심이었던 시절이었습니다.

그림 1-76 ⊕ 하버드 의학전문대학원의 러닝 스튜디오의 모습. 전통적인 계단식 강의실이 아닌 의자와 책상 모두에 바퀴가 달린 그룹 활동과 토론에 최적화된 형태입니다. (출처: Harvard Magazine)

점차 많은 대학이 하버드 대학과 같은 변화에 동참하기 시작했습니다. 아마도 조만간 많은 대학은 이러한 형태로 전환할 것으로 보입니다. 일단은 계단식 강의실을 없애고(이 단계에서 큰 비용이 발생합니다만, 대학의 위기가 눈앞으로 다가온 요즘 학교의 사활을 걸고 새로운 도전을 하는 대학이 곳곳에 있습니다.), 온라인 강의를 올릴 수 있는 플랫폼을 구축하여 전문가가 선생님을 도와 강의 자료를 온라인에 맞게, 그리고 의도가 있는 콘텐츠로 재구성할 것입니다. 이러한 변화는 자연스레 K-12 쪽과 기타 비즈니스 영역의 교육으로도 영향을 끼치게 될 것입니다. 이 책의 서두에서 말씀드린 트랜스포머처럼 모두가 변신, 전환을 시작하는 것입니다.

외형 변화뿐 아니라 내형 변화도 시작될 듯합니다. 앞서 설명한 '교단 위의 현자'에서 '학생 곁의 안내자'로서 역할 전환이 시작될 것입니다. 무슨 뜻일까요? 간단히 이야기하자면 지적 권위를 갖고 학생과 경계를 그으며 엄숙하고 진지한 모습으로 강의에 전념하던 (대부분 분필로 칠판에 강의 내용을 적던) 선생님이 그 권위를 살짝 내려놓고 학생 사이를 계속 걸어 다니며 이렇게 말합니다.

"아 너는 이게 궁금하구나?"

"너는 능력이 뛰어나니까 이것도 한번 해봐!"

"이런 분야로 나가려면 이런 공부를 해야 하니 일단 이런 책을 읽어보렴!"

학생을 코칭하는 역할로 전환한 것입니다. 사실 이전에는 해줄 수 없었던 조언이죠. 왜냐하면 강의하느라 바빴기 때문입니다. 짧은 시간 안에 수업을 진행하고 문제를 출제하고 시험을 진행한 뒤, 채점하고 다시 수업하는 일을 반복하다 보면 개별적인 피드백을 주거나 학생의 수요에 응답하는 것이 거의 불가능했습니다. 하지만 플립 러닝을 도입하고 나니 이제 학생이 보이게 됩니다. 제가 플립 러닝을 도입하고 학생 사이를 걸어 다니며 이야기하는 시간이 많아지면서 얻어진 결실 중 하나는 각각의 재능을 발견하기 쉬워졌다는 것입니다. 수업 중에 토론을 하고 있는데 가만히 지켜보니 디지털 쪽에 재능이 있는 친구가 있었습니다. 나중에 연구실로 불러 대화해 보니, 코딩에 관심이 많았습니다. 치과 쪽에서는 너와 같은 인재가 필요한데, 한번 학부 수준에 맞게 포스터 정도 수준으로 연구해서 학회에서 발표해 보자고 격려하여 실제로 제가 속해 있는 대한치주과학회 춘계학술대회에서 포스터 발표를 합니다. 또 한번은 통계와 수학 쪽에 뛰어난 친구를 만났습니다. 이 친구는 빅데이터를 다루면 재미있어 할 것 같았습니다. 이 학생은 당시 국내 치주학계에서는 최초로 GIS(Geographic Information System)를 도입한 환자 분석을 시행해서 국제학술지에 논문을 발표했습니다. 학부 학생이 말이죠.

이처럼 저는 플립 러닝을 통해 학생과 좀 더 대화하고 그들의 장점과 재능과 관심사를 더 잘 알게 되는 신기한 경험을 많이 겪었습니다. 예전에는 제가 가진 지식과 정보를 학생에게 쏟아붓고 수업이 끝났다면 이제는 제 분신인 온라인상의 박정철 교수가 저 대신에 하루에도 수십수백 번씩 정보를 나눕니다. 그 시간과 에너지를 절약한 만큼 저는 교실에서 학생과 다양한 활동을 하는데 그 과정에서 학생은 지식을 이용하여 현실 세계의 문제를 해결하는 경험을 하게 되고 저 역시 학생과 소통하며 재능 있는 학생을 발굴하면서 '수업이 재미있다!'라는 놀라운 경험도 하게 되었고요. 여하튼 15분 분량의 강의 영상 하나를 찍어 유튜브에 올리는 것만으로도 많은 변화가 시작됩니다. 그래서 강의 영상 촬영의 노하우를 지금부터 설명하겠습니다. 부디 이 책을 읽는 선생님도 꼭 한번 도전해 보면 좋겠습니다.

▪ 영상 촬영의 가장 큰 부담은 얼굴 노출?

그런데 강의 영상을 촬영해서 올리는 것을 권유하자마자 "저는 제 얼굴이 노출되는 게 싫어요."라고 하는 선생님이 계실 것 같습니다. 부담을 느낄 필요가 없습니다. 얼굴이 안 나오게 촬영할 수도 있습니다. 물론 학생들은 선생님의 얼굴이 보이는 것에 더 친근감을 느낀다고 합니다. 이것은 연구를 통해서도 밝혀진 사실입니다. 그럼에도, 자신의 얼굴이 노출되어 유튜브에 떠도는 것이 부담스러운 경우에는 일단 학습 자료를 전면으로 배치하고 그 위에 선생님의 음성을 더빙하는 방법으로 촬영할 수 있습니다. 다만 이 방법은 별로 추천하고 싶지 않은데, 아차 하는 사이에 학생의 집중력이 떨어지는 순간이 생길 수 있기 때문입니다.

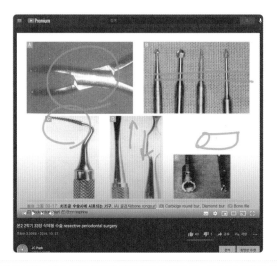

그림 1-77 ⇨ 제가 강의하는 본과 2학년 학생을 위한 플립 영상입니다. 시도했던 다양한 형태의 영상 중 얼굴을 노출하지 않고 화면에 첨삭하면서 수업을 진행했던 영상 중 하나입니다. 얼굴은 나오지 않고 목소리와 판서만 나옵니다. 제 얼굴이 나오지 않아 마음은 조금 편하지만 학생의 집중력은 떨어질 것 같다는 우려가 있습니다.

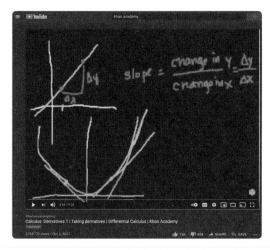

그림 1-78 ⇨ 칸 아카데미의 강의 영상. 강의자의 얼굴이 보이지 않고 목소리와 판서 강의만 있습니다. 물론 강의 내용이 좋고 학생의 관심을 잘 이끌면서 진행할 수 있다면 이런 형태의 영상도 좋겠습니다.

얼굴 노출에 신경 쓰지 않으면서 자유로이 이야기하는 방법으로는 3차원 아바타가 가장 좋을 듯합니다. 가장 대표적인 것은 아이폰에서 지원하는 3차원으로 자신의 얼굴 위에 증강 현실 이모티콘을 덮는 기능을 활용하는 것입니다. 나를 이모티콘으로 만들었다는 뜻에서 **미모티콘(Memoticon)** 또는 **미모지(Memoji)**라 부릅니다. 별도 앱이 있는 것이 아니라 메시지 앱에 포함되어 있기 때문에 잘 모르는 분이 많은데 단순 사진 촬영뿐 아니라 영상 촬영에도 사용할 수 있어서 매우 유용합니다. 사용 방법은 다음과 같습니다.

그림 1-79 ◆ 아이폰의 미모지(Memoji) 기능을 활용하면 자신의 얼굴과 비슷한 아바타로 촬영할 수 있습니다. 얼굴 근육의 움직임에 따라 실감 나게 아바타가 움직입니다. 주변 환경은 그대로고 얼굴만 미모지로 덮는 형태라 더욱 생생합니다.

그림 1-80 ⇨ 메시지 앱으로 들어가서 아래 아이콘 앱 중에서 미모지 앱 아이콘(🙂)을 클릭하면 자신의 얼굴 특징에 맞는 미모지를 만들 수 있습니다. 표정을 바꾸면 시시각각 표정에 맞게 미모지가 바뀌며 촬영도 할 수 있습니다. 단 이 경우에는 주변 배경 없이 얼굴만 나오게 됩니다. 배경을 나오게 하려면 얼굴 촬영을 영상으로 하면서 주변의 몸과 배경은 그대로 나오도록 카메라를 활성화해야 합니다. 메시지 앱에서 왼쪽 아래 카메라 아이콘(📷)을 클릭합니다.

그림 1-81 ⇨ 카메라 모드에 들어간 뒤 왼쪽 아래 효과 아이콘(⭐)을 클릭합니다.

1부 지금은 디지털 전환 시대

그림 1-82 ◁ 앞 그림들과는 달리 주변 배경은 실제이고 얼굴만 증강 현실 미모지가 덮는 형태가 됩니다. 이 상태에서 강의를 녹화하면 얼굴 노출 없이 재미있는 강의 영상을 제공할 수 있습니다.

3D 아바타를 이용한 강의 제작

현재 PC나 안드로이드 스마트폰 등에서도 사용할 수 있는 3D 아바타 기술은 메타버스 시대의 빠른 지각변동 탓에 계속 새로운 기술이 나오고 있으며, 또 빠르게 인수되며 종료되고 있습니다. 현재로서는 가장 안정적으로 사용할 수 있는 증강 현실 필터인 **스냅 카메라(Snap Camera)**가 아이폰의 미모지에 필적할 수준이라 추천합니다. 안드로이드폰에서는 **스냅챗(Snapchat)**을 설치하면 미모티콘을 만들 수 있습니다. 이외에도 페이스타임, 스노우, 카카오치즈 등도 증강 현실 필터링을 적용한 영상 촬영을 제공합니다.

그림 1-83 ⊕ PC에 스냅 카메라를 내려받고 카메라 설정에서 PC의 기본 카메라를 스냅 카메라로 설정하면 마치 물리적인 카메라처럼 스냅 카메라를 인식합니다. 사진 촬영 또는 동영상 강의에 사용 가능합니다. 원한다면 줌이나 구글 채팅에서도 스냅 카메라를 기본 카메라로 사용하여, 회의 중에도 증강 현실 필터링을 이용해서 얼굴 노출 없이 회의에 참여할 수 있습니다. 단 시스템 자원을 많이 차지하므로 성능이 어느 정도 되는 PC를 사용하는 것이 좋겠습니다.

만일 이러한 증강 현실 카메라를 이용하는 것이 정 어색하고 어렵다면 아날로그 방식으로 재미난 가면을 쓰고 촬영하는 것도 가능합니다. 저는 스타워즈에 등장하는 다스베이더, 츄바카 등의 가면을 종종 활용하곤 했습니다. 이렇게 하면 기본 카메라를 이용해서도 편리하게 촬영할 수 있습니다. 혁신이라고 해서 꼭 새로운 도구를 쓸 필요는 없습니다. 늘 있던 도구지만 이것을 새롭게 새로운 환경에서 사용하면 그것이 바로 혁신입니다.

이러한 방식으로 재미나게 강의 영상을 만든다면 학생들이 조금이라도 좋아하며 공부에 흥미를 보일 수 있겠죠? 하지만, 아무래도 강의 영상은 콘텐츠의 완성도로 겨루는 것이 정답인 것 같습니다. 물론 공부에 지친 학생의 의욕을 자극하는 영상을 만들기란 쉬운 일은 아닙니다만 그래도 계속 노력해야겠죠? 정말 좋은 내용은 학생뿐 아니라 일반인도 시청하고서 '좋아요'를 누르는 콘텐츠가 될 수 있습니다.

　제가 가르치는 치과 분야에서는 수술 시에 사용하는 소독한 수술 장갑 끼기를 교육하게 됩니다. 교과서에서 그림으로 이 단계를 설명하기는 합니다만, 이해하기가 몹시 어렵습니다. 마치 제가 중학교 때 이소룡의 《절권도 마스터》라는 책으로 절권도를 배워 보려 했는데 책의 그림을 보면 대개 1, 2, 3, … 하는 새 상대방은 쓰러져 있는 그림만 있으니 도대체 어떻게 연결해서 동작을 만들어야 하는지 이해하지 못했던 기억이 납니다. 이외에도 교과별로 비슷한 경험이 많을 것입니다. 테니스에서 서비스를 넣는 방법이나 단소를 불어 소리 내는 방법(정말 그림으로 설명하기 어렵습니다), f와 p 발음을 구별하여 소리 내는 방법 등 글과 그림만으로는 설명이 어려운 내용은 정말 많습니다. 하지만 유튜브에 들어가 보면 이런 내용을 설명한 정말 좋은 영상이 수두룩합니다. 게다가 내용과 접근 방법도 정말 다양합니다. 정맥 주사 놓기, 뇌수술이나 제왕절개수술(성인인증이 필요)까지 있습니다. 의지만 있다면 배우고자 하는 무엇이든 배울 수 있는 곳이 유튜브가 아닌가 싶습니다.

유선생 아카데미

유튜브에는 정말 없는 영상이 없습니다. 그래서 유튜브로 뭐든지 배울 수 있다는 의미로 유튜브 코리아와 함께 **유선생 아카데미**(www.youtube.com/learning)라는 것을 만들어 널리 알리고자 했던 것도 그 때문입니다. 유튜브에서 자체적으로 엄선한 러닝 학습 콘텐츠가 영역별로 잘 정리가 되어 있으니 한번 들어가 보고 무엇이든 배워 보면 어떨까 싶습니다.

그림 1-84 ➡ 유튜브 코리아와 함께 만들었던 유선생 아카데미

■ 크리에이터가 되기 전에 큐레이터가 되자!

일단 영상을 제작하기 전에 부담감을 줄이는 방법을 소개합니다. 플립 러닝을 처음 시작할 때는 직접 강의 영상을 만들기보다는 먼저 좋은 강의 영상을 유튜브에서 검색한 뒤 이를 재생목록으로 묶는 정도에서 시작하는 것이 부담이 적습니다. 처음부터 영상을 촬영하려 하면 슬라이드 제작, 촬영, 편집 등 모든 것이 큰 숙제로 다가올 수 있기 때문입니다. 따라서 처음에는 먼저 좋은 영상을 검색해 보길 바랍니다. 분명히 관련된 영상이 있을 것입니다. 이후 이 영상을 재생목록에 담고 이를 학생에게 재생목록 링크로 제공하면 끝입니다.

크리에이트(Create)가 아닌 큐레이트(Curate)만으로도 좋은 콘텐츠를 제공할 수 있습니다. 다만 이 시기가 오래 지속되면 학생들은 콘텐츠 시청을 재미없는 숙제로 인식하고 감정적으로 이탈하게 됩니다. 박정철 교수 강의를 들으러 수강했더니 매시간 대타 교수님 수업으로만 이루어져 있다면, 아무리 큐레이트한 강의가 좋고 대가의 강의일지라도 실망할 수밖에 없겠죠. 그러므로 어느 시점이 되면 촬영 면에서는 부족하더라도 직접 촬영한 영상을 제공하는 것이 학생이 느끼는 실망을 없애지 않을까 생각합니다.

재생목록에 담고 이를 편집하는 일은 매우 간단합니다.

그림 1-85 ✛ 학생에게 도움이 될 영상을 검색하여 검토합니다. 검토해 보니 이 영상이 도움될 듯합니다. 오른쪽 아래의 [저장] 버튼을 눌러주세요.

그림 1-86 ✛ 이 계정에서는 재생목록을 처음으로 만드는 것입니다. 그러므로 [+ 새 재생목록 만들기]를 클릭합니다.

그림 1-87 ↷ 목록의 이름을 입력할 수 있습니다. '수술비책' 이라 입력합니다. 영상은 공개 영상이지만 재생목록은 일부 공개, 비공개로 만들 수도 있습니다.

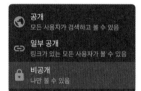

그림 1-88 ↷ 공개 범위 설정을 선택하면 공개, 일부 공개, 비공개로 옵션이 제시됩니다. 학생에게 재생목록을 만들어 제공할 목적이라면 공개로 해도 무방합니다.

그림 1-89 ↷ '수술비책' 이라는 재생목록을 만들었습니다. 현재는 자물쇠 모양이 되어 있어 비공개라는 것을 알 수 있습니다. 이후 학기가 시작되면 이를 공개나 일부 공개로 만들어 학생과 공유하면 됩니다.

그림 1-90 ↷ 두 번째 영상을 찾았습니다. 역시 [저장] 버튼을 클릭하고 재생목록에 넣으려 합니다. 방금 만든 '수술비책' 이라는 재생목록이 보입니다. 클릭하면 저장이 끝납니다.

그림 1-91 ◇ 만들어 둔 재생목록은 어디서 확인할까요? 유튜브의 화면 왼쪽에 사이드 메뉴가 있습니다. 안 보인다면 왼쪽 맨 위의 3선 아이콘을 클릭해주세요. 그러면 사이드 메뉴가 나타납니다. 이후 왼쪽 가운데 지점에 재생목록(수술비책)이 나타납니다. 만일 바로 나타나지 않는다면 화면을 새로 고칩니다.

  이렇게 해서 강의 영상을 올리고 링크를 학생에게 제공한 뒤 "위스키 (WSQ) 하고 오세요."라고 말하면 플립 러닝의 절반이 끝납니다. 영상이 계속 올라가는 재생목록을 한 번만 제공하면 그 이후는 공지를 안 해도 되기에 편리합니다. 재생목록은 직접 올린 강의 영상이 아닐지라도 목록에 섞어서 포함할 수 있기 때문에 더욱 유용하게 사용할 수 있습니다. 올해는 10개의 영상을 제공하고 링크를 제공할지라도 2년 뒤에 몇 개를 업데이트하여 15개의 강의 영상이 되어도 이전 재생목록의 링크를 이용해 목록으로 들어가면 언제나 최신 버전의 영상을 볼 수 있습니다.

그림 1-92 ⇨ 제가 학생에게 제공하는 봉합술 강의 재생목록입니다. 링크 하나만 있으면 언제나 최신 버전의 엄선된 영상을 볼 수 있습니다. 이제는 선생님의 노하우가 녹아 있는 재생목록이 하나의 콘텐츠라고 보아도 무방합니다.

▪ 지금 당장 스마트폰으로 시작!

일단 자신의 얼굴을 촬영하는 장비는 복잡하게 할 것 없이 **스마트폰** 하나면 충분합니다. 캠코더나 DSLR 등을 이용하면 고화질의 좋은 영상을 찍을 수는 있습니다만, 충전해야 하고 메모리 카드를 분리해야 하는 등 과정이 번거롭습니다. 사람은 귀찮으면 잘 안 하게 되죠. 그래서 저는 스마트폰을 추천합니다. 더군다나 최근에는 영상을 주로 스마트폰이나 태블릿 등 작은 화면으로 많이 보기 때문에 고화질의 카메라가 별로 필요하지 않다는 것을 깨달았습니다. 초창기에 거금을 들여 샀던 조명도 요새는 쓰지 않습니다. 장시간 강의를 하면 눈이 부셔서 나중에 고생하기 때문입니다.

게다가 제 영상을 무슨 기기로 보는가 조사해 보니 의외로 스마트폰으로 많이 본다는 것을 알았습니다. 스마트폰 속에서 보이는 제 얼굴이 조명을 받았는지 안 받았는지 크게 의미가 없을 정도로 작게 보입니다. 결국 제 얼굴을 잘 보여주는 것에 집중하기보다는 차라리 공유한 슬라이드의 폰트 크기를 크게 해서 가독성을 높이는 것이 더 중요하다는 결론입니다. 따라서 저는 그냥 평범한 조명에서 스마트폰으로 얼굴 촬영을 합니다.

단, 마이크는 좋은 것으로 준비하는 것이 좋습니다. 화면은 스마트폰이지만 소리는 이어폰으로 듣는 경우가 많습니다. 가장 몸에 가까이 와닿는 것은 눈이 아닌 귀입니다. 음질 상태에 따라서 신기하게도 강의 영상에 대한 인상이 좌우되는 경우가 많습니다. 저는 현재 여러 단계의 마이크를 거쳐 결국 RODE NT 콘덴서 마이크를 사용하는데, 만족도가 매우 높습니다. 이 외에도 다양한 마이크를 한 번씩 경험해 보면서 최적의 마이크 조합을 찾길 바랍니다.

다시 카메라 이야기로 돌아가겠습니다. 우선 스마트폰으로 얼굴 촬영을 하려면 눈높이에 스마트폰 카메라를 둘 수 있는 거치대가 필요할 텐데요, 비싼 장비가 많이 있습니다만 기본 장비를 먼저 추천합니다. 인터넷에서 '스마트폰 거치대' 내지는 '스마트폰 삼발이'로 검색하면 다양한 형태의 장비가 나옵니다.

그림 1-93 ✦ 저는 이러한 형태의 장비로 몇 년째 잘 쓰고 있습니다. 이 삼발이는 문어발이 휘어져서 기둥이나 선반 같은 곳에 묶을 수 있는 형태라 여러 환경에서 편리하게 사용할 수 있습니다. (출처: 쿠팡에서 '스마트폰 카메라 거치대' 검색)

또는 '스마트폰 자바라 거치대'라고 검색하면 나오는 책상에 고정하는 형태도 있습니다. 이 장비는 실물 촬영기처럼 책상 위에 있는 사물을 촬영하기에 매우 편리합니다. 물론 얼굴 촬영에도 사용할 수 있고요. 이외에도 다양한 장비가 있습니다.

그림 1-94 ⬧ 책상 모서리에 고정하면 얼굴 촬영에도 편하고 실물 촬영기처럼 책을 찍기에도 좋습니다. 거치대의 목이 길다 보니 카메라에 진동이 자주 생기니 촬영에 주의가 필요합니다. (출처: 에누리에서 'STEELIE 자바라 거치대' 검색)

목에 걸치는 거치대나 머리에 쓰는 거치대 모두 주변 영상을 촬영하기에 좋은 도구지만 사용해 본 결과, 뜻밖에도 영상에 떨림이 많이 발생합니다. 목걸이 형태는 숨을 쉴 때마다 위아래로 들썩이는 일이 발생하고 머리에 쓰는 형태는 나름대로 잘 고정하고 찍었다고 생각했는데 재생해 보면 미세 떨림이 많이 보입니다. 아무래도 순간순간 장면 포착용으로는 좋지만, 장시간 촬영용은 아닌 듯합니다.

　　　　　　　　　　　　　　　　　　1부　지금은 디지털 전환 시대

그림 1-95 ⊕ 목 거치대와 머리 거치대(인터파크)

▪ 장비 없이 바로 도전하는 노하우

만일 이러한 장비가 없는데 당장 촬영을 해야 한다거나 얼굴을 촬영하는 것에 아직도 거부감이 있다면 일단 왼손으로 스마트폰을 들고 오른손으로 교과서를 편 뒤 책에 줄을 그으면서 5분 정도 짧게 내용을 살펴 가며 설명하는 촬영 방법을 추천합니다. 가장 손쉽고 빠르고 편리하고 직관적인 방법입니다. 플립 러닝 레벨 1이라고나 할까요? 이렇게 해서 촬영을 시작하고 촬영 후에 바로 유튜브에 올립니다(유튜브 앱을 활용하면 바로 올릴 수 있음). 이후 업로드가 끝나면 링크가 만들어집니다. '복사 후 붙여넣기' 기능을 이용하여 평소 학생과 소통하는 구글 클래스룸이나 카카오톡의 채팅방, 네이버 밴드 등에 링크를 올리고 영상 본 뒤에 "위스키하고 오세요."라고 이야기하면 플립 러닝의 첫걸음을 뗀 셈입니다. (위스키는 앞서 이야기한 Watch-Summarize-Question의 약자입니다!)

이렇게 수업 중에 기본적으로 언급해야 할 부분을 영상으로 대체한다면 수업 시간에서는 그만큼의 여유가 생깁니다. 이미 영상을 보고 왔기에 벌써 질문이 나오기도 하지요. 디지털 도구의 적절한 활용을 통해 수업의 효율이 놀랍게 높아질 수 있습니다. 교실에서의 디지털 전환은 필수는 아닙니다만 일단 도전한다면 경험하지 못 한 놀라운 효율을 접할 수 있습니다.

그림 1-96 ↺ 왼손으로 책을 찍고 오른손으로 줄을 그으며 책을 신속하게 읽어 나가는 형태의 '짤강' 입니다. 아, 제 손이 너무 큰가요? 사실은 헐크 손입니다. 자막이나 특수 효과를 넣을 줄 몰라도 집에 있는 장난감 등을 이렇게 활용할 수 있습니다. 학생이 깜짝 놀랄 정도로 재미있는 효과를 보곤 합니다.

▪ 촬영 다음은 편집

이렇게 영상을 촬영하고 업로드를 몇 번 하다 보면 슬슬 직접 편집하고 싶다는 생각이 듭니다. 좀 더 잘 만든 강의 영상을 제공하고 싶은 마음 때문이죠. 영상 편집용으로는 정말 많은 프로그램이 있습니다만 저는 먼저 스마트폰이나 태블릿에서 사용할 수 있는 앱을 추천합니다. 왜냐하면, 촬영 자체를 스마트폰으로 하라고 권장했기 때문입니다. 아이폰 사용자라면 **아이무비(iMovie)**라는 무료 앱을 사용하면 됩니다. 애플에는 Clips라는 앱 자체 효과나 필터 기능이 있어 장점이 있습니다만 교육적이라고 보기는 좀 어렵죠. 그래도 분위기 전환을 위해 사용하면 참신하다고 느낄 것 같습니다.

가장 추천하는 프로그램은 **VITA**라는 앱입니다. 이것은 증강 현실 스티커 카메라 앱으로 잘 알려진 스노우에서 만든 영상 편집 앱입니다. 다양한 필터, 무료 음악, 효과음을 넣을 수 있습니다. 아직 iOS 기반인 아이폰에서는 제공되지 않지만, 인공지능 음성 인식 도구를 이용해서 강의 영상 안에 들어가 있는 음성의 자막을 자동으로 뿌려주는 기능이 안드로이드 버전에서는 제공되고 있습니다. 물론 아주 정확한 자막은 아니고 몇몇 오타는 발생합니다만 그래도 직접 자막을 만드는 것보다는 훨씬 편리하죠. 아이폰 사용자인데 이 기능이 필요하다면 강의 영상은 아이폰으로 찍고 촬영한 영상을 안드로이드 기반 기기로 옮기고 나서 여기서 자동으로 자막을 추출하는 방법도 있습니다. 완벽한 에드테크 도구는 없습니다. 부족한 부분을 잘 보충할 수 있도록 적절히 잘 운용하는 사용자의 유연한 사고가 권장되는 까닭입니다.

그림 1-97 ✛ 무료로 사용할 수 있는 강력한 동영상 편집 도구인 VITA 앱입니다.

안드로이드 폰 사용자라면 '키네마스터(KineMaster)'라는 부동의 1위인 편집 도구가 있습니다. 물론 유료로 결제해야만 워터마크를 없앨 수 있는데, 저는 워터마크가 있어도 잘 사용하고 있습니다. 어차피 학생도 영상 편집을 언젠가는 해야 할 텐데 (아마 이미 하고 있겠지만) 이런 도구도 있다는 것을 알 기회도 되기 때문입니다.

그림 1-98 ⊕ 키네마스터. 국내에서 개발한 앱이라 더욱 애착이 갑니다. 스마트폰에서 사용하기에는 인터페이스가 작을 수 있으니 태블릿이 있다면 태블릿에서, 아니면 크롬북에서 사용하면 더욱 편할 듯합니다.

이후에 욕심을 내서 '캠타시아(Camtasia)'라고 하는 조금 고가의 프로그램을 사용할 수도 있습니다. 사실 저는 지난 수년간 강의 영상을 엄청나게 촬영해서 인터넷에서 제공해 왔는데 이 모든 과정을 캠타시아로 하고 있습니다. 무엇보다 강의 화면이 녹화되고 강사 얼굴이 촬영되고, 강사 목소리가 녹음되고 이후 편집할 때 다양한 자막 효과, 폰트 입력, 음악 삽입, 애니메이션, 화면 전환 등 필요한 모든 기능이 있기 때문입니다. 강의 영상 대부분은 이것 하나로 다 끝낼 수 있다고 볼 수 있습니다. 아주 강력한 프로그램이므로 캠타시아를 적극적으로 추천합니다. 참고로 교육자를 대상으로 종종 할인 가격으로 제공하곤 하니 이런 기회를 적극적으로 활용하면 좋겠습니다.

그림 1-99 ✦ 캠타시아의 인터페이스. 전문 영상 편집가 수준에 가까울 정도로 다양한 기능이 있습니다. 이 프로그램만 마스터해도 큰 불편함 없이 강의 영상을 제작하여 수업에 활용할 수 있습니다.

캠타시아를 당장 결제하여 사용하기엔 좀 부담된다, 잘할 수 있을지도 모르겠다는 선생님이라면 일단 MS '파워포인트'를 사용하길 추천합니다. 파워포인트에도 화면 녹화 기능이 기본으로 있습니다. 직접 만든 파워포인트를 띄워 놓고 위에 판서하면서 목소리를 녹음할 수 있습니다. 물론 최신 버전에서는 얼굴 촬영도 가능합니다.

파워포인트도 없다면 '스크린캐스티파이(Screencastify)'나 '룸(Loom)'을 추천합니다. 두 프로그램 모두 화면 녹화, 강의자 얼굴 촬영, 간단한 편집 기능을 모두 제공합니다. 특히 브라우저에서 바로 실행되므로 가볍고 간편하다는 장점이 있습니다. 좋은 프로그램이니만큼 비용을 내야 하는 유료 도구이지만, 영상 촬영이 많다면 결제할 가치가 있습니다. 무료 버전에는 시간 제한이 있습니다만, 짧은 영상은 충분히 만들 수 있습니다.

그림 1-100 ⊕ 룸(Loom)은 강의자의 얼굴을 예쁜 원 안에 넣어서 자유자재로 이동할 수 있다는 장점이 있고 인터넷에서 '워크스페이스'를 만들어서 작업할 수 있도록 하는 등 계속 성장 중인 도구입니다.

이외에도 조금이라도 재미있는 영상을 제공하고 싶다면 '뱁믹스'라는 프로그램을 추천합니다. 이 프로그램을 이용하면 TV 예능 프로그램과 비슷한 느낌의 편집이 가능합니다. 학생이 자주 보는 TV 예능에서나 봤던 재미있는 자막 스타일이 많아서 재미있게 편집할 수 있습니다. 영상을 자르고 붙이는 편집은 어렵지만 이런 자막 편집은 하는 사람도 즐겁습니다. 아이디어를 통해서 재미난 자막이 나왔을 때는 꽤 큰 보람이 있기 때문입니다. 다만, 항상 영상 촬영 후 자막 넣을 때는 이후에 문제가 생길 소지는 없는지 확인하시는 것이 좋습니다. 미국에는 그래니 룰(Granny Rule)이라는 것이 있는데요, 원래는 체육 경기에서 쓰이는 규칙입니다만 유튜브를 만드는 이들 사이에서는 "내가 만든 콘텐츠를 우리 할머니가 봐도 괜찮은가?"라고 스스로 물었을 때 괜찮다는 답이 나오는 안전한 영상을 만들라는 뜻입니다. 욕을 쓰거나 정치적 발언을 하거나 여러 가지 불편함을 일으킬 수 있는 이야기를 할 때는 꼭 할머니 규칙, 할아버지 규칙을 적용하여 이것이 과연 교육적인가, 학생이 불편함을 느끼지는 않는가, 꼭 필요한 이야기인가를 스스로 확인하면 안전합니다.

그림 1-101 ✛ 뱁믹스에서 제공하는 예능 수준의 자막. 유료로 구매해야 한다는 단점이 있지만 일단 사용해 보면 다시는 예전으로 돌아가기 어려운 수준의 영상이 나오게 됩니다.

요즘 학생은 인터넷 강의를 들을 때 영상의 소리를 잘 안 듣는다고 합니다. 특히 어린 친구들은 부모님한테 혼날까 아예 소리를 줄이고 유튜브를 본다지요? 그러다 보니 많은 사람이 보는 영상을 만들 때는 자막이 필수입니다. 앞서 언급한 VITA에서도 자막을 입력할 수 있습니다만, PC에서는 사용하기 어렵습니다. 그래서 PC로 작업할 때는 **브루(Vrew)**라는 사이트를 사용하면 좋습니다. 이 도구의 장점은 강의를 촬영한 뒤 음성 인식을 통해서 자동으로 자막을 추출할 수 있다는 것인데, 신기하게도 영상을 재생하지 않고도 텍스트로 컷 편집(영상을 적절히 잘라내고 붙이는 편집)을 할 수 있습니다. 그럼 놀랍게도 텍스트를 기준으로 영상도 편집됩니다. 쉽게 말해 워드 파일 편집하듯이 텍스트 기반으로 작업하면 알아서 영상도 편집된다는 것이죠. 그러다 보니 편집의 속도가 빨라질 수밖에 없습니다. 단, 전문 용어나 영어 어휘 등은 음성 자동 인식 시에 오타가 나올 수도 있습니다. 그럼에도, 브루는 장점이 모든 단점을 덮는 듯합니다. 최근에는 자동 번역 자막도 가능해져서 이제는 누구나 손쉽게 100여 개의 외국어 자막 콘텐츠를 제작할 수 있습니다.

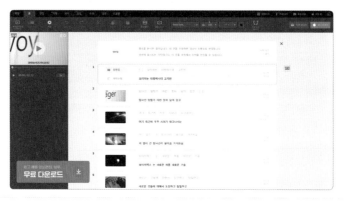

그림 1-102 ⇨ 브루(Vrew)의 인터페이스. 직접 프로그램을 내려받아서 편집할 수도 있고 웹 브라우저로 편집할 수도 있습니다. 텍스트 기반으로 영상을 편집할 수 있고 대사가 없는 구간은 자동으로 압축해서 최신 트렌드의 여백 없는 빠른 강의 영상으로 편집할 수도 있습니다. 한번 사용해 보면 너무 신기해서 계속 사용하게 되는 편집 도구입니다.

　참고로 이 서비스를 제공하는 보이저엑스는 한국의 개발자가 주축이 되어 설립한 회사로, 다들 기억하는 세이클럽 개발자가 보이저엑스의 대표이사입니다. 여기서 제공하는 서비스 중 책을 편리하게 스캔하는 vFlat이라는 앱(안드로이드, iOS)은 문서, 책, 메모 등을 촬영하면 자동으로 고화질의 PDF 파일이나 JPG 파일로 변환해 줍니다. 특히 문서의 테두리를 자동으로 인식해서 잘라내고 공중에 떠 있는 곡면 상태의 책 페이지도 마치 눌러서 스캔한 것처럼 변환하므로 아주 편리하게 사용할 수 있습니다. 타이머를 이용해서 페이지 넘기는 것에만 신경을 쓰도록 한다거나 두 페이지 촬영 모드에서는 좌우 페이지를 한 번에 촬영한 뒤 자동으로 분할해서 저장하는 등 사용자의 요구를 아주 잘 파악한 앱입니다. 자료를 만들 때 스캐너를 자주 활용하는 선생님에게 적극 추천하는 앱입니다.

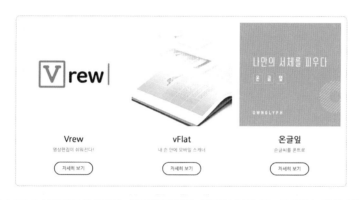

그림 1-103 ✥ 보이저엑스에서 나오는 대표적인 인공지능 도구인 브루와 vFlat. 교실에서 자료를 스캔하고 회람할 때 유용한 vFlat도 추천합니다.

▪ 편집이 끝난 영상은 어디로?

자, 이렇게 영상 편집을 마쳤다면 영상을 올려야겠지요? 사실 저는 플립 러닝을 처음 시작하면서 구글의 플랫폼을 사용하게 된 가장 큰 이유가 용량 때문이었습니다. 학교 자체 플랫폼에 영상을 올리려 했더니 허용하는 최고 파일 용량이 20MB더군요. 문서 하나도 못 올릴 기준이었습니다. 수백 MB가 되는 강의 영상을 올리려면 이 기준보다 아주 여유로워야 하는데, 그럼 어디가 많은 용량을 (심지어 무료로!) 제공하는가를 검색하니 당장 나오는 결론이 구글이었습니다.

당시 'G Suite for Education'이라는 이름으로 구글이 제공하는 서비스에서 학교 도메인을 인증받으면 학교 소속원은 누구나 용량 제한 없이 사용할 수 있었습니다. 강의 영상을 올릴 때 용량 제한 없이 올릴 수 있는 멋진 신세계가 구글이었죠. 물론 최근에는 구글의 정책이 바뀌어서 학교당 용량을 제한하는 등 기준이 까다로워지기는 했습니다. 그러나 아직 유튜브만큼은 용량이 무제한입니다. 유튜브 채널에 한 번에 올릴 수 있는 파일의 크기는 256GB이고 시간으로 환산하면 12시간 분량입니다. 그보다 용량이 크다면 나눠서 올리면 되겠죠? 그러니 유튜브는 아직은 마음 놓고 강의 영상을 무제한으로 올릴 수 있는 공간입니다. 따라서 일단 강의 영상은 유튜브에 올리기를 추천합니다.

또한, 유튜브는 접근성에서 매우 유리한 장점이 있습니다. 우리나라 학생 대부분이 이미 유튜브를 보고 있으리라 생각합니다. 제 초등학생 자녀도 자신의 유튜브 채널이 있어서 게임 마인크래프트 플레이 영상과 동네 친구와의 놀이 영상을 올리고 있으니, 유튜브는 이제는 정말 널리 보편화됐다고 봐야겠죠. 유튜브 영상의 또 하나의 장점은 로그인하지 않아도 클릭만 하면 바로 볼 수 있다는 점입니다. 심지어는 유튜브 앱을 설치하지 않아도 웹 브라우저에서도 볼 수 있습니다. 강의 영상을 봐야 하는데 자기 장비가 없다면 상당히 답답하겠죠? 주변의 친구나 부모님에게 기기만 빌리고 인터넷만 되다면 그 어디서나 유튜브 영상을 볼 수 있는 편리한 플랫폼입니다.

 유튜브 동영상 내려받기

물론 인터넷이 안 되는 상황은 정말 최악의 상황이 되겠습니다만, 이럴 때를 대비하여 유튜브에는 영상을 미리 내려받을 수 있는 기능이 있습니다. 학생으로서는 조금 부담스러울 수 있겠지만, 유튜브 프리미엄을 구독하면 스마트폰, 태블릿의 유튜브 앱에서 영상을 내려받을 수 있습니다. 이후 인터넷이 안 되는 상황에서도 손쉽게 영상을 재생할 수 있습니다.

그림 1-104 ✧ 유튜브에서 관심 영상을 선택합니다. 유튜브 프리미엄을 구독하면 영상 아래에 [Download] 버튼이 생기는데 이를 클릭합니다.

그림 1-105 ⊕ 해상도도 정할 수 있습니다. 스마트폰의 용량이 부족하다면 알맞게 해상도를 선택하여 내려받길 바랍니다.

그림 1-106 ⊕ 유튜브 앱 아래의 [라이브러리] 버튼을 클릭하면 다양한 메뉴가 나오는데 이 중 [Downloads]가 보입니다.

그림 1-107 ❖ 내려받은 영상이 표시됩니다. 내려받은 영상은 스마트폰의 용량을 차지하므로 적절히 삭제하며 관리해야 합니다.

그림 1-108 ❖ 개별 내려받기 외에도 재생목록 영상을 통째로 내려받는 방법도 있습니다. 용량이 부담일 수 있지만, 장시간 비행기 여행을 해야 한다거나 데이터 사용이 제한된 상황이라면 아주 유용한 방법입니다.

■ 유튜브 영상 안전하게 공유하기

　물론 유튜브가 가진 장점만큼이나 문제도 있겠죠. 가장 큰 문제는 강의 영상이 외부로 노출되는 것이 조금 부담스럽다는 점입니다. 전 세계 수십억 인구 누구나 들어와서 보고 댓글을 남길 수 있는 상황이니 아무래도 신중할 수밖에 없습니다. 그래서 유튜브는 영상을 올릴 때 3가지 옵션을 제공합니다. 첫 번째는 **[공개(Public)]**입니다. 이것은 누구나 볼 수 있으니 영상을 올릴 때 조심해야겠죠. 두 번째는 **[비공개(Private)]**입니다. 이 옵션은 영상을 올린 사람만이 볼 수 있으니 강의 영상으로는 의미가 없겠죠? 바로 공개와 비공개 사이에 **[일부 공개(Unlisted)]**라는 것이 있습니다. 바로 제가 추천하는 옵션입니다. 업로드할 때 이 옵션으로 설정하면 아무나 볼 수 없습니다. 검색에도 안 나옵니다. 하지만 해당 링크를 가진 사람은 클릭만 하면 볼 수 있으니까 한결 안전한 방법입니다. 뭔가 집 열쇠를 나누어 주는 기분이라고나 할까요? 물론 그 열쇠를 관리하는 사람이 소홀히 하면 다른 사람이 들어올 수 있긴 합니다만 일단 그런 상황이 발생하면 영상 설정을 비공개로 바꾸면 바로 막히게 되니 뒷수습도 편리합니다. 저는 수술 영상처럼 일반인이 보기에는 잔인할 수 있는 영상이나 학생의 얼굴이 공개될 수 있는 영상은 [일부 공개] 옵션으로 설정합니다. 어디까지나 교육 목적으로 소수 학생과 공유하는 상황이니 조금 안전하지 않을까 생각합니다.

그림 1-109 ↔ 유튜브 영상을 올릴 때 공개 범위를 설정합니다. [일부 공개]를 하는 경우 링크를 가진 사람만 영상을 볼 수 있습니다.

예능 요소를 활용한 강의 영상

학생들이 유익하게 볼 수 있는 콘텐츠를 제작하는 데 필요한 준비는 이미 기존 수업을 통해 충분히 갖췄을 것으로 생각합니다. 그것을 TV 예능 방송과 같은 재미난 형태로 재구성하는 것만 남았죠. 그러니 이 세상에서 가장 준비가 잘 된 사람은 바로 여러분, 선생님입니다. 여기에 약간의 예능 요소만 용기를 내서 잘 추가한다면 선생님의 수업 영상을 보면서 배꼽 잡고 웃는 일이 일상이 되리라고 생각합니다. 좋은 영상 많이 만들기를 응원합니다.

그림 1-110 ⊕ 이제는 가끔 '큰돈을 들여서 외국에서 연사를 초대' 하여 필자의 유튜브 강의에 출연시키곤 합니다. 이 강연자는 이탈리아 출신의 '이틀니가 니틀리니' 교수입니다. 저와 닮았다는 이야기를 많이 듣곤 하죠.

영상의 의미가 많이 달라졌습니다. 이전에는 보고 감상하는 대상이었다면 이제는 직접 촬영하고 편집하여 소통하는 통로가 되어가고 있습니다. 영화 <아비정전>에서 장국영은 장만옥에게 손목시계를 가리키며 1분 동안 같이 시계를 보자고 이야기합니다. 그리고 자신은 그 1분을 기억할 것이라는 멋진 대사를 남겼습니다. 바로 시간을 함께 한다는 공존의 '동질감' 경험이 학생에게 강한 연대감을 느끼게 하는 듯합니다. 학생에게 유튜브의 영상을 제공하는 것은 1차원적인 학습 콘텐츠일 뿐 아니라 함께 교수자의 영상을 보며 한곳을 바라본다는 공동체 의식을 묘하게 자극하는 것 같습니다. 유튜브 영상을 통해 멋진 학습 자료를 많이 공유할 수 있기를 기대합니다.

핵심의 전환: What, How보다는 Why가 우선

거꾸로 수업, 즉 **플립 러닝**을 시도할 때 꼭 염두에 두면 좋을 것이 있습니다. 바로 수업에서 **무엇(What)**을 좀 줄였으면 좋겠다는 점입니다. 배움의 유형에는 여러 가지가 있습니다. What도 있고 How도 있고 Why도 있겠죠. 그런데 대부분 수업에서는 What에 대한 내용을 주로 다룹니다. 왜냐하면 이것을 알아야 이후에 활용할 수 있고, 또 이것만큼 문제 출제가 편한 것이 없으니까요. 채점 후 이견이 없다는 것도 장점입니다. 교과서에 그대로 기술된 내용이니까 나중에 학생이 와서 따지는 상황이 벌어지지는 않죠. 점점 더 방어적으로 가르치고 방어적으로 문제를 내게 되는 것이 안타까운 현실 같습니다.

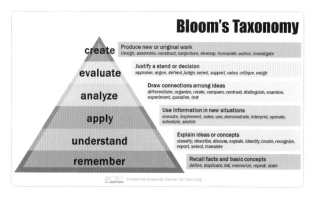

그림 1-111 ✦ 블룸의 교육목표 분류 개정판. 기억하고 이해하는 요소는 아래쪽에 있습니다. What과 관련된 내용입니다. 그런데 수업에서는 이 요소를 제일 강조하곤 합니다. (출처: Vanderbilt University Center for Teaching)

블룸의 교육목표 분류를 보면 기억, 이해, 응용, 분석, 평가, 창의 (Remember, Understand, Apply, Analyze, Evaluate, Create) 순으로 피라미드가 구성됩니다. 아래쪽 '기억'과 '이해'가 바로 What에 대한 내용이 되겠습니다. 이 단계가 튼튼해야 그 위에 피라미드를 쌓아 올릴 수 있겠죠. 그러다 보니 수업 시간 대부분을 What에 투자해야 하는데, 안타깝게도 이제 What은 더 잘 가르치는 사람이 생겼습니다. 누구일까요? 바로 AI 스피커입니다.

미국에 있는 초등학생한테 "여러분은 누구랑 숙제를 하나요?"라고 물었더니 **알렉사**와 한답니다. 도대체 이렇게 많은 학생을 가르치는 과외 선생님이 누구인가 알아봤더니 놀랍게도 AI 스피커였다고 합니다(미국 아마존의 인공지능 비서 이름이 알렉사입니다).

숙제하면서 궁금한 것을 이제 부모가 아닌 AI 스피커한테 물어보는 거예요.

> "알렉사, 달까지의 거리는?"
> "네! 달까지의 거리는 38만 4,400km입니다."
> "알렉사, 얼마라고?"
> "38만 4,400km입니…."
> "알렉사, 얼마라고?"
> "38만 4,400km입니다."

아이들이 아무리 많이 물어도 수십 번이고 수백 번이고 계속 반복해 답하고, 절대로 화를 내지 않습니다. 게다가 대화 문답의 맥락까지 파악할 수 있기 때문에 다음 질문은 "알렉사, 그럼 태양은?"이라고 물어도 이 질문이 태양까지의 거리를 묻는 것으로 이해하고 적절하게 답합니다. 참 똑똑하죠.

또한, 알렉사나 구글과 같은 인공지능에 질문할 수 있는 시간은 미국식 표현으로 7/24입니다. 7일 내내 24시간 동안, 즉 언제나 물어볼 수 있다는 것이죠. 수업 시간에 선생님께 질문해야 답을 구할 수 있는 학교와 다른 상황이고, 반면에 하교 후에는 부모가 한가한지를 살펴보고 물어봐야 하는 집안 상황과도 다른 환경입니다. 언제 질문하더라도 바로 답을 들을 수 있다는 것은 강력한 장점이 될 듯합니다.

게다가 질문에 대한 답이 정확하기까지 합니다. 다들 알다시피 What이라는 형태의 지식은 끊임없이 바뀝니다. 지금 생각해 보면 억울한 것 중의 하나가 태양계의 구성에 대한 지식을 어렵게 외웠던 어린 시절 일입니다. "수/금/지/화/목/토/천/해/명, 목에서 토를 하니 천해져서…" 등의 스토리를 만들며 열심히 외웠는데, 어느 날 명왕성은 태양계의 구성원이 아니라는 뉴스를 접하게 되었지요. 어떻게 이럴 수가 있을까요? 영원불변할 것 같았던 지식이 어떻게 바뀔 수 있는지 혼란스러웠지만 사실 학문의 발전에 따라 What이라는 형태의 지식은 바뀔 수 있다는 것을 이제는 인정해야만 할 것 같습니다. 천동설에서 지동설로 넘어오고, 나쁜 공기를 통해 병이 전파되는 것이 아니라 세균이라는 존재 때문에 병이 옮겨진다는 것 역시 지식은 언제든지 도전받고 수정될 수 있다는 것을 인식하게 하는 좋은 사례입니다.

때문에 교사에게, 부모에게, 즉 사람에게 What을 묻게 되면 부정확한 답을 얻게 될 확률이 항상 있습니다. 하지만, AI 스피커에 What을 물어보면 인터넷에 연결된 공신력 있는 사이트의 최신 정보를 가져오기 때문에 최신의 정확한 답을 얻을 수 있습니다(우주에 대한 정보에서는 NASA 홈페이지에서 정보를 가지고 옵니다).

자, 그렇다면 What은 인공지능한테 잘 배울 수 있다고 한다면 정작 교실에서 우리는 무엇을 가르쳐야 할까요? 이해를 돕고자 고혈압을 예로 들어 보겠습니다. 얼마 전에 미국에서 고혈압 기준이 바뀌었죠. 수십 년 만에 미국심장협회·심장학회(AHA·ACC)에서 고혈압의 기준을 130/80mmHg으로 조정한 것입니다. 하지만 우리나라에서는 기존 기준인, 140/90을 유지하기로 했습니다. 일단 기준을 내리면 환자 수가 증가할 수밖에 없고 이로 말미암아 건강보험제도에 부담을 주게 되는 등 어려움이 예상되기 때문이었죠. 게다가 교과서 내용도 바꾸고 시험 문제도 바뀌어야 하겠죠? 이렇게 What이라고 하는 지식은 변동 가능하고, 또 특정한 상황과 문화에 따라 서로 다르게 공존하기도 합니다. 세상에 절대 불변의 지식은 없는 셈입니다. 오히려 상대적이죠. '지금은 맞고 그때는 틀리다'라는 영화 제목처럼 말이죠.

그렇다면 수업에서 학생한테 불확실하고 상대적일 수 있는 What과 같은 지식만 암기 위주로 주입할 것이 아니라 교실 내에서 What의 비중을 조금 낮추면 어떨까요? 거꾸로 수업에서 하는 방식으로 What과 같은 지식을 수업 전에 배치하는 것입니다. 이것은 동영상 강의 형태가 될 수도 있고 과제 형태가 되어 수업 전에 제공할 수도 있습니다만 어쨌건 수업에서는 What보다 더 중요한 것을 가르치자는 것입니다.

앞서 고혈압을 예로 들었죠? 유전력이 없고 꾸준히 혈압약도 복용하고 있고 체중도 최근 10킬로그램이나 뺐고 운동도 모범적으로 하는 고혈압 환자가 있다고 합시다. 그런데 이상하게도 혈압은 전혀 변화가 없습니다.

왜 그런 것일까요? 'Why'

어떻게 환자를 도울 수 있을까요? 'How'

사실 이런 고민이 현장에서 제일 중요한 사항이 아닐까 합니다. 고혈압의 기준이 140/90 이건 130/80 이건 단편적 지식은 언젠가 바뀔 수 있다면 굳이 이것을 모든 학생이 자리한 소중한 교실 수업에서 설명하느라 시간을 낭비할 필요는 없는 것 같습니다.

한평생을 심혈관 질환에 대해 연구한 교수가 차세대 의학도를 앞혀 두고 고혈압의 기준치에 대해 열강을 하는 것보다는 실제 현장의 문제를 나누고 함께 고민하고 함께 답을 찾는 과정을 겪어 보고, 무엇보다 현장에서의 문제를 해결할 수 있는 능력을 배양하는 것이 정말 필요한 교육이 아닐까 싶습니다. 실세계의 문제를 해결할 수 있는 문제 해결 능력이 뛰어난 인재를 양성하는 것이 교육자가 다음 세대에게 제공할 수 있는 최선의 교육이 아닐까요?

쉽지 않은 도전이지만 수업의 핵심 요소를 한번 바꿔보기를 권해 봅니다. 가장 먼저, 내 수업의 핵심이 무엇인지를 되돌아볼 기회가 될 것입니다. 그리고 나아가, 진정 의미 있는 본질은 무엇인지까지 깨닫게 될 것입니다.

2부 교육을 전환하는 도구

조금 전까지 바둑을 두던 상대가 언젠가부터 오목을 두고 있음을 인지하였습니다.

억울하다고, 나는 몰랐다고, 준비가 안 되어 있다고 하소연해 보지만 이미 여기저기서 판이 뒤집어지는 소리가 들려옵니다. 아무래도 거스를 수 없는 대세가 된 것 같습니다. 이제 중요한 것은 빨리 오목의 규칙을 터득하고 오목의 묘수를 찾아 승리를 얻는 것입니다.

자, 이제부터 저희에게 주어진 바둑알, 어떻게 쓸 것인지 살펴보겠습니다. 명심하실 것은 이 바둑알은 바둑을 둘 때도, 오목을 둘 때도, 알까기를 할 때도, 아이들 산수를 가르칠 때도 쓸 수 있다는 점입니다. 정해진 것은 없습니다. 도구란 누가 어떻게 쓰느냐에 따라 전혀 다른 도구가 될 수 있습니다.

수업 자료의 보물섬:
구글 아트 앤 컬처

예술과 문화라는 뜻의 아트 앤 컬처(Arts and Culture)는 구글이 만든 플랫폼 중 하나의 이름입니다. 이 플랫폼은 인류가 만든 모든 예술품과 건축물, 문화 현상 등을 모은 박물관의 박물관, 미술관의 미술관을 목표로 하는 플랫폼으로, 현재 엄청나게 방대한 콘텐츠와 기술력이 들어 있습니다. 당연히 교육이랑 연결하면 그 활용도가 무궁무진해집니다.

◦ 지금은 클라우드 컴퓨팅 시대

이제부터 구글 아트 앤 컬처를 활용하는 노하우를 여러분에게 소개할 텐데요, 그전에 잠시 옛날이야기를 하나 하겠습니다. 에니악(ENIAC)이라고 다들 기억할 겁니다. 인류 최초의 컴퓨터였죠. 총알이나 대포 등의 탄도를 계산할 때 쓰는 그런 계산기였는데, 방에 가득 찰 정도로 그 크기가 컸습니다. 하지만, 성능은 오늘날의 스마트폰 하나보다도 낮은 수준이었습니다. 기술이 얼마나 많이 발전했는지 체감할 수 있는 대목입니다.

그림 2-1 ✛ 전자식 숫자 적분 및 계산기인 에니악(Electronic Numerical Integrator And Computer, ENIAC)의 모습. 무게가 30톤이나 나가는 거대한 장비였습니다.

저 거대한 계산기가 회사에 있으니 일을 하려면 직장에 가야 하는 어쩔 수 없는 상황에 부딪치게 됩니다. 그러다 컴퓨터의 크기가 작아지면서 책상 위에 올려놓을 수 있게 됩니다. 그래서 데스크톱이라고 부르는 컴퓨터가 등장한 겁니다. 이때부터 흔히 말하는 퍼스널 컴퓨터, 즉 개인용 컴퓨터(PC)가 보급되기 시작합니다. 예전에는 회사에 가야 볼 수 있었던 컴퓨터를 개인이 가질 수 있다니, 대단한 세상이 펼쳐진 거죠. 빌 게이츠는 폴 알렌과 함께 모든 가정과 모든 책상 위에 컴퓨터를 올려놓겠다는 꿈을 꾸었습니다. 스티브 잡스는 애플 컴퓨터를 통해 이를 실현했습니다. 비로소 **퍼스널 컴퓨팅**의 시대가 시작되었습니다.

그림 2-2 ✛ 스티브 잡스가 세상에 내놓은 애플 컴퓨터. 퍼스널 컴퓨팅의 시대가 시작되었습니다. (출처: 위키피디아 @FozzTexx)

2부 교육을 전환하는 도구

이후 반도체와 소프트웨어의 발달로 장치의 크기는 점점 더 작아지고 성능은 더 뛰어나게 되었습니다. 데스크톱이라 하여 책상 위에 올려놓던 컴퓨터가 이제는 무릎 위에 올려놓을 수 있는 랩톱이 된 것입니다. 그리고 태블릿, 스마트폰으로 이어지는 기기의 발전에 따라 **모바일 컴퓨팅**의 시대가 오게 됩니다. 지금 우리가 사는 시대가 사실은 모바일 컴퓨팅의 전성기라고 할 수 있는데요, 기술의 발전은 여기서 멈추지 않았습니다.

그림 2-3 ✦ 작고 가벼운 모바일 기기를 이용해 언제 어디서나 이동 중에도 일을 할 수 있게 되었습니다. (출처: Unsplash)

기기는 점점 작아지고 가벼워집니다. 배터리는 더 오래가고 이제 현대인은 언제 어디서나 업무를 보고 창조적인 작업을 할 수 있게 되었습니다. 모든 것이 클라우드에 올라가 있는 바로 **클라우드 컴퓨팅**의 시대입니다. 그런 의미에서 구글이 만든 크롬북(Chromebook)은 클라우드로 작업하는 클라우드 컴퓨팅 시대의 도래를 정확하게 읽고 만든 기기라고 생각합니다. 보잘것없는 저장 용량과 메모리지만 인터넷에 연결되는 순간 그 활용도는 엄청나게 바뀌죠. 모든 것을 클라우드 상에서 끌고 와서 사용하는 방식이기 때문에 단말기 자체의 능력은 크게 중요하지 않습니다. 오히려 네트워크 속도가 연산 능력을 좌우한다고 볼 수 있습니다. 여담입니다만, 학교 환경에서도 앞으로 인터넷 네트워크 환경이 중요한 시기가 올 것 같습니다. 이런 환경을 준비한 학교는 얼마나 될까요? 보안 문제 때문에 유선망을 권장하는 바람에 와이파이는 교사의 스마트폰 핫스팟 기능으로 학생에게 제공해야 하는 문제가 아직도 전국 곳곳에서 대두하고 있습니다. 앞으로 미래 교육에서는 이러한 인프라 역시 큰 이슈가 될 것 같습니다.

그림 2-4 ⇨ 이제 모든 중요한 자료는 클라우드에 올려놓고 실시간으로 내려받고 올리는 클라우드 컴퓨팅의 시대가 왔습니다. (출처: Flickr @Jane Boyko)

이렇게 맨몸으로 홀가분하게 이동하다가 공기계가 눈에 띄면 로그인하는 순간, 직전까지 했던 일이 그대로 연결되고 바탕화면부터 북마크 설정까지 모든 것이 집에서 작업하던 그 환경 그대로 구현된다면 굳이 집이건 회사이건 구별할 필요가 없어집니다. 기기만 들고 다니면 되는 '디지털 노마드'의 시대가 온 것입니다. "교수님 이번 중간고사 문제 파일 어디 두셨어

2부 교육을 전환하는 도구

요?" "아, 그거 내 책상 오른쪽 두 번째 서랍에 외장 하드디스크가 있는데 학사 관련 폴더 들어가서…" 이런 대화는 이제 추억이 될 듯합니다. "아 그 파일 내가 공유해 줄게, 잠시만." 이렇게 말한 뒤 마침 보고 있던 스마트폰으로 클라우드 드라이브에서 링크를 추출해 메신저로 보내주면 공유가 끝나는 것이 클라우드 컴퓨팅 시대의 워크플로입니다.

여기에 한 단계 더 진보한 세상의 가능성이 제시된 바 있습니다. 바로 일론 머스크가 추진하는 뉴럴 컴퓨팅의 세계입니다. 물론 아직 보편화는 안 됐습니다만 아마 들어본 적은 있을 겁니다. 뇌에 동전 정도 크기의 칩을 심어서 이를 통해 클라우드 컴퓨팅과 연결하면 기기조차 필요 없는 시대가 오는 것이죠. 원래 초창기 모델은 상당히 컸었는데 막상 공개한 시점에서는 동전 크기로 작아졌습니다.

그림 2-5 ✛ 뉴럴링크 사에서 공개한 이식용 칩. 외부 장비 없이 칩 하나만 이식하면 외부로 연결됩니다. (출처: spectrum.ieee.org)

동물 연구 결과를 한 번 시연한 적이 있습니다. 일론 머스크가 직접 사회를 봤었죠. 다음 그림의 유튜브 영상에서 볼 수 있으니 접속하여 보길 바랍니다. 거투르드라는 돼지의 뇌에 뉴럴 컴퓨터인 뉴럴링크를 삽입한 뒤에 먹이를 보고 뇌파가 마구 요동치는 것을 놀랍게도 직접 화면 상에서 보여주었습니다. 물론 아직은 그 뇌파가 어떤 뜻인지 해독하기는 어렵습니다만, 빅데이터 분석을 통해서 점점 더 큰 그림을 그려 나갈 수 있으리라 기대합니다. 그 옆의 돼지는 도로시라고 하는 돼지인데, 뉴럴링크를 삽입했다가 제거한 돼지입니다. 사실 처음에는 뉴럴링크를 제거한 돼지는 굳이 왜 데리고 나왔나 궁금했습니다. 성공한 돼지만 보여주어도 되는 데 말이죠. 그런데 일론 머스크의 설명이 기가 막히더군요. 살다 보면 뉴럴링크가 마음에 들지 않거나 업그레이드해야 할 때가 올 수 있기 때문에 제거하는 연구까지 진행했다는 겁니다. 삽입했다는 것을 보는 것만으로도 신기하고 놀라운데 이미 업그레이드를 어떻게 할 것인지까지 생각하고 있다니 몇 수 앞까지 보는 그들의 전략에 감탄하지 않을 수 없었습니다.

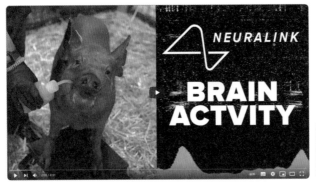

그림 2-6 ✥ 일론 머스크가 뉴럴링크를 장착한 돼지의 모습을 시연하는 동영상

2부 교육을 전환하는 도구

이후 뉴럴링크는 계속 발전하여 마침내 판독이 불가능해 보이던 뇌 신호를 이해하기 시작합니다. 이들은 2021년 4월에는 게임을 하는 원숭이를 공개하였습니다. 시연 절차는 다음과 같습니다. 페이저라는 이름의 원숭이에게 뉴럴링크 2개를 이식한 뒤 핑퐁이라는 컴퓨터 게임을 하도록 합니다. 게임에 성공할 때마다 맛있는 음식(바나나 스무디)을 제공하도록 장치를 만들어 두었기에 원숭이에게 좋은 동기 부여가 되었습니다. 매번 조이스틱을 움직여서 게임 화면을 조작할 때마다 원숭이의 뇌파에서는 다양한 신호가 나왔는데, 앞선 돼지 시연 시점에서는 어떤 의미인지 파악하기 어려웠지만, 이번에는 달랐습니다. 수학 모델을 활용하여 각 신호가 어떤 근육 움직임에 활용되는지를 이해하기 시작한 것입니다. 이렇게 머신러닝이 어느 정도 진행되자 연구자는 조이스틱을 치워버렸습니다. 물론 음식은 계속 제공했고요. 그러자 원숭이는 보상을 받고자 머릿속에서 게임을 하기 시작했습니다. 당연히 뇌에서는 뇌파가 발생했고 뉴럴링크 장비를 통해 이 뇌파를 읽은 과학자는 이 뇌파를 이해하고 있기 때문에 조이스틱을 원숭이가 생각하는 대로 움직여 주었습니다. 이후 원숭이는 바나나 스무디를 열심히 먹으면서 머릿속으로 게임을 계속했습니다. 이제 아예 조이스틱이 없이도 게임을 할 수 있게 된 것입니다.

　　이제 뉴럴링크는 어떻게 발전하게 될까요? 머스크가 만드는 스타 링크*와 연동한다면 이제 인류는 기기 없이도 이동 중 눈을 감고도 수많은 작업

---

*　스페이스X에 의해 건설되고 있는 위성군. 지구 저궤도에 배치되어 인터넷을 제공합니다. 현재(2021년 기준) 장비의 가격은 499달러. 월 사용료는 99달러입니다. 아마 더 저렴해지겠죠. 지하에 매립된 인터넷 연결망을 통해 인터넷을 이용하는 것이 아니라 위성으로부터 무선 신호를 받아서 사용하는 방식입니다.

을 할 수 있는 놀라운 시대가 펼쳐질 것입니다.

그림 2-7 ✈ 원숭이 페이저의 뉴럴링크를 통해 마음속으로 핑퐁 게임을 할 수 있게 만든 기술 시연 동영상

▪ 이미 펼쳐진 미래 사회, 준비됐나요?

무슨 말을 하고 싶은 걸까 궁금할 겁니다. 다름이 아니라, 세상은 지금 이런 식으로 급진적으로 진화하고 있다는 말을 하고 싶은 겁니다. 기술력은 모바일 컴퓨팅, 클라우드 컴퓨팅 그리고 뉴럴 컴퓨팅으로까지 넘어가는 실정인데, 우리의 교육은 어떤가요? 우리의 교육이 아직 이러한 세상의 변화를 반영하지 못하고 있다면 학생이 미래 사회를 준비하는 데에도 문제가 있을 것 같습니다. 물론 세상이 변하더라도 변하지 않는 진리는 있습니다. 이러한 교육은 기존의 방식과 형태로도 충분히 전할 수 있습니다. 그러나 혹시라도 더 나은 방법이 있다면 어떨까요? 도전해 보지 않는다면 그런 방법이 있을지 없을지를 알 수가 없습니다. 그렇기에 기존의 틀을 깨고 조금씩 노력하며 새로운 시도를 해봐야 하지 않을까요?

물론 쉽지 않겠지요. 특히나 이런 식의 교육을 한 번도 받아 본 적이 없는 우리로서는 상상이 잘 안되는 교육 방식일 수 있습니다. 어린 시절 밥을 먹고 자란 아이는 커서 외국에서 살더라도 여전히 밥을 먹고 살아갑니다. 파스타나 햄버거를 안 먹는 것은 아니지만, 밥을 먹어야 제대로 먹었다는 기분이 드는 것이죠. 교실에 앉아서 출석을 부르고 칠판에 조용히 판서를 한 뒤 하나하나 설명하면서 수업하는 방식만 한평생 배운 교육자라면 이 방식으로 수업해야 제대로 가르쳤다는 기분이 드는 것과 마찬가지입니다.

그래서 저는 종종 영화 <매트릭스>의 한 장면을 패러디하곤 합니다. 영화에서 주인공 네오는 세상이 자신이 알고 있던 세상이 아닌 머릿속 상상의 세상이라는 것을 알게 됩니다. 이때 모피우스(재미있게도 잠의 신 이름과 같습니다)는 두 가지 알약을 네오에게 제공합니다. 파란 약과 빨간 약입니다. 파란 약을 먹으면 이러한 시대의 변화나 새로운 기술에 대해서 까맣게 잊고 옛날과 같은 방식으로 마음 편하게 학생을 교육할 수 있습니다. 반대로 빨간 약을 먹으면 그때부터 삶이 좀 피곤해집니다. 급변하는 세상을 인지하게 되고 이런 세상에 학생이 잘 적응할 수 있도록 준비도 해야 하니 마음이 급합니다. 새로운 에듀테크를 적용하고 디지털 전환을 위해 다양한 장비도 준비해야 하고 이런저런 앱도 설치해야 하고 배울 것도 많다 보니 몹시 피곤해질 것입니다. 하지만, 이게 미래 교육을 위해서 의미 있는 일이고 멋진 도전이라는 것을 알기에 보람 있는 삶을 살 수 있게 될 듯한데요, 우리 모두 용기를 내어 빨간 약을 선택해 보면 어떨까요?

구슬러를 소개합니다

구글에서 근무하는 사람들을 영어로 '**구글러(Googler)**'라 표현합니다. 그럼 혹시 '구슬러(Goossler)'라고 들어보셨나요? 아마 처음 들었을 겁니다. 당연하죠. 제가 만든 말이기 때문에 아직 모르는 사람이 더 많습니다. 영어로 쓰기는 합니다만 사실은 우리말로 만든 합성어입니다. "구슬이 서 말이라도 꿰어야 보배다."라는 속담은 모두 알 겁니다. 바로 여기서 힌트를 얻은 말입니다. 구슬을 전문적으로 꿰는 사람, 그리고 꿴 구슬을 이용해 교육에 적용하는 사람이 바로 '구슬러'입니다. 제가 구글에서 근무하는 많은 구글러를 만나다 보니 든 생각이 있습니다. 이분들은 자신이 담당하는 프로젝트에서는 최고의 전문가입니다. 그런데 놀랍게도 바로 옆의 팀에서 작업하는 프로젝트 이야기는 사용자인 저보다도 모르는 경우가 참 많았습니다. 구글러라면 구글의 모든 도구를 두루두루 다 알고 있어야 하지 않나 싶었는데 오히려 숲속에 서 있다 보니 주변의 나무가 눈에 잘 들어오지 않은 것 같습니다. 되려 멀찌감치 떨어져서 나무는 어떻게 되는지 잘 몰라도 큰 숲을 보며 큰 그림을 그릴 수 있는 우리 구슬러는 구글 지도, 유튜브, 구글 드라이브, 구글 문서, 툰타스틱 등등 구글의 수많은 도구를 잘 엮어서 멋진 수업 사례로 만들 수 있다는 것을 깨달았습니다. 구글은 도구는 만들지만, 그 도구를 어떻게 써야 잘 쓸 수 있는지는 알려주지 않는 듯합니다. 그러다 보니 개발자가 의도한 목적은 아닐지라도 저희가 보기에 괜찮은 적용 사례가 있다면 엉뚱한 방향으로도 활용할 수 있죠. 그런데 교육에서는 그게 오히려 좋은 기회인 듯합니다.

■ 아트 앤 컬처의 시작

이제부터 구글이 만든 수많은 도구 중에서 제가 가장 좋아하는 도구, 아트 앤 컬처를 잘 꿰어 멋진 목걸이를 만드는 구슬러가 되어 보도록 하겠습니다. 아트 앤 컬처는 아밋 수드(Amit Sood)라는 구글러가 시작한 프로젝트입니다. 그는 미술관, 박물관에 좀 많이 가고 싶었는데 쉽게 가지는 못했던 것 같습니다. 그래서 꿈을 꾸었죠. '온라인에 박물관의 박물관을 만들어야겠다.' 관심 있는 분은 다음 TED 영상을 통해 아밋 수드의 꿈에 대한 이야기를 들어 보길 바랍니다.

그림 2-8 ◈ 아밋 수드의 첫 번째 TED 영상

그림 2-9 ✛ 아밋 수드의 두 번째 TED 영상

최근 사진을 찾아보다가 깜짝 놀랐습니다. 워낙 아밋 수드 주변에 구글러보다 예술가가 더 많아서 그랬는지는 몰라도, 약간 도인처럼 바뀌었습니다. 최근 사진을 보면 깜짝 놀랄 겁니다. 이렇게 샤프했던 이 사람이 이렇게 멋진 예술인으로 바뀐 것을 보니 아마도 예술과 함께 한 10년 동안 그의 인생이 완전히 바뀐 것 같습니다. 구글에서 허락하는 **20% 프로젝트**(자기 일과의 20%는 업무와 전혀 관계없는 딴짓을 할 수 있도록 허용해 주는 구글의 프로젝트. 지메일이나 구글 광고 서비스가 20% 프로젝트의 산물이라고 합니다. 다만, 구글러 사이에서는 20%가 아닌 120% 프로젝트라고 농담을 한다고 하네요. 할 일을 다하고 또 일을 하는 기분이라서요.)를 통해 오히려 본업보다 더 많은 시간을 '딴짓'에 투자하게 된 것 같습니다.

아밋 수드는 2011년 2월 1일 온라인에 미술관을 만들고 싶다는 자신의 꿈을 이루어 구글 컬처 인스티튜트를 만듭니다. 그리고 열심히 박물관, 미술관과 조율한 결과 불과 1년 만에 40여 개국 151개 박물관과 협력 후원자 계약을 맺고 3만 4천여 작품을 스캔해 올리는데, 이때 그냥 단순하게 스캔한 것이 아니라 기가픽셀 카메라(Giga Pixel Camera)를 사용해서 스캔, 촬영했습니다.

기가픽셀 카메라는 일반 카메라의 1,000배 높은 해상도를 가지고 있습니다. 거의 현미경이라고 볼 수 있죠. 이렇게 많은 작품을 엄청난 고해상도로 찍어서 온라인에 올려놓고 무료로 개방했습니다. 처음에 미술관들은 이렇게 소장품을 온라인으로 공개하면 관람객이 줄어들 것으로 생각하여 참여를 망설였던 것 같습니다. 하지만 온라인에 무료로 공개하니, 사람들이 관심을 갖기 시작했고 '직접 가서 보자!'라는 이들이 많아졌습니다. 결과적으로 박물관, 미술관의 홍보에 큰 도움이 된 것입니다. 이를 통해 어느 정도 모멘텀이 생기자 이제 오히려 박물관, 미술관이 구글 아트 앤 컬처와 협업을 하고자 줄을 서는 상황이 펼쳐졌습니다. 플랫폼의 승리인 셈이죠.

▪ 노 우먼 노 크라이

이제 작품을 하나 보여 드릴 건데요, 바로 크리스 오필리(Chris Ofili)의 1998년도 작품입니다. 작품명은 '노 우먼, 노 크라이(No Woman, No Cry)'입니다. 밥 말리의 노래 제목으로 유명한 문구죠. "여자여 울지 마세요."라는 뜻의 이 작품. 과연 무슨 사연이 숨어 있는 것일까요? 가로 1.8m, 세로 2.4m 크기의 이 거대한 작품은 눈물을 흘리는 흑인 여성의 모습을 보여줍니다. 무언가 슬픈 일이 있는 것 같은데 무슨 일이었을까요? 예술 문외한이 제가 보기에는 대단히 잘 그린 그림 같지는 않은데 이 그림이 어떻게 영국의 테이트 미술관에 자리 잡을 수 있었던 건지 궁금해집니다.

한번 배경을 찾아봤습니다. 구글 아트 앤 컬처에 자료가 정리되어 있으니까 당연히 찾아보기 쉽죠. 작품에 대한 정보가 쭉 나오는데 읽어 보니까 영국에서 1993년도에 이 흑인 여성의 아들이 10대 때 인종 혐오 관련 사건의 희생자가 돼서 그만 안타깝게 세상을 떠나는 일이 있었습니다. 그런데 그 과정에서 사건을 조사할 때 무언가 꺼림칙한 일이 있었던 것 같습니다. 이후 이 어머니는 묵묵히 꾸준히 투쟁을 시작합니다. 결국 5년 뒤인 1998년 영국 경찰이 사건을 다시 조사하도록 명령했고 조사 결과, 이 청년에 대해 인종 차별적인 부적절한 조사가 이루어졌음이 밝혀졌습니다. 이 모든 과정에서 어머니는 너무나 담대하고 차분하게 대처하였고 이 모습을 보며 작가는 크게 감동하여 이 그림을 그렸다고 합니다.

No Woman, No Cry · view in light

The fountain in this tender painting contain collaged pictures of the ... teenager, Stephen Lawrence, victim of a racist murder in 1993 ... was deeply moved by Doreen Lawrence's dignity throughout the public enquiry into her son's death, which exposed the mishandling of the investigation and the institutional racism of the Metropolitan Police. The

words 'R I P Stephen Lawrence' are just discernible beneath the layers of paint, and made more visible with the absence of light. Despite these specific references, Ofili also intended the painting to be read in more general terms, as a universal portrayal of melancholy and grief. Purchased 1999.

TATE

그림 2-11 ✛ 크리스 오필리가 그린 'No Woman, No Cry' 작품에 관한 설명이 나와 있는 아트 앤 컬처의 화면

자, 그림 속의 눈물을 자세히 들여다 볼까요? 구글 아트 앤 컬처의 자랑 줌 인(Zoom In) 기능입니다. 기가픽셀 카메라로 촬영한 것으로, 줌 인해서 살펴보니 놀랍게도 눈물 하나하나마다 사건의 희생자였던 아들 스테판 로렌스의 사진이 있습니다.

그림 2-12 ✛ 줌 인 기능을 이용하여 눈물을 자세히 들여다보니 놀랍게도 사건의 희생자인 스테판 로렌스의 사진이 있습니다.

눈물방울을 하나하나 보면 벌써 좀 찡하죠. 자 이걸로 끝나지 않습니다. 이 당시에 작가가 이 그림을 통해 스테판 로렌스를 기리고자 비밀 메시지를 숨겨 놨는데요, 그냥 잉크로 그린 게 아니라 야광 잉크로 그렸습니다. 그래서 어두운 밤에만 볼 수가 있는데, 미술관은 늘 밝은 편이죠. 그래서 일반 관람객은 보기가 좀 어렵습니다. 그렇지만, 구글 아트 앤 컬처 팀에서 무려 아홉 시간 동안 빛을 줄인 상태에서 최대한 야광 잉크의 발광을 흡수해서 이미지를 찍어왔습니다. 감동입니다. 그래서 구글 아트 앤 컬처에는 2개 버전의 그림이 있습니다. 밝은 곳에서 찍은 그림과 어두운 곳에서 찍어서 야광 잉크가 빛을 내는 버전입니다. 아마 영국 테이트 미술관에 직접 가도 보기 어려운 광경이 아닐까 생각합니다.

그림 2-13 ✛ 박물관의 불을 줄이면 빛을 발하는 야광 잉크. 스테판 로렌스의 비석처럼 그의 출생연도와 사망연도가 적혔습니다. "RIP, rest in peace"라는 문장도 보입니다.

그림 배경에서 녹색의 야광 물질이 빛을 내고 있는데 사실 글씨가 쓰여 있습니다. "편히 잠들길(Rest in peace). 스테판 로렌스 1974년부터 98년까지." 이렇게 네 줄의 메시지가 숨은 그림이 아트 앤 컬처에 있습니다. 이 책을 읽

2부 교육을 전환하는 도구

는 독자의 담당 과목이 무엇이든 아트 앤 컬처에서는 그 과목과 연결할 수 있는 다양한 이야기가 숨어 있습니다.

▪ 보티첼리의 '비너스의 탄생'을 자세히 보다

이탈리아 우피치 미술관에는 보티첼리가 그린 '비너스의 탄생'이라는 그림이 있습니다. 아마 미술 시간에 미술책에서 우표 크기 정도로 축소된 그림을 보셨을 텐데요, 심지어는 흑백으로 나와 있기도 해서 어떤 것들이 그려져 있는지 자세히 보기 어려웠을 것입니다. 이제 줌 인 기능을 통해 자세히 한번 살펴보겠습니다. 자, 보티첼리가 1400년대 당시 어떤 식으로 잉크를 썼고 어떻게 붓 터치를 했는지 다 보입니다. 너무 해상도가 좋으므로 직접 우피치 미술관에 가서 가까이 얼굴을 들이대도 이 정도로는 볼 수 없습니다. 사실 자세히 보고자 얼굴을 들이댔다가는 이미 경비에게 끌려서 나가고 있을 것입니다.

그림 2-14 ✛ 보티첼리가 그린 '비너스의 탄생'. 우피치 미술관에 직접 가지 않아도 이렇게 감상할 수 있습니다.

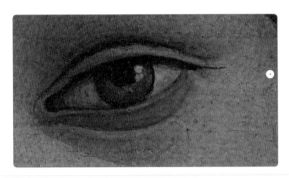

그림 2-15 ⟳ 줌 인 기능을 이용해서 계속 확대해 보니 눈동자의 붓 자국 하나하나가 보이네요. 소름이 돋는 순간입니다. 태어나서 처음 보는 광경입니다. 눈동자에 빛이 반사된 느낌이 정말 아름답습니다. 비너스는 상당히 진한 쌍꺼풀이 있었군요. 입체감이 놀랍습니다.

자, 이번에는 이 그림 주변에는 어떤 그림이 있는지 한번 보겠습니다. 우피치 미술관과 사전에 협조를 구하고 구글 아트 앤 컬처팀이 구글 스트리트 뷰를 찍었기 때문에 관람객이 없는 아주 쾌적한 상황에서 미술관 내부를 둘러볼 수 있습니다. 노란색 페그맨(Pegman)은 구글 스트리트 뷰로 갈 수 있는 아이콘입니다. 미술관 내 공간을 360도 카메라로 촬영해 두어서 자유로이 이동할 수 있습니다.

그림 2-16 ⟳ 구글 스트리트 뷰의 기능을 통해 우피치 미술관 내부를 이동할 수 있습니다. '비너스의 탄생'이 있습니다. 워낙 중요한 그림이다 보니 유리막으로 보호하고 있네요.

그림 2-17 ◁ 오른쪽으로 90도를 돌았더니 놀랍게도 이번에는 보티첼리의 또 다른 대작인 '봄'이 걸려 있습니다. 두 개의 대작이 이렇게 한 방에 나란히 걸린 줄 몰랐습니다.

'비너스의 탄생'이 걸린 방 90도 각도에는 보티첼리가 그린 '봄'이라는 작품이 있는데요, 보티첼리를 후원했던 메디치 가문의 상징인 오렌지 나무가 눈에 띕니다. 이 그림 속에는 500여 종의 구별할 수 있는 식물과 190여 개의 꽃(이 중에서 130여 종 구별 가능)이 그려졌는데, 그냥 꽃이 아니라 당시 투스카니 지방에 피었던 실제 꽃을 하나하나 보고 그렸다고 하니 사실 이것은 그림이 아니라 식물도감이라고 봐도 좋을 듯합니다. 크기가 3m가 넘는 거대한 그림 속에 저 많은 정성을 들인 보티첼리도 대단하지만 이런 그림을 직접 가서 보지 않아도 되게 한 구글도 대단합니다.

그림 2-18 ⊕ 이번에는 보티첼리의 '봄'을 아트 앤 컬처에서 찾아보겠습니다.

그림 2-19 ⊕ 줌 인을 해보니 바닥에 화려한 꽃과 식물이 있습니다. 같은 꽃은 하나도 없군요. 모두 190여 종의 꽃이라고 하니 보티첼리가 얼마나 대단하고 집요한 화가인지 새삼 놀라게 됩니다.

▪ 아트 앤 컬처의 도전, 실험실

이 외에도 다양한 콘텐츠가 우리를 기다립니다만, 사실 저 많은 내용을 직접 다 찾아다니는 것은 바쁜 일상 중에 쉬운 일이 아닌 것 같습니다. 그래서 구글이 제공하는 큐레이션, 내지는 온라인 전시회를 적극적으로 활용하는 것도 좋겠습니다. 특히 구글이 시도하는 새로운 기능이 많이 등장하고 있는데요, 이는 '실험(Experiment)'이라는 이름으로 불립니다. 이 새로운 시도는 대부분 인공지능 도구를 활용한 것입니다. 미술 작품을 수집하여 디지털화해보니 인공지능이 학습하기에 최적화된 데이터베이스가 만들어진 것입니다. 구글에서는 실험 사이트에 현재 진행하는 프로젝트를 올려 두는데, 이곳에는 재미있는 것이 많습니다(금방 사라지는 기능도 있습니다).

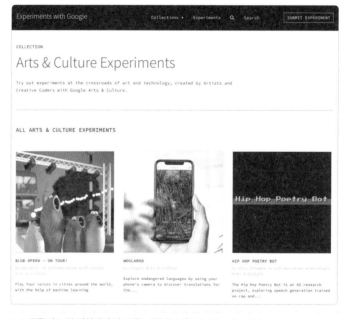

그림 2-20 ⊙ 구글 아트 앤 컬처에서 선보이는 다양한 실험 프로젝트가 있습니다.

A. 아트 셀카

최근에는 스마트폰에서도 구글 아트 앤 컬처의 기능을 만끽할 수 있도록 앱을 제공하기 시작했습니다. 특히 데스크톱과는 달리 스마트폰에는 카메라가 앞뒤 2개이므로 이를 십분 활용하면 재미있게 활용할 수 있는 기능이 많습니다. 먼저 소개해 드릴 것은 바로 **아트 셀카(Art Selfie)**입니다. 구글의 인공지능이 아트 앤 컬처 속의 수많은 그림과 초상화를 보면서 사진 속 인물의 얼굴과 최대한 비슷한 초상화(도플갱어)를 찾아서 제공해 주고 몇 퍼센트 정도 일치하는지 보여줍니다. 물론 그림이 궁금하여 클릭하면 그림에 대한 정보도 자세하게 제공됩니다. 처음에는 흥미로 시작했겠지만, 나중에는 자신도 모르게 나를 닮은 인물화를 통해 예술사를 공부하는 자신을 발견할지도 모르겠습니다.

2021년 기준, 아쉬운 점은 초상화 대부분이 서양인을 그린 그림이라는 점입니다. 동양인을 그린 그림이 있더라도 대부분 수묵화인 경우가 많아서 확실히 한계가 있습니다. 이러한 점에 대해서는 많은 이들이 지적합니다만 구글 대변인의 말로는 과거의 많은 그림이 기본적으로 다양성을 보이지 않는다는 한계 때문에 어려움을 겪는다고 합니다. 현재 구글은 더 다양한 인종의 초상화를 포함할 수 있도록 온 힘을 다하는 중이라 합니다.

그림 2-21 ⊕ 아트 앤 컬처 스마트폰 앱에서 첫 화면 아래에 카메라 버튼이 있는데, 이곳에 다양한 사진 촬영 기능이 있습니다. 아쉽게도, 아직 구글 아트 앤 컬처는 한국어 버전을 제공하지 않습니다.

그림 2-22 ⊕ 다양한 카메라 관련 도구 중 [아트 셀카(Art Selfie)]를 클릭합니다.

그림 2-23 ⟳ 셀카를 먼저 찍습니다. 인공지능이 분석하는 포인트가 서로 달라 각도, 표정, 조명 등에 따라서 매번 새로운 그림을 추천하니 다양하게 시도해 보면 좋겠습니다.

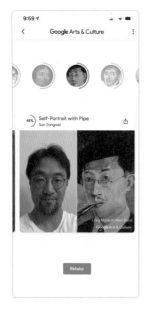

그림 2-24 ⟳ 셀카 사진을 토대로 인공지능이 구글 아트 앤 컬처 속에 있는 수많은 초상화를 검색하여 가장 유사한 그림을 찾아줍니다. 일치도는 48%입니다만, 꽤 비슷한 것처럼 느껴집니다. 서양인과 비교하여 동양인 초상화의 수가 현저히 부족한 부분이 아쉽습니다.

B. 아트 필터

이번에 소개할 기능은 **아트 필터**라는 기능입니다. 독자 여러분은 다들 '스노우'라든지 '카카오 치즈', 'B612' 등의 앱을 이용해서 사진을 찍어본 경험이 있을 겁니다. 얼굴을 카메라가 인식해서 정확한 위치에 선글라스, 하트 모양, 토끼 귀 등을 얹어주는 것인데 얼굴 각도가 바뀔지라도 기가 막히게 반영해 주죠. 이것이 바로 증강 현실(AR)을 이용한 필터 기능인데요, 구글 아트 앤 컬처에 있는 예술 작품을 이용해서 아트 필터를 적용할 수 있습니다. 아직은 필터가 그리 다양하지 않습니다만, 그래도 예술 작품과 친해질 수 있는 좋은 방법인 듯합니다. SNS를 좋아하는 분이라면 좋은 포스팅 거리가 되기도 하죠.

제가 개인적으로 좋아하는 페르메이르의 '진주 귀걸이를 한 소녀'의 그림을 이용해 '진주 귀걸이를 한 중년의 남자'로 바꿔보았습니다. 워낙 오래된 그림이라 저작권이 적용되지 않기 때문에 구글로서는 무궁무진한 소스가 생긴 셈입니다. 교육적으로 적용할 방법을 고민하는 것은 저희 구슬러의 몫이겠지요? 아마도 교실 현장에서 학생에게 이 도구를 쥐여 준다면 기상천외한 아이디어가 나올 듯합니다. 이런 활동을 통해서 학생의 뇌가 말랑말랑해지고 예술에 좀 더 편하게 다가가는 기회가 되면 좋겠습니다.

그림 2-25 ✣ 아트 필터에 들어가니 몇 가지 예술 작품이 제공됩니다. 이 중에서 페르메이르의 '진주 귀걸이를 한 소녀'를 선택했습니다.

그림 2-26 ✣ 셀카 기능을 구동하면 얼굴 위에 필터가 적용됩니다.

그림 2-27 ✧ 두둥! 밝고 경쾌한 귀걸이를 한 중년 남성이 등장했습니다.

C. 아트 트랜스퍼

아트 필터와 비슷한 방식으로, 자신의 셀카를 유명 작가의 화풍으로 그림을 재구성하는 기능도 등장했습니다. 바로 **아트 트랜스퍼**라는 기능입니다. 스마트폰에서 기존의 사진을 올리거나 새로운 사진을 찍고 나서 원하는 화가의 화풍을 선택하면 사진이 그림처럼 바뀝니다.

그림 2-28 ⊕ 유명한 화가의 화풍으로 선택한 사진을 그림으로 바꿔 주는 아트 트랜스퍼입니다.

그림 2-29 ⊕ 제 사진 중에서 하나를 선택했습니다.

2부 교육을 전환하는 도구

그림 2-30 ◈ 뭉크의 '절규'를 선택하니 사진 속 얼굴이 뭉크의 화풍으로 바뀌었네요!

그림 2-31 ◈ 이번에는 '모나리자' 입니다. 부가적으로 간단한 미술 상식도 알려주어요. '모나리자' 가 한 번 도난당한 적이 있었는데 가장 의심스러운 용의자가 피카소였다고 합니다. 다들 알고 있었나요?

D. 컬러링북

얼마 전에는 **컬러링북** 기능이 추가되었습니다. 원래 이 그림은 구글의 실험실 기능 중 하나였는데요, 그림에 사용한 색을 추출하여 이를 팔레트로 제공하는 기능이었습니다. 예를 들어 고흐의 자화상을 보니 5가지 색이 주로 사용되어 있네요. 이 색을 비슷하게 사용한 작품을 보니 놀랍게도 이와 비슷한 색의 조합을 가진 작품이 꽤 있습니다. 어떤 작가일까요? 예술 작품을 새로운 관점에서 접근하는 기회가 된 것이죠. 사실 이런 부분들이 디지털 전환 이후 우리 인간에게 생긴 새로운 기회이기도 합니다. 알파고의 등장으로 수 천년 인간의 바둑 역사가 바뀌었다고 하죠? 인간의 수와는 다른 인공지능의 수들이 우리에게 또 한 번 도약할 가능성을 주는 것입니다. 미술 역시 마찬가지입니다. 작가와 연대와 화풍으로만 분류하던 인식의 한계에 색을 통한 분석을 인공지능이 도와주니 전혀 새로운 방식의 그림 분류가 가능해지는 것입니다.

그림 2-32 ⓕ 고흐의 자화상에서 색을 추출한 뒤 비슷한 색 구성의 그림을 모아서 제시해 줍니다.

2부 교육을 전환하는 도구

이렇게 색을 빼내는 실험을 하고 나니 오히려 거꾸로 색을 넣는 것도 가능해졌나 봅니다. 우선 그림에서 색을 빼내고 테두리만 남겨놓는 겁니다. 그러면 그 안에 원하는 색을 채워 넣는 창의적인 과정을 경험해 볼 수 있는데 이게 상당히 정신 집중이나 감정을 가라앉히는 데도 도움이 될 것 같다는 추측도 하곤 합니다. 재미있습니다. 하지만, 단순하게 재미가 있는 와중에도 이야기를 잘 엮어가면 또 분명히 교육적인 내용으로 이어질 수 있을 거로 생각합니다. 유명한 화가 칸딘스키가 말했다죠? "색이란 영혼에 직접 영향을 끼치는 힘이다!" 얼마 전에는 NASA와 협업한 작품도 선보였습니다. 최근 화성으로 탐사선을 보내고 드론이 비행을 하는 등 우주와 관련된 이벤트들이 많았습니다. 이러한 과학 수업 이후에 아트 앤 컬처를 통해 컬러링으로 마무리하는 융합 수업도 한번 고려해 보시죠.

그림 2-33 ◇ NASA와 협업한 컬러링북 홈페이지. 참신한 우주복 디자이너가 여러분의 교실에서 탄생할지 모릅니다.

그림 2-34 ⊕ NASA가 제공한 그림 중에서 원하는 그림을 선택합니다.

그림 2-35 ⊕ 최대한 창의적으로 색을 칠해 봅니다. 방문을 원한다면 QR 코드를 촬영해 접속하세요. 구글 아트 앤 컬처 앱을 설치해야 합니다.

E. 포켓 갤러리

이번에는 증강 현실(Augmented Reality, AR)입니다. 스마트폰에서 구글 아트 앤 컬처 앱을 구동해 주세요. 스마트폰의 카메라가 주변의 공간을 인식

합니다. 자 그럼 이제 미술관으로 한번 여행을 떠나 볼까요?

포켓 갤러리를 소개합니다. 이 기능은 여러분이 있는 공간을 미술관으로 완전히 바꿉니다. 스마트폰에는 가속도 센서가 있기 때문에 앞뒤 좌우로 이동하는 것을 섬세하게 인지할 수 있습니다. 스마트폰을 들고 주변을 둘러보세요 놀랍게도 내가 있는 이곳이 바로 미술관으로 바뀝니다. 한번 걸어가볼까요? 한발 한발 내디디는 것에 따라 미술관 내에서의 위치도 바뀝니다. 물론 원한다면 화면을 드래그하여 수동으로 공간을 이동할 수 있습니다. 관람을 원하는 그림 앞에 서서 자세히 들여다보면 그림이 점점 커집니다. 그리고 화면 하단에 그림에 관한 설명이 나오죠. 미술관에서 체험하는 그 경험을 그대로 재현한 것입니다.

그림 2-36 ◇ 스마트폰이 바닥면과 공간을 인지하기 시작합니다.

그림 2-37 ⬦ 공간 인식이 끝나면 하단의 메뉴에서 불러올 미술관을 선택합니다.

그림 2-38 ⬦ 유명한 게티 미술관을 선택했습니다. 집 거실에 게티 미술관 특별관이 들어왔네요.

그림 2-39 ➡ Better Together 특별 전시회 입구입니다. 새하얀 벽을 보니 정말 미술관에 온 기분이죠?

그림 2-40 ➡ 유럽의 그림 중 음악이 소재로 등장한 그림을 전시한 2번째 전시실입니다. 한번 들어가 볼까요? 그림자만 보아도 정말 이곳이 미술관 내부는 아닐까 싶을 정도로 생생합니다.

그림 2-41 ✛ 사진으로 찍어 둔 것 같은 그림이군요. 그림 쪽으로 좀 더 걸어가 보겠습니다. 이때 화면에 집중하느라 공간을 잊을 수도 있는데, 실제 공간에서 부딪히지 않도록 주의해야 합니다. 특히 어린 학생의 안전사고 유의하시고요.

그림 2-42 ✛ 화면 하단의 설명을 위로 올려 확인해 보니, 발코니 위에서 노래를 부르는 이들의 모습을 그린 1622년 작품이라는 설명이 나옵니다.

F. 아트 프로젝터

이번에는 **아트 프로젝터(Art Projector)**입니다. 미술관을 통째로 옮기는 것이 아니라 하나의 작품을 실제 크기로 만들어서 자신의 공간 안에 배치할 수 있는 기능입니다. 이 기능은 최근 아마존이나 몇몇 온라인 쇼핑몰에서 가구 같은 것을 살 때 집안에 두면 어떻게 보일지 미리 체험하는 것과 비슷한 기능입니다. 차이라면 소장할 수 없는 (돈으로 환산하면 어마어마한 돈이 들겠죠?) 걸작을 집에 전시하는 엄청난 사치를 경험할 수 있다는 것입니다.

그림 2-43 ◈ 클림프의 그림을 거실에 전시해 보겠습니다. 참고로 클림프의 그림은 피카소, 잭슨 폴록의 그림과 비슷한 가격으로 경매되곤 합니다!

그림 2-44 ✧ 집안 바닥을 스캔하여 작품을 전시할 공간을 확인합니다.

그림 2-45 ✧ 드디어 집 안에 그림을 설치했습니다. 스마트폰을 들고 이동하면 그림을 자세히 볼 수 있습니다. 정말 하나 갖고 싶은 그림이네요. 미술관에 직접 가지 않아도 거대한 대작들을 집에서 자세하게 살펴볼 수 있습니다. 잔잔한 음악과 함께 교실을 미술관으로 바꾸는 경험해 보면 어떨까요?

G. 사이아크

이번에는 **사이아크(CyArk)**를 소개합니다. 앞서 소개한 가상 현실과는 약간은 다른 개념인데요, 이것은 특정 건물이나 개체를 3차원으로 스캔하여 온라인에서 보여주는 것입니다. 노아의 방주에 동물을 태워 멸종을 막았다는 성경의 이야기처럼 인류가 만든 소중한 건축물을 훼손되기 전에 있는 그대로 레이저로 스캔하여 정확하게 왜곡 없이 보관하겠다는 것이 사이아크 (사이버 방주) 프로젝트입니다. 원래 이 프로젝트는 비영리 단체가 2003년 미국에서 시작한 것으로, 구글이 이들의 콘텐츠를 받아 전시하고 있습니다.

기억하는지 모르겠습니다만 수년 전에 프랑스 파리의 노트르담 성당이 불에 타버렸죠? 2008년에는 우리나라의 남대문이 불에 탔었고요. 2000년에는 신라 문무왕 때 창건된 낙산사가 산불로 전소하기도 했습니다. 이러한 일들이 또 생기지 않으리란 법은 없습니다. 인류에게 영감과 경외심을 불러 일으키는 인류의 문화유산을 구글 지도, 유튜브, 구글 스트리트 뷰와는 또 다른 관점에서 사이버 공간에 보존하고 직접 이 공간을 체험할 수 있으니 참으로 재미있는 콘텐츠라 생각합니다.

그림 2-46 ⊕ 사이아크에서는 디지털로 보존된 다양한 3D 개체를 소개합니다.

그림 2-47 ⊕ 이 중에서 토머스 제퍼슨 미국 대통령 기념관을 둘러보았습니다. 실제로 가는 것보다 더 자세하게 이곳저곳을 돌아볼 수 있다는 것이 신기하네요.

▪ 아트 앤 컬처의 최고 인기는 역시 고흐

지금까지 아트 앤 컬처가 제공하는 다양한 도구를 소개했는데요, 이번에는 몇 가지 멋진 스토리를 중심으로 아트 앤 컬처로 할 수 있는 이야기를 살펴볼까 합니다. 아트 앤 컬처에서 빼놓을 수 없는 주인공은 바로 빈센트 반 고흐입니다. 그의 멋진 스토리와 비극적인 삶, 그리고 팝송 '빈센트'라는 노래의 주인공으로 우리에게 너무나도 잘 알려진 화가 빈센트 반 고흐. 그림을 배우기 시작한 뒤 약 10년의 세월 동안 900점의 작품을 남긴 것으로 알려졌는데, 놀랍게도 그중 880점의 그림이 구글 아트 앤 컬처에 올라와 있습니다. 대단하죠. 고흐라는 화가가 가진 스토리의 비장함에는 그야말로 모든 미술 입문자를 반하게 만드는 매력이 있습니다. 혹시 <러빙 빈센트>라는 영화를 보셨나요? 이 영화를 한번 보시면 영화 속에서 빈센트의 주치의이자, 친구인 약간은 숙적 같은 존재로 가셰 박사라는 의사가 등장합니다. 가셰 박사도 아마추어 화가로서 빈센트를 좀 질투하고 미워했다는 그런 느낌도 영화 속에서 개인적으로는 좀 많이 받았는데요, 중요한 건 이겁니다. 가셰 박사를 그린 그림이 두 개가 있습니다. 이 그림들은 고흐가 사고로 (사실 그것도 미스터리입니다. 자살인지, 사고인지.) 죽기 2주 전에 그린 그림이라고 알려졌죠. 왼쪽이 처음 그린 그림이고 오른쪽이 나중에 그린 그림입니다. 그런데 처음 그린 그림은 지금 사라졌습니다.

그림 2-48 ⊕ 고흐의 주치의 가셰 박사의 초상화. 왼쪽 그림은 행방이 묘연합니다. 오른쪽 그림은 가셰 박사의 가족들이 기증하여 파리 오르세이 박물관에서 전시 중입니다.

첫 번째 그림은 1990년도에 일본인 재벌에게 팔렸다는 기록이 있는데 그 이후에 자기가 죽으면 함께 불태울 거라고 이야기해서 온 세계인이 경악했습니다. 그리고 그 이후에는 소식이 없습니다. 독일인에게 팔렸다는 이야기도 있는데 뒷조사를 해 보아도 어디로 갔는지 아무도 모릅니다. 다행히 오른쪽에 있는 두 번째 그림은 파리 오르세이 미술관, 그리고 구글 아트 앤 컬처(!)에 전시되어 있습니다.

두 그림을 보면 왼쪽 그림은 고흐 특유의 그림 같은데 오른쪽 그림은 뭔가 붓 터치가 어색하죠? 가셰 박사가 그린 모작 같은 느낌도 좀 있어요. 영화를 봤다면 바로 의심을 할 듯합니다. 어쨌든 그게 중요한 건 아니고 가셰 박사가 든 꽃을 좀 보세요. 가셰 박사는 의사입니다. 그런데 이 사람은 그 당시에 유행했던 허브, 즉 약제를 이용한 치료사였어요.

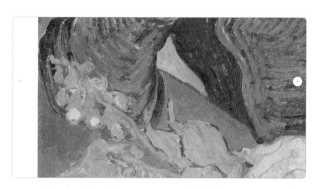

그림 2-49 ⊕ 가셰 박사가 든 꽃을 확대했습니다.

그림 2-50 ⊕ 고흐가 그린 그림과는 조금 달라 보입니다만 이게 바로 만병 통치약으로 알려진 '디기탈리스' 입니다. 그림 속에서 가셰 박사가 든 꽃입니다. (출처: 위키피디아 @Kurt Stüber)

그래서 총을 맞고 죽어가는 환자에게 수술이 아닌 약을 처방했었죠. 이 부분이 영화에서도 언급됩니다. 그래서 이건 방조가 아니냐는 그런 의심도 살짝 들 정도였습니다. 한 번 더 이야기하지만 중요한 것은 손에 든 꽃입니다. 바로 디기탈리스(Digitalis)였어요. 폭스글러브라고도 부르는 꽃인데, 고흐가 종종 보였던 간질 증상을 치료하고자 디기탈리스를 처방했다고 알려졌습니다. 사실 디기탈리스는 간질을 치료하는 약은 아니고 심장의 질환을 치료하기 위한 약제로 봐야 하는데 가셰 박사가 계속 이 약을 처방했던 것 같습니다. 근데 이 안에 들어가 있는 성분 중에 다이곡신이라는 성분이 있는데요. 놀랍게도 이를 장기 복용하거나 부작용이 생기면 황시증, 즉 세상이 노랗게 보이는 증상이 나타난다고 합니다. 그런데 모두가 알다시피, 고흐가 유독 그림을 노란색으로 많이 그렸습니다. 이게 가셰 박사의 처방 때문은 아니었을까요? 또 가셰 박사의 초상화 2개 중 하나는 과연 어디에 있을까요? 학생과 함께 상상의 나래를 펴기에 참 좋은 소재라고 생각됩니다.

▪ 천재 화가 렘브란트의 실수?

고흐가 그린 가셰 박사 그림만큼이나 미스터리로 남아 멋진 이야기를 남긴 그림이 바로 렘브란트가 그린 '니콜라스 튈프 박사의 해부학 강의(La leçon d'anatomie du docteur Nicolaes Tulp)'라는 그림입니다. 렘브란트가 26살에 그린 걸로 알려졌습니다. 정말 잘 그렸습니다. 진짜 사진을 찍은 것처럼 빛과 어둠을 잘 살려서 그렸습니다. 1632년에 저런 그림 기술이 있었다는 것이 정말 놀랍습니다. 저 그림을 그린 렘브란트도 물론 대단하고요. 이 그림은 네덜란드의 외과의사 길드 일곱 명이 돈을 내서 니콜라스 튈프라고 하는 당시 해부학의 대가를 초빙해 해부하는 장면을 그린 그림입니다. 오늘날로 치면 '인증샷'을 찍은 거죠. 당시에는 이렇게 해부학을 하는 모습을 찍는 것이 네덜란드에서 유행이었다고 합니다. 당시의 인증샷에서는 어색해 보일지라도 모두가 정면을 보는 그림으로 그리는 것이 유행이었는데 렘브란트는 과감히 누구는 정면을 누구는 측면을 그렸습니다. 물론 측면만 나온 이들의 원성이 자자했겠지요? 이런 일은 야간 순찰대를 그린 '야경(The Night Watch)'이라는 작품에서도 거듭되어 많은 모델의 분노를 일으켰다고 합니다. 그렇게도 시대를 앞서가는 자연스러우면서도 사실적인 그림을 추구한 렘브란트가 외과의사의 인증샷을 그렸으니 명작이 될 수밖에 없겠지요. 그림을 자세히 보면 그림의 오른쪽 하단에 있는 책은 해부학 교과서이고요, 외과의사 선생님이 든 종이에는 등장한 7명의 의사 이름이 적혔다고 하네요. 혹시 나중에 보는 후손이 못 알아볼까 봐 적어둔 것 같습니다. 오늘날 페이스북으로 치면 태그를 한 거지요.

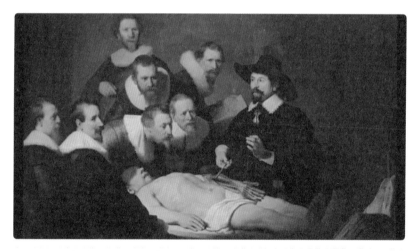

그림 2-51 ✦ 렘브란트의 1632년 작, '니콜라스 튈프 박사의 해부학 강의(La leçon d'anatomie du docteur Nicolaes Tulp)' 입니다.

그런데 그림을 보면 조금 의아한 부분이 있습니다. 일단 그 당시에는 냉

장시설이 없었기 때문에 카데바(주검)를 해부할 때는 일단 먼저 정중선을 열고 장기부터 꺼내면서 해부를 시작했다고 합니다. 바로 부패할 수 있기 때문이죠. 그런데 그림을 보면 달랑 왼팔만 해부하고 있습니다. 왜 팔만 저렇게 해부하고 있을까요? 당시 해부의 대상이었던 범죄자(당시에는 사형당한 범죄자를 해부학 대상으로 사용했다고 합니다)의 이름까지 기록에 남아있는데 왜 왼팔 먼저 해부를 한 것인지는 알려지지 않습니다. 곰곰이 한 번 역사를 찾아보면 렘브란트가 살았던, 그리고 튈프가 살았던 곳은 그 이전에는 안드레아스 베살리우스(Andreas Vesalius)가 살았던 네덜란드 지역입니다. 베살리우스라는 해부학의 대가가 자기 조상이었다는 것에 아마 자부심이 깊었던 것 같습니다. 베살리우스는 당시 동물 시체를 이용하여 해부학을 배우려는 의사들과는 달리 실제 인체 해부를 직접 시행함으로써 의학 전반에 거대한 발자취를 남긴 사람입니다. 특히 베살리우스의 책을 보면 해부가 진행되고 있는 주검의 팔을 든 그림이 자주 등장하는데 이것이 바로 베살리우스 선생에 대한 튈프 박사의, 그리고 렘브란트의 오마주가 아니겠는가 이런 추측을 해보게 됩니다.

그림 2-52 ⊕ 주검의 팔을 들고 자세를 취한 안드레아스 베살리우스. 해부학의 아버지입니다.

어쨌건 렘브란트는 이 팔을 정교하게 잘 그렸는데, 어디 한번 자세히 볼까요? 자세히 보면 튈프 박사가 오른손으로 클램프를 이용해 근육을 잡고 올렸습니다. 그런데 뭔가 이상한 게 보입니다. 보니까 왼손 새끼손가락 안쪽에 하얀색 실선이 보입니다. 사실은 정상적인 해부학적 구조가 아니라서 그림에서 저런 게 원래는 안 보여야 합니다. 의사들이 보고 놀랐다고 합니다. 26살의 그림의 신동 렘브란트가 안 보이는 것을 보고 대충 그렸을 리는 없고, 그렇다고 해부학의 대가 니콜라스 튈프 박사가 오류가 있는 그림을 그대로 뒀을 리도 없습니다. 게다가 그림에 등장한 7명 모두가 외과의사인데

저 하얀 선이 이상하다고 아무도 안 했을 리 없는 겁니다. 이상하죠. 이게 결국 논문에까지 등장하게 됩니다. 손 수술 전문 의학지에 이게 아무리 봐도 해부학적으로 신경의 변이인 것 같다고 논문이 발표되어서 다들 '아, 그런가 보다.'라며 끝날 뻔했습니다. 하지만, 그다음 해에 발표된 논문이 이를 반박합니다. 실제 주검에서 이 하얀 선 구조를 발견했다고 발표한 것입니다. 정확한 건 렘브란트만 알고 있겠지만, 어쨌건 그림을 통해서 의료인들끼리 논쟁을 하는 것들이 참 재미있습니다. 아트 앤 컬처에는 이렇게 재미있는 이야기가 많습니다. 여러분의 수업에서 이에 못지않은 멋진 이야기를 발굴해서 학생과 나누면 어떨까요? 가슴이 콩닥콩닥 뛰는 놀라운 예술의 세계가 펼쳐질 듯합니다.

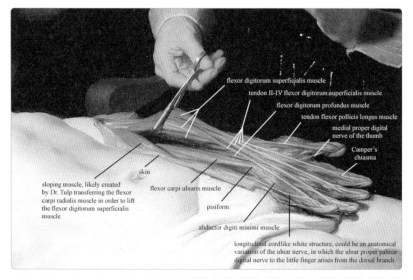

그림 2-53 ◈ 렘브란트의 그림을 실제 논문에 올리고 해부학적 구조물 하나하나에 이름을 붙였습니다. 예술가의 그림이 의학 연구 논문에 등장하다니 재미있습니다. (F. Iipma, R. C. Van de Graaf, J. Nicolai, M. Meek, 2006)

2부 교육을 전환하는 도구

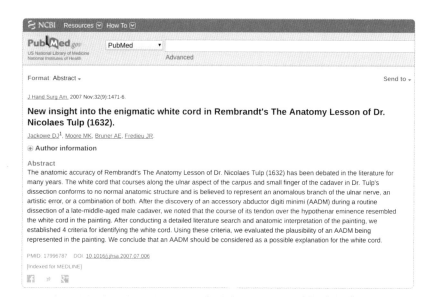

J Hand Surg Am. 2007 Nov;32(9):1471-6.

New insight into the enigmatic white cord in Rembrandt's The Anatomy Lesson of Dr. Nicolaes Tulp (1632).

Jackowe DJ[1], Moore MK, Bruner AE, Fredieu JR.

⊕ Author information

Abstract

The anatomic accuracy of Rembrandt's The Anatomy Lesson of Dr. Nicolaes Tulp (1632) has been debated in the literature for many years. The white cord that courses along the ulnar aspect of the carpus and small finger of the cadaver in Dr. Tulp's dissection conforms to no normal anatomic structure and is believed to represent an anomalous branch of the ulnar nerve, an artistic error, or a combination of both. After the discovery of an accessory abductor digiti minimi (AADM) during a routine dissection of a late-middle-aged male cadaver, we noted that the course of its tendon over the hypothenar eminence resembled the white cord in the painting. After conducting a detailed literature search and anatomic interpretation of the painting, we established 4 criteria for identifying the white cord. Using these criteria, we evaluated the plausibility of an AADM being represented in the painting. We conclude that an AADM should be considered as a possible explanation for the white cord.

PMID: 17996787   DOI: 10.1016/j.jhsa.2007.07.006

[Indexed for MEDLINE]

그림 2-54 ⊕ "왼손 새끼손가락 안쪽으로 지나가는 신경의 변이가 아니다. 내가 직접 봤다." 40대 중년의 주검에서 정확하게 같은 구조를 발견하고 이것이 새끼손가락을 안으로 굽히는 근육의 곁가지 인대임을 밝힌 연구입니다.

02

스쿨버스가 갈 수 없는 곳으로 학생을 데려간다: 가상 현실과 증강 현실

■ 갈 수 없는 곳을 가다, 가상 현실(VR)

"스쿨버스가 갈 수 없는 곳으로 학생을 데려간다."

구글 카드보드 프로젝트의 모토입니다. 아마 가상 현실을 이처럼 정확하게 설명한 표현은 없지 않나 싶습니다. 가상의 세계와 공간으로 그리고 시간대로 학생을 데려갈 수 있다면 얼마나 좋을까요? 수학여행이나 답사 형태로 직접 찾아가는 방법도 물론 있습니다만, 안전사고나 비용 등 여러 가지 문제가 있으므로 쉬운 일이 아닙니다. 수업 때마다 매번 어디를 갈 수도 없지요. 하지만, 가상 현실이 있다면 충분히 가능합니다.

물론 교육현장에서 마음 놓고 쓰기에는 아직 몇 가지 문제가 있습니다. 첫 번째, 가상 현실 체험을 위해 머리에 쓰는 장치가 고가인 경우가 많습니다. 학생 모두에게 나누어 주기는 쉽지 않을 듯합니다. 이에 이러한 문제를 해결해 주는 것이 종이로 만든 구글 카드보드라는 저렴한 장비입니다. 기존의 스마트폰을 이용하는 것이라 좋습니다만 여전히 스마트폰이 있어야 한다는 한계가 있죠. 안타깝게도 구글은 이 카드보드 프로젝트 지원을 중단할 예정입니다(구글은 VR보다는 AR로 넘어갈 듯합니다).

그림 2-55 ◈ 마분지로 만든 구글 카드보드를 스마트폰과 함께 사용하면 가상 현실을 쉽게 체험할 수 있습니다.

그림 2-56 ◈ 학생에게 구글 카드보드를 제공하여 가상환경 교육을 제공한 소식이 치과 신문에 소개되었습니다.

두 번째, 폐쇄형 장비이므로 장비를 착용한 동안 학생이 눈을 감았는지 떴는지, 360도 영상 중에서 어느 부분을 보는지 모니터링할 수가 없습니다. 이를 해결하고자 구글은 익스페디션(Expeditions)이라는 앱을 추가로 제공하기도 했습니다. 이 앱을 이용하면 학생의 시선이 어디로 향하는지 모니터링할 수 있습니다. 마치 현장 학습에 나가서 인솔자가 학생을 안내하는 것과 비슷한 느낌을 구현할 수 있습니다.

그림 2-57 ✛ 학생을 모니터링하고자 익스페디션이라는 앱을 사용하면 학생을 통솔하고 모니터링할 수 있습니다.

세 번째, 안전과 건강 문제입니다. 14세 미만의 어린이에게는 이러한 장비를 장시간 보는 것이 눈 건강에 좋지 않을 수 있다는 우려가 있습니다. 너무 가까운 곳에서 사물을 오랫동안 봐야 하기 때문입니다. 또한, 일부 학생은 심한 어지러움을 느끼기도 하고 드문 경우 뇌 간질이 발생할 수도 있다고 합니다. 따라서 모든 학생에게 보편적으로 적용하고 사용하기에는 조금 부담이 되는 기술입니다. 그래서 구글이 증강 현실(AR)로 넘어가려는지도 모릅니다.

이런 기술을 교육 현장에서 사용한다면 어떻게 하는 것이 가장 좋을까요? 개인적으로 추천하는 것은 VR 360도 카메라를 이용해서 직접 겪은 체험이나 보여주고자 하는 공간을 촬영한 뒤 이 영상을 유튜브에 올리는 것입니다. 그럼 유튜브에서 알아서 스티칭(Stitching)이라는 과정을 통해 360도 영상을 만들어 줍니다. 이후 카드보드를 쓰면 머리 움직임에 따라 다른 환경을 볼 수 있고 만일 카드보드가 없다면 화면 상에서 마우스를 드래그하여 공간을 돌려가며 볼 수 있습니다. 아주 손쉬운 방법입니다.

그림 2-58 ✛ 제가 임플란트 수술을 집도하는 모습을 360도 카메라로 촬영하여 유튜브에 올렸습니다. 수술이 어떤 환경에서 진행되는지 궁금하다면 언제든지 주변을 둘러보면서 함께 체험할 수 있습니다(단, 해상도가 그리 높지는 않습니다).

이렇게 가상 현실로 체험하는 것이 어떤 교육적 효과가 있을까요? VR 카메라가 촬영한 영상은 모두 어안 렌즈로 찍은 것처럼 카메라를 중심으로 상이 왜곡됩니다. 즉, 이 영상을 보았을 때 강력한 일인칭 시점의 '몰입' 경험을 할 수 있다는 것입니다. 바로 카메라가 있는 그 위치를 중심으로 말이죠. 제가 일하는 외과적 수술의 교육 영역에서 시행한 연구에 따르면 아무리 많이 수술을 참관하더라도 실제 자신의 수술 능력 개선에는 큰 도움이 안 된다는 연구 결과가 있었습니다. 왜냐하면 영상은 삼인칭 시점이기 때문입니다.

그림 2-59 ✛ 자신을 중심으로 강력한 몰입 효과가 발생하는 VR 영상 (출처: https://coolkidproblems.com/)

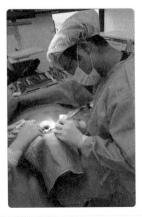

그림 2-60 ✛ 삼인칭 시점으로 관찰하는 수술. 관찰자의 실제 수술 능력에는 큰 도움이 되지 않습니다.

2부 교육을 전환하는 도구

반면 같은 수술일지라도 일인칭 시점으로 촬영한 것이라면 실제 수술에 관여하는 근육을 관장하는 뇌 부위가 똑같이 활성화된다고 합니다. 바라보는 것만으로도 정말 수술 실력이 개선될 수 있다는 것이죠. VR로 촬영된 영상은 일인칭인데다 360도로 상이 제공되므로 더욱 몰입력이 강합니다.

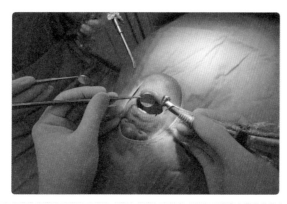

그림 2-61 ⇨ 일인칭 시점으로 관찰하는 수술. 수술을 진행하는 시술자의 위치에서 관찰할 수 있다는 장점이 있어 교육 효과가 우수합니다.

이러한 영상 촬영을 위한 장비는 어떤 것을 사용했을까요? 뜻밖에 복잡한 장비가 필요하지는 않습니다. 현재 시중에는 VR 카메라라는 이름으로 2개의 볼록 렌즈가 달린 카메라가 많습니다. 이 카메라로 찍은 영상을 유튜브에 올리면 스티칭(Stitching)이라고 하는 과정을 통해 가상 현실 영상을 제공해 줍니다. 카드보드가 있으면 카드보드로, 없으면 마우스를 드래그해서 화면을 움직이면 360도 제공된 영상을 모두 돌아볼 수 있습니다.

수술을 앞둔 환자들은 많이 두려워하곤 합니다. 그래서 저는 뭐가 그렇게 두려운지 묻습니다. 놀랍게도 제일 두려운 이유는 '수술실이 무서워서'라고 합니다. 한 번도 가보지 못한 그곳이 왠지 무서울 것 같은 공포심이죠. 이런 두려움은 사실 한 번 가보고 나면 별거 아니라는 생각이 들며 쉽게 해결할 수 있을 듯하지만 수술 전에 모두 수술실을 견학할 순 없는 상황입니다. 그 대신 저는 환자에게 '수술실 투어'를 미리 제공합니다. 방법은 아주 간단합니다. VR 카메라를 하나 들고 수술실을 향해 걸어가며 설명하며 영상을 찍습니다. 수술실 가는 길과 수술실 내부를 일인칭 시점에서 둘러볼 수 있도록 카메라를 잘 들고 찍습니다. 이후 촬영한 영상을 유튜브에 올리고 이 링크를 환자에게 제공하면 VR 소개 영상이 완성됩니다. 이러한 '역지사지'형 콘텐츠는 아이디어만 마음껏 내면 다양한 형태로 활용할 수 있습니다. 수업에 적용할 다양한 방법을 고민해 보면 어떨까요?

만질 수 없는 것을 만지다! 증강 현실(AR)

'이렇게 가상 현실(VR)이 교육현장에서 쓰일 수 있다니 정말 좋은데? 나도 해봐야겠다.'라고 생각했다면 사실 조금 늦었다고 말씀드리고 싶습니다. 최근 트렌드는 이미 가상 현실을 지나 **증강 현실(AR, Augmented Reality)**로 넘어가기 시작했기 때문입니다. 이전에 말씀드린 VR 카드보드 형태의 헤드 마운트(Head Mount, 헬멧처럼 머리에 쓰는 형태) 장치의 가장 큰 문제는 교실에서 아이들이 쓰고 있을 때 도대체 눈을 뜨고 있는지 감고 있는지를 확인할 길이 없다는 점입니다. 폐쇄형 장치이기 때문이죠. 그래서 아무래도 학생을 모니터링하기 어렵다는 제약이 있습니다. 물론 1~2회 정도 수업의 도입 부분에서 전체적인 큰 그림을 그려 주기에는 이보다 더 좋은 도구가 없으니 여전히 좋은 방법이죠.

하지만 학생의 눈과 얼굴을 보면서도 가상 현실을 체험할 수 있는 가장 좋은 방법은 증강 현실입니다. 이 방식은 얼굴에 직접 화면을 대는 것이 아니라 스마트폰을 들고 스마트폰을 통해 보이는 주변 환경 위에 가상의 물체를 올리는 형태입니다. 예를 들어, 대통령 선거 개표 방송 같은 것을 할 때처럼 가상의 스튜디오 위에 아나운서가 있는 것은 가상 현실입니다. 한편, 얼마 전 아이들 사이에서 큰 유행을 한 '포켓몬 고'라는 게임에서 우리 집 뒷마당에 피카츄가 나타난 것처럼 실제 환경에 가상의 사물이 등장하는 것은 증강 현실입니다. 물론 증강 현실에 등장하는 사물이 점점 커져 거대한 공간 형태로 제공된다면 가상 현실이 될 수도 있습니다. 그 경계가 애매하다 보니 이를 혼합 현실(Mixed Reality)이라 표현하기도 합니다.

여하튼 학생의 얼굴과 반응을 모니터링할 수 있다는 장점이 있는 이 AR은 교실에서 다양한 형태의 교재를 수업에 활용할 수 있다는 장점이 있습니다. 제가 추천하는 AR 도구는 바로 머지큐브(Mergecube)입니다. 이것은 정육면체 형태의 상자인데 외부에 수많은 패턴이 그려져 있습니다. 바로 이 패턴을 QR 코드처럼 인식하여 스마트폰이나 태블릿 화면에서 이미지를 덧입혀 표현하게 됩니다.

그림 2-62 ◈ 머지큐브의 모습. 아이 손에 들어오는 크기입니다.
(bhphotovideo.com: Merge Holographic Cube)

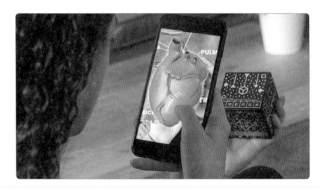

그림 2-63 ◆ 스마트폰 앱을 이용해 머지큐브를 찍으면 실사 화면 상에 증강 현실로 콘텐츠가 나타납니다. 큐브를 돌리고 움직이면 그대로 반영됩니다. 마치 손에 심장을 든 것과 같은 생생한 체험을 할 수 있습니다. (출처: https://arvrtips.com/merge-cube/)

앞 그림에서 보는 것처럼 손에 든 것은 머지큐브지만 화면은 마치 펄쩍 펄쩍 뛰는 심장처럼 보이는 것이죠. 상자를 가까이 가져오면 심장이 확대되고 멀리하면 작아집니다. 요리조리 돌려보고 체험할 수 있죠. 게다가 애니메이션과 라벨 기능이 추가되어 있어서 펄떡거리는 심장의 판막을 볼 수도 있고 각 부위의 이름도 볼 수 있습니다. 실제 뛰는 심장을 손에 들고 볼 기회는 학생에게 결코 주어지지 않겠지만, 이 도구를 사용하면 생생하게 체험할 수 있습니다. 현재 다양한 앱(Tinkercad, CoSpaces)과 함께 적용하면 직접 콘텐츠를 제작할 수도 있으므로 자신의 수업에 맞는 멋진 교육을 해보면 좋겠습니다.

03

<u>수업이야, 게임방이야?</u>: 라이브 스트리밍

요즘 아이들은 흔히 말하는 '인강 세대'죠. 인터넷 강의를 통해서 학원 수업도 보충하고 스스로 보충 학습도 합니다. 제가 어릴 적에 일일 공부라고 해서 학습지가 한 장씩 집에 와서 공부했던 것과는 달리, 요즘 아이들은 가입할 때 제공해 주는 태블릿을 통해 유명 강사의 강의 영상을 매일매일 보는 것이 일상입니다. 그러다 보니 온라인으로 강의를 시청하는 데 익숙합니다.

게다가 녹화된 영상뿐 아니라 실시간으로 제공되는 영상에도 정말 익숙합니다. 흔히 말하는 라이브 스트리밍 문화에 익숙해진 아이들입니다. 영상을 보면서 댓글을 적고, 다른 시청자와 소통하며 그 와중에 후원(별 풍선, 도네이션 등)도 하는 등 멀티태스킹에 최적화된 모습입니다.

유명한 역사 강사 설민석 씨의 강의 영상을 보면 거침없이 쏟아지는 능변에 연극영화학 공부로 단련된 귀에 쏙쏙 들어오는 발성, 화면 아래에서는 자막이 계속 올라오고 메인 화면에서는 영화의 장면과 애니메이션, 지도 등이 정신없이 바뀌고 있습니다. 동시에 소화해야 하는 내용이 한두 개가 아닙니다. 그런데도 이런 것을 아무렇지 않게 모두 소화해 내는 멀티태스킹의 달인인 학생들이 학교에 와보니 수업을 단조롭게 느끼는 것도 당연한 일입니다. 칠판 앞에서 차근차근 판서하는 선생님, 조용히 필기를 받아 적고 한참 뒤에 시작되는 강의, 그동안 교실은 적막합니다. 학생들은 이보다 더 빠르고 내용이 더 많고 더 화려해도 다 소화할 수 있는데 오프라인의 수업은 왠지 조금 단조롭다는 생각이 들죠. 그래서 저도 고민하다가 라이브 스트리밍 수업을 해보면 어떨까 생각했습니다.

일단 저는 교실에 들어가지 않습니다. 대신에 수술실에 들어갑니다. 교실에서는 거대한 화면을 통해 제 모습이 비추어집니다. 학생은 '어 녹화 영상인가?' 싶지만 이제 이것이 실시간 영상임을 깨닫고, 각자의 스마트폰으로 로그인합니다. 그럼 유튜브를 통해 나오는 제 영상에 댓글을 달 수 있게 됩니다. 엄밀히 말해 이것은 댓글이 아니라 '라이브 챗(Live Chat)'이 되는 것이죠.

자, 이제 저는 수술을 시작합니다. 수술하는 장면을 보면서 학생은 교수인 저와 실시간으로 소통합니다. 저는 수술방에서 학생이 올리는 댓글을 보며 실시간으로 답변합니다. 예전에는 이러한 라이브 스트리밍에 15초 정도 지연이 있었습니다. 학생의 질문에 답변하면 이미 30초가 지났기 때문에 소통이 어려운 상황이었습니다. 하지만, 이제는 지연 없이 거의 1~2초 내에 전달되므로 실시간 느낌이 제대로 살아있습니다. 오프라인 상황이었다면 결코 하지 못할 질문도 스스럼없이 합니다. 물론 장난기 있는 댓글이 올라오긴 합니다만 크게 신경 쓰지 않고 답변합니다. 이렇게 격식 없는 분위기에서 글이 많이 올라올수록 좋은 질문도 많이 생기기 때문입니다.

물론 라이브 방송의 대상이 되거나 출연하는 이들의 초상권은 중요한 이

2부 교육을 전환하는 도구

슈입니다. 미리 동의를 구하는 것이 매우 중요해졌습니다. 영상의 공개 기간 등에 대해서도 잘 생각하여 불미스러운 일은 사전에 예방하는 것이 좋습니다.

그림 2-64 ✛ 교실에서는 스마트폰을 통해서 보거나 교실 앞의 프로젝터 화면을 통해서 보게 됩니다. 질문이 있다면 스마트폰 유튜브 앱을 통해 라이브 챗을 남깁니다.

그림 2-65 ✛ 평소에 교실에서 보던 교수님을 라이브 방송으로 접하는 생경한 경험을 제공해 줄 수 있습니다.

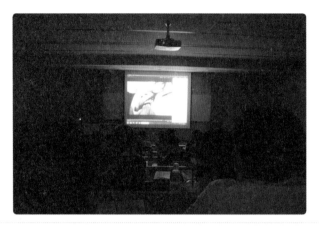

그림 2-66 ⇨ 미리 촬영된 영상이 아닌 라이브 영상이라는 점 때문에 몰입감이 증가하는 것 같습니다.

▪ 유튜브 프리미엄이 아닙니다, 유튜브 프리미 '에' 입니다

하지만 라이브 방송을 하면서 실시간으로 채팅에 답변하는 것이 쉬운 일
은 아닙니다. 만일 이러한 라이브 방송이 처음이나 부담스럽다면 우선 하이
브리드 형태로 시작하는 것은 어떨까요? 바로 **유튜브 프리미에(Premiere)**라
는 기능을 이용하는 것입니다. 이것은 **유튜브 프리미엄(Premium)**과는 다른
개념입니다. 프리미엄은 유료 구독 서비스로, 월마다 일정 비용을 내면 광
고 없이 영상을 볼 수 있는 서비스이고 프리미에는 우리말로 시사회 기능
입니다. 일반적으로 유튜브에 영상을 올리면 영상이 업로드되는 그 즉시 전
세계에 공개(공개 기준)되어 사람들이 여기저기서 보기 시작합니다. 하지만,
프리미에 기능을 이용해 업로드하면 영상을 클릭했을 때 "3일 뒤 공개됩니
다.", "1일 뒤 공개됩니다.", "1시간 뒤 공개됩니다." 등의 메시지만 나오게
됩니다. 그리고 마침내 내가 미리 설정한 정해진 시간이 되면 전 세계의 모

　　　　　　　　　　　　　　2부 교육을 전환하는 도구

든 이들과 함께 마치 영화 시사회를 보듯이 같은 영상을 동시에 보게 됩니다. 이때 라이브 챗이 활성화되므로 마치 라이브 영상을 보듯이 (비록 이 영상은 수일 전에 유튜브에 올려두었지만, 그전까지는 비공개라서 아무도 볼 수 없었습니다) 시청자의 반응을 함께 즐기며 볼 수 있는 것입니다. 사전 녹화 방송을 생방송으로 송출하는 셈인데, 영상의 첫 공개를 모두가 같은 시간에 같이 한다는 것에 큰 의미를 두는 방식입니다.

실시간으로 송출되는 라이브 강의가 부담스럽다면 이 방법을 사용해 보세요. 우선 강의 영상을 하나 찍고 이 영상을 올릴 때 프리미에 기능을 활성화하여 최초 공개 날짜를 예약하세요. 유튜브 업로드 시 옵션으로 제공되므로 영상을 공개할 날짜와 시간을 입력하면 끝입니다. 그전까지는 링크가 있더라도 아무도 영상을 볼 수 없죠. 그리고 마침내 시간이 되면 모두에게 영상이 제공됩니다. 함께 강의를 들으면서 라이브 챗으로 소통하는 재미있는 경험을 할 수 있습니다. 아주 간단한 방법입니다만 학생의 질문을 극대화할 수 있다는 장점이 있습니다. 강의는 강의대로 진행하면서 실시간으로 대기하는 강의자는 라이브 챗으로 학생들과 활발히 소통할 수 있습니다. 교수자가 2명이 된 것처럼 다양한 이야기를 할 수 있습니다. 멀티태스킹에 능한 라이브 스트리머 세대 학생에게는 가장 친숙한 형태이기도 합니다.

그림 2-67 ⊕ 프리미에 기능 사용하기 1: 유튜브 동영상 업로드를 시작합니다.

그림 2-68 ⊕ 프리미에 기능 사용하기 2: 영상의 제목과 설명을 넣고 섬네일을 선택합니다.

2부 교육을 전환하는 도구

그림 2-69 ⊕ 프리미에 기능 사용하기 3: 공개 상태에서 예약을 선택하고 프리미에 동영상을 설정합니다.

그림 2-70 ⊕ 프리미에 기능 사용하기 4: 프리미에 동영상으로 설정하면 일반 예약과는 달리 최초 공개되는 시점에 라이브 챗을 할 수 있습니다. 그 전까지는 계속 카운트다운 시간만 나오고 본 영상은 볼 수 없습니다. 공개 시점은 수업 시작 시간으로 설정하면 됩니다.

  게다가 약간 연습하면 1인 2역도 가능합니다. 강의 영상에서 "자, 라이브 챗에서 활동하시는 박정철 조교 나와주세요~"라고 이야기하면 라이브 챗에서 박정철 조교가 "네 교수님 안녕하세요! 부르셨나요?"라고 채팅을 남깁니다. "아 졸고 있지 않았군요? 제가 방금 무슨 이야기를 했죠?". "아 당연히 집중해서 듣고 있었죠. 방금 말씀하신 거 유튜브 프리미에 기능이죠?" 이런 식으로 대화를 진행할 수 있습니다. 마치 과거의 박정철과 미래의 박정철이 서로 만나서 대화하는 느낌이라고 할까요? 이러한 생소한 경험을 교실 내에서 제공한다면 학생에게는 일상적이고 반복적인 수업이 신선한 예능과도 같은 교육 경험이 될 것입니다.

그림 2-72 ◈ 과거의 박정철과 현재의 박정철이 동시에 수업에 참여하는 색다른 경험을 제공할 수 있습니다.

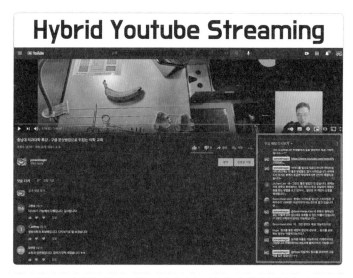

그림 2-73 ◈ 유튜브 프리미에는 화면 오른쪽 아래에 라이브 챗 기능을 활성화합니다. 일반 유튜브에 달리는 댓글과는 다른 콘셉트입니다. 미리 올린 영상이지만 실시간 라이브 영상을 보는 기분으로 활발한 의사소통이 가능합니다.

▪ 스포츠 중계처럼 수업도 다양한 각도로! 스트림야드

제가 라이브 스트리밍에서 가장 좋아하는 도구는 스트림야드(Streamyard) 입니다. 이 도구는 여럿이 온라인에서 만나서 하는 회의 영상을 외부 플랫폼으로 송출하도록 돕는 서비스인데요, 기본적으로는 무료입니다만 유료 결제하여 사용하면 그 기능이 더욱 강력해집니다(하지만, 저는 무료로 수년째 잘 쓰는 중입니다). 물론 줌에서도 유료를 택하면 외부 플랫폼, 특히 유튜브로 송출할 수 있지만 스트림야드는 그 외에도 무려 8개의 채널로 송출할 수 있습니다. 유튜브, 페이스북, 인스타그램 등의 채널로 간단한 클릭 한 번만으로 라이브 영상이 송출되고 무엇보다 각각의 플랫폼에서 올라오는 댓글을 스트림야드 한 곳에서 볼 수 있다는 장점이 있습니다.

"아 네 방금 유튜브 채널에 올라온 질문인데요. 다들 어떻게 생각하시나요?"라며 해당 댓글을 클릭하면 이 댓글이 송출 화면 아래쪽에 나타납니다. 마치 '무엇이든 물어보세요'와 같은 질의응답 코너처럼, 생방송 중에 문자로 질문한 내용을 자막으로 처리한 뒤 이에 대해 답변하는 상황이 펼쳐지는 것입니다.

최고 10명까지 발표자를 동시에 초대하고 그들의 발표 화면을 각각 공유하면서 드래그 앤 드롭으로 화면을 전환하면서 방송보다 더 방송 같은 스트리밍을 진행할 수 있는 강력한 기능인데요. 어떤 프로그램도 설치할 필요가 없습니다. 웹 브라우저 기반이기 때문에 로그인하고 진행하면 됩니다. 카메라 전환도 클릭과 드래그 앤 드롭으로 진행되니 방송국 카메라 감독님의 "1번 카메라 큐! 1번 아웃 2번 큐!" 이런 작업도 가능합니다. 사용해 보면 너무

쉽고 간단해서 깜짝 놀라고 송출된 영상의 품질 또한 매우 좋아서 또 한 번 놀랄 겁니다.

그림 2-74 ✚ 스트림야드를 활용한 세상에서 가장 큰 공개 수업. 대구의 신민철 선생님과 함께 공개 수업에 참여하여 이를 전 세계, 전 우주로 생중계하는 놀라운 경험을 했습니다. 공개 수업에 참관 못 하는 부모님도 이렇게 하면 손쉽게 자녀의 수업 모습을 실시간으로 볼 수 있습니다. 복잡한 장비 없이 학교 현장에서도 이렇게 손쉽게 좋은 라이브 방송이 가능해졌습니다.

다른 프로그램도 많습니다만 이 스트림야드는 꼭 써 보길 바랍니다. 이렇게 좋은 프로그램을 몇 년 쓰다 보니 문득 이런 생각이 들었습니다. '가만, 10명의 출연자를 초대해서 그들과 함께 강의를 하는 것도 좋지만, 굳이 사람을 초대할 것이 아니라 카메라만 10대가 되면 어떨까? 축구 경기 중계하듯이 다양한 각도에서 촬영하는 것이 가능한 것 아닐까?' 맞습니다. 마치 축구장에 여러 대의 카메라가 다양한 지점에서 경기를 촬영하여 송출하면 다양한 각도의 영상을 볼 수 있는 것처럼 말이죠. 그래서 꼭 그걸 해봐야겠다 생각했는데 그만 코로나가 시작되어 버렸습니다.

마침 봉합 실습을 해야 하는 차례였는데, 학생들이 집에서 원격 수업을 들어야 하는 상황이 펼쳐졌습니다. 하지만, 이미 생각해 둔 아이디어가 있었던 차에 차라리 이번 기회에 도전해 보자는 생각이 들었죠. 우선 학생에게 바나나와 봉합 기구를 제공해 주었습니다(학교에 비치해 두면 사회적 거리를 두면서 한 명씩 학교에 와서 기구를 가져가는 방식이었습니다). 그리고 저는 학생과 온라인에서 만났습니다. 이때 사용한 도구가 스트림야드입니다.

그림 2-75 ⊕ 썰렁한 교실. 코로나로 등교가 어려워진 날입니다. 봉합 실습은 해야 하는데 모일 수는 없고. 그리하여 스트림야드를 이용한 실습 생중계가 시작됩니다.

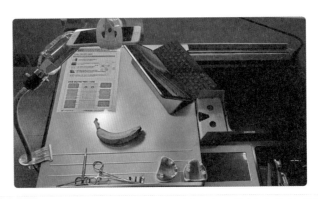

그림 2-76 ⊕ 사용한 장비. 거창한 장비는 없습니다. 모두 제가 쓰던 도구입니다. 스마트폰, 태블릿 등을 잘만 조합해도 훌륭한 방송 장비가 될 수 있습니다.

2부 교육을 전환하는 도구

우선 제 아이폰이 1번 카메라입니다. 2번 카메라는 아이패드를 사용했는데, 제 동작의 측면을 클로즈업으로 비출 때 썼습니다. 3번 카메라는 다른 선생님이 자신의 휴대전화로 풀샷으로 제 모습을 찍으면서 이동했습니다. 4번 카메라로는 노트북의 웹캠을 썼습니다. 그림에서 보이듯이 특별히 더 좋은 장비는 하나도 쓰지 않았습니다. 그냥 주변에서 구할 수 있는 디지털 장비를 끌어모아서 사용했을 뿐입니다. 이것이 '구슬러' 정신의 정수입니다. 꿰어 보배를 만드는 것이죠.

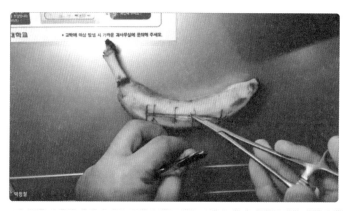

그림 2-77 ⊕ 생중계한 봉합 실습. 해상도가 아주 뛰어나지는 않습니다만, 이 정도의 경험을 제공하는 것만으로도 큰 도움이 되리라 생각합니다. 특히 다양한 각도로 보여주는 것은 오프라인보다 더욱 유용한 기능입니다.

일단 제 수업은 평소처럼 시연을 먼저 보여주는 것으로 시작됩니다. 학생에게는 다양한 각도로 시연을 보여줄 수 있습니다. "1번 카메라! 2번 카메라!" 외치면서 말이죠. 이후 학생과 질문 몇 가지를 주고받은 다음, 학생이 실습을 시작합니다. 실습이 끝나고 난 뒤에는 원래대로라면 결과물을 내고 한 명씩 퇴장을 했겠죠. 하지만, 온라인의 특성상 결과물을 따로 확인할 길이 없어서 어쩔 수 없이 학생을 구글 미트로 초대했습니다(스트림야드는 한 방향 스트리밍이라 참가자의 결과물을 보기 어렵습니다). 구글 미트에 학번과 이름을 이용해서 들어온 학생은 자신의 결과물을 카메라 앞에 들어 보여줍니다.

오프라인 수업에서는 진행하지 않는 과정입니다만 이렇게 한 명 한 명의 결과물을 살펴보면서 코멘트하다 보니 놀라운 현상이 생겼습니다. 바로 학생들이 자신의 결과물을 메타인지하는 기회가 생긴 것입니다. '아 저렇게 잘하는 친구가 있구나. 나도 저건 좀 배워야겠다.' 또는 '저건 내가 봐도 아니다, 나는 절대 저렇게 하지 말아야지.'라며 반성을 할 수 있습니다. 이러한 메타인지를 통해 학생은 자신의 수준을 확인하게 됩니다. 그리고 이런 성찰을 통해 성장하게 되죠. 다시 오프라인 수업에서 이 결과물을 비교하고 평을 내리는 과정은 여전히 남겨둘까 하는 생각마저 하게 되었습니다.

원래 스트림야드와 줌의 개발 목적은 화상회의였습니다. 그러나 이렇게 교육적 목적으로 쓰면 다양한 방식으로 적용하고 응용할 수 있습니다. 의과 영역에서 새로운 약품을 개발할 때는 반드시 어떤 적응증*(Indication)에 사용할 것인지를 명백히 표기하고 임상 연구와 사용을 시작합니다. 하지만 재미있게도 제조사가 의도한 용도가 아닌 다른 영역에서 효과를 보이는 때가 종종 있죠. 그렇게 의도했던 용도가 아닌 다른 용도로 약을 사용하는 것을 오프 더 라벨(off the label) 사용법이라 하는데, 아마도 제가 쓰는 스트림야드

---

* 적응증: 어떠한 약제나 수술 따위에 의하여 치료 효과가 기대되는 병이나 증상(편집주)

2부 교육을 전환하는 도구

와 구글 미트는 명백한 오프 더 라벨 사용일 겁니다. 스트림야드 개발자와 구글 미트 개발자는 황당해할 수도 있겠지요. 하지만 도구를 만들어 준 사람보다는, 실제로 사용하는 사람이 더 잘 쓸 수 있다고 생각합니다. 용도 변경과 사용법을 살짝 비틀어 교실에 새로운 바람을 불러일으키는 것은 어떨까요? 한번 도전해 보세요.

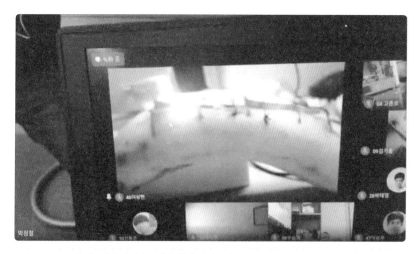

그림 2-78 ◁ 구글 미트에서 이어진 품평회. 학생 각자의 작업 결과물을 웹캠에 비춰보면서 이에 대한 평가를 받습니다. 이 단계에서 강력한 메타인지가 발생합니다.

04

이 문제를 풀면 교실 탈출!: 게임화

혹시 방 탈출 카페를 경험해 본 분 있나요? 아무래도 같이 갈 사람이 없으면 혼자 찾아가기는 어려운 곳입니다만 일단 한 번 다녀오면 어떤 곳인지 바로 알 수 있는 곳입니다. 이곳은 돈을 내고 스스로 걸어 들어가 골방에 갇히는 경험을 하는 곳입니다. 물론 단순하게 갇히는 것이 아니라 여러 가지 주제가 있습니다. 보물섬에 갇히거나 우주선, 타임머신 등 재미있는 아이디어로 상황을 제공합니다. 결국은 스스로 노력해 수많은 퍼즐과 문제를 풀고 탈출하면 성공하는 곳입니다. 상상하기 어려울 수도 있겠지만, 이곳은 은근히 몰입감이 높은 환경을 제공합니다. 그리고 시간제한이 있기 때문에 상당한 긴장 속에서 열심히 문제를 풀어야 하죠.

이런 방 탈출 경험을 교실에서 제공하면 어떨까요? 교육 상황에 게임 요소를 적용하는, 이른바 **게임화(Gamification)**의 일환으로 말이죠. 물론 수업 시간마다 할 수는 없습니다. 저 같은 경우는 중간고사가 끝난 첫 시간이 진행하고 있습니다. 대개 이때가 학생이 가장 지친 시간이죠. 이럴 때 "진도 나가겠습니다."라고 하면 대부분 탄식하며 억울하다는 표정을 짓습니다. 중간고사로 힘들었는데 바로 수업 진도는 나가고 싶지 않다는 뜻이겠죠. 그럼 아주 쿨하게 책을 탁! 덮으면서 "아 공부하기 싫어요? 그럼 하지 마요." 그러면서 교실을 나가세요. 학생은 완전히 긴장하게 되죠. '교수님 화나셨나보다.'라고 말이죠. 그리고 교실을 나간 다음 교실 문을 세게 닫으세요. 몹시 화가 많이 난 것으로 알고 더욱 긴장합니다. 그런데 갑자기 교실 문 아래로 하얀 종이가 하나 쓱 들어옵니다.

학생이 냉큼 달려가서 종이를 뒤집어 보니 이렇게 적혔네요. "이 문제를 풀면 너희를 풀어주겠다."라고 말이죠. 유치하다면서 문제를 안 풀 것 같지만 놀랍게도 그때부터 시끌벅적해지면서 문제를 풀기 시작합니다. 교실 탈출 게임에 동참하게 된 것입니다. 물론 단순하게 탈출만 하는 것은 재미가 없습니다. 저는 학교 매점으로 학생을 보내주는데, 매점이 6층에 있기 때문에 특정 시간까지 운동 삼아 계단으로 걸어 올라가게 합니다. 시간 이내에 도착하면 아이스크림을 먹을 수 있도록 매점 주인분과 미리 이야기를 해둡니다.

이러한 형태의 수업을 좀 더 발전시키고 싶다면 다양한 형태의 퍼즐 자물쇠를 판매하는 breakoutEDU(breakoutEDU.com)라는 사이트를 방문해 보세요. 예를 들어 'DNA'가 답이라면 자물쇠를 세팅하여 이 단어 조합이 맞아야 풀릴 수 있게 할 수 있는 특수 자물쇠 조합입니다. 실제 교사 출신이 미국에서 만든 기업이라고 하죠.

그림 2-79 ⊕ 미국 breakoutEDU 사이트에서 판매하는 다양한 자물쇠 세트

이 수업을 하고 난 뒤에 학생들의 반응이 참 재미있습니다. 학교에서 이런 재미난 경험을 한다는 것이 생소한 것이죠. 매일 반복되는 일상 중에 신기한 경험을 하니 즐거운 것입니다. 게다가 게임을 통해 문제를 해결하면서 놀라운 체험을 하게 됩니다. 그것이 무엇일까요? 바로 아무리 미분·적분 문제를 열심히 풀어도 누구 한 사람 밥을 사준 사람이 없었는데, 문제를 풀었더니 손끝에서 자물쇠가 풀리고 교실 문이 열리고 내가 문밖으로 나올 수 있었다는 경험을 하는 것입니다. '아, 내가 배우는 이 과목이 교과서 안에 있는 지식이 아니라 실세계의 문제를 해결할 수 있구나! 상당히 중요한 지식이구나!'라는 것을 느끼는 것입니다. 이러한 체험의 순간, '아하!'의 경험이

과목을 대하는 자세를 바꾸어 줄 수 있다고 믿습니다.

그림 2-80 ⊙ 자물쇠를 활용하여 학생에게 제공한 임무. 수많은 자물쇠를 하나하나 풀어서 끝내 상자를 열었을 때의 감동은 말로 표현할 수 없을 것입니다.

그림 2-81 ⊙ 물리적인 자물쇠가 없거나 구하기 어렵다면 디지털 형태로도 충분히 적용할 수 있습니다. 예를 들어 구글 스프레드시트와 구글 설문지를 활용하면 편리합니다.

    수업 중에 학생들은 지식을 받아들이고 암기하는 입장이어야 한다는 고정관념을 깨 주는 것도 중요한 것 같습니다. 아무래도 교과서와 지식을 대하는 태도가 바뀔 수 있기 때문입니다. 제가 수업 중에 사용했던 사례 중에는 마인드맵 만들기가 있었습니다. 물론 교실 탈출 이벤트 중에 했던 과제로써 주어진 시간 내에 치과의 특정 술식에 필요한 기구들을 모두 나열하고 이를 마인드맵 형식을 이용해서 기구의 용도에 따라 분류하도록 하는 미션이었습니다. 거의 대부분의 교과서가 그렇듯이 기구 소개를 할 때면 번호순으로 나열식 소개가 일반적입니다. 하지만 전체 기구를 용도에 따라 분류하고 체계화하는 훈련을 통해 학생들은 좀 더 큰 그림을 볼 수 있고 기구들을 더 잘 기억할 수 있습니다. 워낙 시간이 촉박하여 쉽지는 않았지만 그 짧은 시간 속에도 꽤나 만족스러운 결과들이 나오기도 합니다. 다음은 실제 학생 결과물 중 하나입니다.

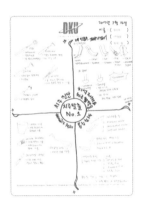

그림 2-82 ⊕ '치주탈출 No.1' 이라는 멋진 제목까지 만들어 조원들과 함께 작업한 결과물입니다. 단순하게 교과서에 나열된 이름들을 외우고 끝내기보다는 직접 자신들의 힘으로 기구의 용도에 따라 기구를 분류하고 이를 특징적으로 잘 외울 수 있는 그림까지 그린 학생들의 능력에 놀랐습니다.

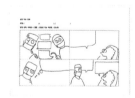  

그림 2-83 ⊕ 제가 '코믹 학습 만화' 라고 이름 붙였던 미션입니다. 치주학 챕터 중에서 가장 지루한 전신질환과의 상관관계 부분을 수업할 때 학생들이 조금이라도 즐거운 마음이 들 수 있도록 만화 템플릿을 제공해주고 이곳에 적절한 내용을 채우도록 했습니다. 예시로 몇 개 질병을 주어 약간의 제한을 주었습니다. 학생들의 기발한 아이디어가 기대되는 미션이었습니다.

범인은 바로 이 안에 있어! 추리 소설과 게임화 수업

2016년에는 학생들이 유달리 지쳐있었던 해로 기억합니다. 그래서 학기 중에 수업과는 무관하지만 학생들에게 설렘을 줄 수 있는 이벤트를 종종 해 주었습니다. 특히 당시 구글 클래스룸을 활용하기 시작한 시기였기 때문에 구글 클래스룸의 푸시 알림을 잘 받는 학생들에게 격려를 해주고자 구글 클래스룸으로 불시에 '게릴라 퀘스트'를 종종 제공해 주었습니다. 온라인 게임을 해본 친구들에게는 이러한 퀘스트가 매우 친숙한 개념입니다. 제가 시행했던 퀘스트 중에 기억에 남는 퀘스트가 있습니다. 바로 치과를 소재로 한 추리 소설을 쓰는 것이었습니다. 학생들 입장에서는 바쁜 치과대학 수업 중에 이러한 퀘스트가 아무런 의미가 없을 수 있었습니다. 하지만 놀랍게도 이 퀘스트에는 거의 모든 학생이 참여했고 작품들 중에는 의외로 괜찮은 작품들이 많아서 저와 주변 교수님들이 모두 놀랐던 기억이 있습니다. 다음은 제가 학생들에게 던졌던 미션입니다. 저 역시도 학생들을 좀 더 잘 이해할 수 있는 기회가 되어서 좋았습니다.

셜록이 되어라! Extra Point 받는 방법!

1. 이 파일에 덮어쓰기로 진행해 주세요. (덮어쓴 다음, 제목부터 끝까지 지워주세요)
2. 이름과 학번을 적고, 좌측 위 제목 없는 문서를 클릭하여 학번과 이름을 적으세요.
3. 글씨체는 Arial, 글자 크기는 11입니다. 글 간격은 1.15.
4. 분량은 2~3페이지로 쓰면 됩니다.
5. 상상력을 최대로 발휘하여 추리소설을 써 보세요. Extra Point 이외에 선물도 준비되어 있습니다.
6. 기한: 다음 주 금요일까지(1주일)

7. 참가: 자율적으로 퀘스트에 응하는 사람은 누구나

이러한 게임적인 요소는 학생들에게 상당하게 동기를 부여할 수 있습니다. 또한 이러한 긍정적인 즐거운 분위기는 수업 시간으로도 전이되는 것처럼 느껴집니다. 무엇보다 학생들 중 자신의 과제물이 모범 답안으로 선정되고 친구들 앞에서 칭찬을 받게 되면 자연스레 수업에 대한 자세도 좋아지고 실제 성적으로도 연계가 되는 것 같습니다. 공부를 잘해서, 머리가 좋아서 칭찬을 받은 것이 아니라 다소 공부와는 거리가 있는 '추리 소설' 쓰기로 칭찬을 받은 것이기에 학생들 사이에서 경쟁심이나 질투가 발생하는 가능성도 줄어듭니다.

 학생이 제출한 추리 소설 중 하나

제목: 사라진 칼날
임하민 저

01
평화로운 어느 토요일, 치과대학교 3층. 307호 실습실에서 비명소리가 울려 퍼졌다.
"꺄아아아악! 시체야!!!" 여학생의 새된 비명소리를 듣고 놀라 사람들이 실습실로 우르르 몰려갔다.
그곳에서 발견된 것은 온몸에 피를 흘린 채 싸늘하게 식은 이준재 학생의 시체였다.
"우으으윽!! 정말 처참하군!!" 어떤 학생이 소리쳤다.
충격을 이기지 못하고 쓰러지는 학생과 구석에서 헛구역질을 하는 학생도 있었다.
"누가 교수님 좀 불러와!"
소식을 듣고 황급히 달려온 교수님은 침착하게 상황을 살펴보고는 말했다.

"이럴 수가!! 학교에서 살인사건이 일어나다니! 다들 시체에 손대지 마라! 이 자리에 있는 모든 사람이 용의자다. 다들 나가지 말고 여기에 모여있어! 그리고 어서 임상민 학생을 데려와라!"

집에서 놀고 있던 임상민 학생은 황급히 연락을 받고 학교에 갔다.

"에이, 씨.. 게임 이기고 있었는데 뭐야.. 모처럼 쉬는 토요일인데 왜 부르는 거지."

상민이 도착하자 교수님이 말했다.

"임상민 학생. 자네가 평소에 뛰어난 추리력으로 '치과대학의 명탐정'이라고 불린다고 하더군. 그렇기에 지금부터 이 살인사건의 범인을 찾는 역할을 맡기겠네. 만약 범인을 찾아낸다면 자네의 과제 점수에 추가 점수를 줄 수도 있네. 듣기로는.. 이번 학기에 진급하기에 학점이 조금 모자라다지?"

그러자 상민은 눈을 빛내며 말했다.

"반드시 범인을 찾아내도록 하겠습니다."

02

"말은 그렇게 했는데... 이거 진짜 어렵구먼." 상민은 한숨을 쉬었다.

탐정의 조사 방법은 신기할 만큼 치과의사의 업무와 일치한다. 환자(이 경우는 시체)와 관련된 모든 정보와 뒷배경, 과거 경력을 수집하고, 자료를 체계화하고, 형상화하고, 치료 계획(혹은 범행 방법)을 추리한다. 그리고 마지막에는 범인을 결정하고(치료) 예후를 평가한다.

상민은 우선 해부학 실습 시간에 배운 지식을 이용해 준재 학생의 사체를 부검해 보았다.

사망 추정 시각은 토요일 오전 9시. 온몸을 '날카로운 칼과 같은 것'으로 여러 번 찔렸고 그 결과 과다출혈로 사망한 것으로 추정된다.

그다음에는 경비실을 찾아가 경비 아저씨께 양해를 구하고 교내에 설치된 CCTV를 돌려보았다. 아쉽게도 307호 내부에는 CCTV가 존재하지 않았지만, 복도에는 CCTV가 다수 설치돼 있었다. 평소에도 아침 일찍 혼자 나와 실습을 하는 습관이 있던 성실한 학생인 이준재 학생은 토요일 오전 8시에 아무도 없는 실습실에 혼자 실습을 하러 들어갔다. 그리고 사망 추정 시각이 1시간 뒤인 오전 9시고, 최초 발견자인 여학생이 나타난 게 1시간 뒤인 오전 10시다.

그렇다면 범인은 어떻게 CCTV를 피해서 범행을 저지르고 사라진 것인가?

"휴.. 어려운 문제다. 밀실 살인사건이라니."

그리고 그것보다도 큰 문제는 따로 있다. 바로 '살인 도구'이다.

실습실 안에 남아 있는 도구는 러버볼과 스파츌라, 알지네이트, 초경석고, 레진 용액과 분말, 트리머가 전부였다. 실습실 내의 쓰레기통을 전부 뒤져봤지만 무기로 보일만한 것은 발견되지 않았다. 이준재 학생을 찌른 무기는 최소 20cm는 되어 보이는 날카로운 칼인데, 이 307호 실습실 안에는 칼 같은 것은 전혀 보이지 않는다는 것이다. 대체 칼은 어디로 사라진 것인가?

그리고 범행 동기 역시 의문이었다. 동기들에게 물어본 결과 이준재 학생은 평소에도 무척 성실하고 꼼꼼한 성격에, 학점도 우수하고 실습 실력도 뛰어나 누군가에게 원한을 사거나 살해당할 이유가 전혀 없었다는 것이다. 범인도, 범행 동기도, 범행 방법도 오리무중에 빠졌다.

"젠장.. 대체 어떻게 이런 일이 생긴 거지.."

나는 고민하던 중, 목이 말라 정수기에서 종이컵을 뽑아 물을 마셨다.

"꿀꺽 꿀꺽…아앗!"

나는 놀라서 바닥에 종이컵을 떨어뜨렸다.

"아하! 그렇구나! 진실은 전부 밝혀졌어!"

03

"후후.. 임상민 학생. 굉장히 자신만만한 표정이군? 벌써 범인을 찾은 것인가?"

"예, 교수님. 모든 진실은 밝혀졌습니다. 범인은 바로! 이 안에 있습니다!"

나는 실습실에 모여있는 학생들을 가리켰다.

교수님은 실망한 표정을 지었다.

"상민 학생… 지금 뭐 하는 건가. 범인이 누구인지 특정한 한 명을 지목하지 않으면 아무 소용 없지 않는가?"

"후후… 교수님. 우선은 제 설명부터 들으시죠. 그러면 범인이 누구인지 알게 되실 겁니다. 우선은 사건의 첫 번째 트릭부터 설명을 드리죠. 어떻게 범인은 CCTV를 피해서 피해자 혼자 있던 실습실에서 범행을 저지르고, 또 빠져나갈 수 있었을까요? 그 답은 간단합니다. 범인은 그 전날인 금요일 밤 실습실의 문을 닫기 전부터 실습실 구석에서 계속 숨어있었던 것입니다. 그러니 당연히 토요일 아침 준재 학생이 처음으로 문을 열어도 범인은 그 안에 있을 수 있었던 거죠. 준재 학생이 실습에 열중하고 있는 동안, 범인은 뒤에서 몰래 미리 준비해둔 무기를 들고 다가가 준재 학생을 찔러 죽인 것입니다. 그리고 무기를 처리하고 처음 숨어있던 실습실 입구 쪽 구석의 적당히 사람들의 시선이 안 보이는 곳에 숨어있었던 것이죠. 그리고 오전 10시, 최초 발견자가 비명을 지르자 수많은 인파가 우르르 몰려와 어수선한 분위기가 돼버린 틈을 타 범인은 구석에서 나와 인파 속에 아무렇지 않게 섞인 것입니다."

"오오.. 확실히, 그 방법이라면 CCTV에서 범인의 모습이 보이지 않은 것을 설명할 수 있군. 그렇지만 무기는 어떻게 되는 건가? 이 자리에 있는 용의자 모두의 소지품을 검사했지만 특이한 물건은 아무것도 발견되지 않았네. 게다가 실습실 내에서는 무기를 발견하지 못했다고 자네의 입으로 말하지 않았나" 교수님이 말했다.

"그게 바로 이번 사건의 하이라이트입니다. 지금부터 그 방법을 설명하겠습니다." 나는 씩 미소 지으며 말했다.

"범인은 애초부터 실습실에 무기를 들고 오지 않았습니다. 그렇습니다. 범인은 실습실에서 '무기를 만든 것'입니다."

"뭐.. 뭐라고!" "그게 말이 되냐!" 군중들이 술렁인다.

"저는 정수기에서 물을 마시던 중 얇은 종이컵 속에 든 물이 종이컵의 형태에 따라 변한다는 점에서 이 방법을 생각해 냈죠. 범인은 우선 왁스를 녹이고 깎아서 날카로운 칼의 모양을 만들었습니다. 본과 2학년 경험을 해 보았던 치대생이라면 그 정도는 쉬운 일이죠. 그리고 거기에 마침 실습실에 있던 알지네이트로 인상을 떠 일종의 '거푸집'을 만든 것입니다. 그리고 거기에 초경석고를 붓고 굳혀 칼의 형태를 엇비슷하게 만들었습니다. 초경석고는 인장 강도와 압축 강도, 파절 강도가 우수해 충분히 살해도구로 쓰일 수 있죠. 재료학 강의를 열심히 들었다면 그 정도는 범인도 알고 있었을 것입니다.

하지만 거기엔 한 가지 치명적인 단점이 있습니다. 석고만으로는 칼의 '날카로움'을 재현할 수 없었습니다. 석고로 날카로운 면을 만들어 봤자, 살짝 톡 치면 깨져 버리겠죠. 거기서, 이 레진 분말과 용액이 쓰이는 겁니다. 범인은 석고로 만든 칼의 칼날 부분에 레진으로 아주 얇은 날을 만들어 씌운 것입니다. 그렇게 하면 어엿한 살해도구가 완성되죠. 아무도 없는 심야의 실습실.. 작업 시간은 충분했습니다.. 그리고 범인은 준재 학생을 무참하게 살인하고 나서는 범행 도구를 없애버렸습니다. 왁스는 불로 녹이면 금방 형태가 없는 덩어리가 되어버리죠. 그리고 알지네이트는 쉽게 찢어지기 때문에 갈기갈기 찢어서 버리면 됩니다. 그리고 석고는 저기 있는 트리머로 갈아버렸겠죠.

하지만 문제는 칼날로 쓴 레진입니다. 워낙 단단해서 트리머로 갈리지도 않아서, 대충 조각내서 버렸다가는 표면에 묻은 피와 조직, DNA등으로 감식에 걸릴 수도 있었던 거죠. 범인은 레진만은 어떻게 할 수가 없었던 것입니다. 고민하던 중 범인은 수업 시간에 배운 지식을 기억해 낸 것입니다.

바로 치과용 레진은 인체에 무해하기 때문에 일정량은 먹어도 상관없다는 것을요! 그래요, 범인은 피 묻은 칼날을 잘게 조각내어 자신의 뱃속에 삼킨 것입니다!

그렇기에, 범인은 바로 당신! 정우진 학생입니다! 당신은 사람들이 모여 있었을 때 구석에서 헛구역질을 하고 있었죠!! 하지만 이미 카데바 실습을 하면서 시체는 질리도록 봤습니다. 당신이 시체를 봤다는 이유로 구역질을 할 것 같지는 않아요. 당신이 진짜 헛구역질을 한 이유는 뱃속에 이물질이 들어있어서 속이 더부룩했기 때문인 것입니다!"

그러자 정우진은 식은땀을 흘리며 소리 질렀다.

"우…웃기지 마!! 나는 진짜 속이 안 좋아서 헛구역질을 했을 뿐이야! 고작 그런 걸로 내가 범인이라는 거냐! 그런 어설픈 증거 말고 진짜 증거를 가지고 오라고!!"

그러자 나는 미소 지었다.

"하하하.."

"뭐야! 왜 웃어!"

"그렇다면, 진짜 증거를 가져다드리죠."

"무슨 소리야!! 그런 게 있을 리가 없다니깐!!"

"아무래도 범인은 재료의 특성에 대해 하나만 알고 둘은 모르는 것 같군요. 바로 치과용 레진은 방사선상에서 불투과성을 보인다는 사실 말입니다." 나는 자신만만하게 말했다.

"!!!!!" 우진은 크게 당황한듯 보였다.

"당신의 복부를 엑스레이로 방사선 촬영을 하면 됩니다. 그러면 당신이 범인인지 아닌지 알게 되겠죠. 거짓말하다 걸리면 피 보는 거 안 배웠나요? 뭐 합니까? 엑스레이 안 가져오고."

"크으으윽!! 으아아아아!! 으아아아아아아아!!" 우진은 괴성을 질렀다.

"그래! 내가 범인이다! 내가 살인자라고! 내가 이재준.. 아니, 이준재를 죽였다!"

때마침 신고를 받고 출동한 경찰들이 들이닥쳤다.

"정우진! 손들어! 너는 묵비권을 행사할 수 있고 변호사를 선임할 권리가 있다!"

그렇게 그는 경찰들에게 끌려갔다.

수갑을 차고 경찰에 끌려가는 우진의 뒷모습을 보며 나는 뜨거운 커피를 마셨다.

어째서일까.. 설탕을 넣었는데도 커피 맛이 쓰다.

며칠 후, 교수 연구실.

"교수님. 그렇게 모든 비밀은 풀렸습니다. 그럼 약속대로 과제 점수에 가산점을 주시는 거죠?"

"아니.. 아직이네, 상민 학생.. 아직 한 가지 의문이 풀리지 않았어. 왜 범인은 피해자를 죽인 것인가? 그 범행 동기를 모르잖아. 듣기로는 그 둘은 평소에 그렇게 친했는데 말이네."

"이 물건이 그 대답이 될 겁니다." 상민은 주머니에서 실습 과제물을 꺼냈다.

"이건..?"

"준재의 사물함에서 가져왔습니다. 죽은 준재가 만들었던 실습 과제물입니다."

"완벽하군! 정말 뛰어난 솜씨야. 이거 부러울 정도인데"

"바로 그것입니다. 준재 학생은 평소에도 뛰어난 실습 실력으로 주변의 부러움을 한 몸에 받았습니다. 동시에, 누군가는 그 실력을 질투하기도 했다는 말이죠."

"평소에 준재보다 실습도 공부도 못하던 우진 학생은 자신보다 뛰어난 준재를 도저히 참지 못했을 겁니다. 결국 그는 열등감에 사로잡혀 준재를 질투한 나머지 살인사건을 일으킨 거죠."

"안타까운 일이군.. 안타까운 사건이야. 자신의 것이 아닌 타인의 능력과 재능에 지나치게 집착한 나머지, 사람을 살리고 치유하는 데 쓰여야 할 도구가 사람을 죽이는 데 쓰였다니 말이네."

"지나치게 서로를 경쟁하게 만드는 무한 경쟁사회가 되어버린 삭막한 현대 사회의 씁쓸한 단면을 본 것 같습니다. 학점이나 결과 따위에 지나치게 집착하기보다는 매 순간과 과정을 즐겨야 하는데 말입니다. 저처럼 말이죠."

"그럼 자네는 학점에 집착하지 않으니 추가 점수는 없던 걸로 해도 되겠군?"

"…네?"

오늘도 상민은, 그리고 수많은 치대생들은 살아남기 위해 발버둥 친다.

그렇게 그들은 고생하고, 성장하고, 또 추억한다.

그렇게 학교생활은 계속된다.

학생이 짧은 기간에 쓴 것이라고는 믿기 어려울 정도로 짜임새 있는 소설입니다. 특히 치과적 지식들을 적극 활용하였고 마지막에 위트 있는 반전을 준 것도 놀라웠습니다. 필기하고 시험 보고 수동적으로 수업을 듣기만 하던 학생들 모습 속에서 이러한 놀라운 재능을 접하는 순간 교육자로서의 감동, 설렘이 폭발하는 것 같습니다. 교육은 엄숙한 것입니다만 적절한 게임화의 법칙을 적용하면 상상하지도 못 한 놀라운 일들이 발생할 수 있는 것 같습니다.

▪ 15년간의 미스터리, 폴드잇으로 풀다

2010년도에 네이처 논문에 등장했던 사례를 살펴볼까요? 에이즈라는 질병과 관련된 중요한 단백질의 아미노산 순서는 밝혀졌는데 이게 3차원적으로 어떻게 꼬였는지는 알 수가 없었습니다. 무려 15년간 연구를 했는데도 알 수 없었다고 하네요. 그래서 결국 폴드잇(Foldit)이라는 온라인 게임에 이 문제를 올려 사용자의 도움을 요청했습니다.

그런데 15년간 풀리지 않았던 구조가 불과 열흘 만에 해결되었습니다. 심지어 푼 사람들은 과학자도 아니었는데 말이죠. 논문에 참여한 저자들의 이름을 보면 마지막에 'Foldit players'라고 적혀 있습니다. 이들의 도움으로 논문이 나온 것이라 저자에 포함된 것입니다. 재미있습니다. 정말 게임이라고 하는 것이 우리의 뇌를 얼마나 자극하여 문제를 해결하게 하는지 놀랍습니다. 옛말에 "아는 사람은 좋아하는 사람만 못하고 좋아하는 사람은 즐기는 사람만 못하다."라고 했는데 이 말이 정말 옳다는 것을 깨닫습니다.

nature   Vol 466|5 August 2010|doi:10.1038/nature09304

LETTERS

Predicting protein structures with a multiplayer online game

Seth Cooper[1], Firas Khatib[2], Adrien Treuille[1,3], Janos Barbero[1], Jeehyung Lee[3], Michael Beenen[1], Andrew Leaver-Fay[2]†, David Baker[2,4], Zoran Popović[1] & Foldit players

People exert large amounts of problem-solving effort playing computer games. Simple image- and text-recognition tasks have been successfully 'crowd-sourced' through games[1–3], but it is not clear if more complex scientific problems can be solved with human-directed computing. Protein structure prediction is one such problem: locating the biologically relevant native conformation of a protein is a formidable computational challenge given the very large size of the search space. Here we describe Foldit, a multiplayer online game that engages non-scientists in solving hard prediction problems. Foldit players interact with protein structures using direct manipulation tools and user-friendly versions of algorithms from the Rosetta structure prediction methodology[4], while they compete and collaborate to optimize the computed energy. We show that top-ranked Foldit players excel at solving challenging structure refinement problems in which substantial backbone rearrangements are necessary to achieve the burial of hydrophobic residues. Players working collaboratively develop a rich assortment of new strategies and algorithms; unlike computational approaches, they explore not only the conformational space but also the space of possible search strategies. The integration of human visual problem-solving and strategy development capabilities with traditional computational algorithms through interactive multiplayer games is a powerful new approach to solving computationally-limited scientific problems.

Although it has been known for over 40 years that the three-dimensional structures of proteins are determined by their amino acid sequences[5], protein structure prediction remains a largely unsolved problem for all but the smallest protein domains. The state-of-the-art

retaining the deterministic Rosetta algorithms as user tools. We developed a multiplayer online game, Foldit, with the goal of producing accurate protein structure models through gameplay (Fig. 1). Improperly folded protein conformations are posted online as puzzles for a fixed amount of time, during which players interactively reshape them in the direction they believe will lead to the highest score (the negative of the Rosetta energy). The player's current status is shown, along with a leader board of other players, and groups of players working together, competing in the same puzzle (Fig. 1, arrows 8 and 9). To make the game approachable by players with no scientific training, many technical terms are replaced by terms in more common usage. We remove protein elements that hinder structural problem solving, and highlight energetically frustrated areas of the protein where the player can probably improve the structure (Fig. 1, arrows 1–5). Side chains are coloured by hydrophobicity and the backbone is coloured by energy. There are specific visual cues depicting hydrophobicity ('exposed hydrophobics'), interatomic repulsion ('clashes') and cavities ('voids'). The players are given intuitive direct manipulation tools. The most immediate method of interaction is directly pulling on the protein. It is also possible to rotate helices and rewire β-sheet connectivity ('tweak'). Players are able to guide moves by introducing soft constraints ('rubber bands') and fixing degrees of freedom ('freezing') (Fig. 1, arrows 6 and 7). They are also able to change the strength of the repulsion term to allow more freedom of movement. Available automatic moves—combinatorial side-chain rotamer packing ('shake'), gradient-based minimization ('wiggle'), fragment insertion ('rebuild')—are Rosetta optimizations modified to suit direct protein interaction and simplified to run at interactive speeds.

그림 2-84 ✛ 네이처에 게재된 논문

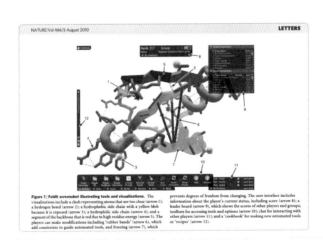

NATURE|Vol 466|5 August 2010   LETTERS

Figure 1 | Foldit screenshot illustrating tools and visualizations. The visualizations include a clash representing atoms that are too close (arrow 1); a hydrogen bond (arrow 2); a hydrophobic side chain with a yellow blob because it is exposed (arrow 3); a hydrophilic side chain (arrow 4); and a segment of the backbone that is red due to high residue energy (arrow 5). The players can make modifications including 'rubber bands' (arrow 6), which add constraints to guide automated tools, and freezing (arrow 7), which prevents degrees of freedom from changing. The user interface includes information about the player's current status, including score (arrow 8); a leader board (arrow 9), to which shows the scores of other players and groups; toolbars for accessing tools and options (arrow 10); chat for interacting with other players (arrow 11); and a 'cookbook' for making new automated tools or 'recipes' (arrow 12).

그림 2-85 ✛ 단백질의 3차원 구조를 맞추는 폴드잇 게임의 모습입니다.

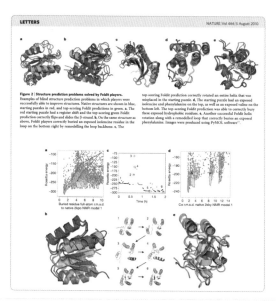

그림 2-86 ⇨ 15년간 풀지 못했던 문제를 열흘 만에 게이머들이 풀었다고 합니다.

미국 건국의 아버지, 벤저민 프랭클린이 했다는 말이 있습니다.

"제게 이야기하면 저는 잊을 거예요. 제게 가르쳐 주시면 어쩌면 기억할지
모르겠어요. 하지만, 저를 참여하게 해주세요. 그럼 저는 배웁니다."

학생들이 교실에서 앉아서 필기만 하게 하지 말고, 직접 무언가를 오리고
붙이고 나누고 달리고 열광하게 해주세요. 이를 통해 학생은 배울 수 있습
니다. 엄숙하고 진지하기만 한 교실에서 학생들에게 게임화 방식을 통해서
동기도 부여하고 활력도 제공한다면 학생들이 조금이라도 더 재미있게 설
렘을 가지고 학교로 등교할 수 있지 않을까 기대해 봅니다.

05

내 운명은 내 손에 달렸다!: CYOA

어린 시절 즐겨 읽던 책 중에 이런 내용이 있었습니다.

길을 가고 있는데 악당이 앞에 나타났다. 어떻게 할까?

→ 총을 쏜다면 4쪽으로 이동

→ 도망간다면 10쪽으로 이동

일단 도망가기로 해서 10쪽으로 갔습니다.

도망가고 있는데 그만 넘어져서 악당에게 잡힐 위기에 처했다. 어떻게 할까?

→ 살려달라고 소리를 지르면 5쪽으로 이동

→ 일단 조용히 있겠다면 15쪽으로 이동

이런 식으로 페이지를 넘나들면서 시시각각 주어지는 결정 포인트에서 의사 결정을 해 나감에 따라 해피엔딩이 되기도 하고 새드엔딩이 되기도 하는 이런 책 혹시 기억하나요?

이런 걸 바로 **CYOA(Choose Your Own Adventure)**라고 합니다. 말 그대로 자신만의 모험을 선택한다는 뜻으로, 사용자 혹은 독자의 선택에 따라 결과가 달라집니다. 1979년부터 출판된 이 책의 시리즈는 전 세계에서 4번째로 많이 팔린 어린이 도서가 되었다고 하네요. 우리나라에는 《내 맘대로 골라라 골라맨》이라고 하는 약간은 엉뚱한 제목으로 번역되어 출간되었습니다만, 디지털 게임기가 많지 않던 시절, 이 책은 어린이의 뜨거운 사랑을 받았습니다.

그림 2-87 ⊕ Choose Your Own Adventure. 독자가 스스로 책의 결말을 결정할 수 있는 책.

그 이후로 한동안은 기억 속으로 잊히는 듯했었는데, 최근 들어서 CYOA는 다시 교육 현장에서 주목받기 시작했습니다. 최근, 넷플릭스에서 베어 그릴즈가 진행하는 '당신과 자연의 대결'이라는 시리즈의 액션 어드벤처를 통해서 CYOA가 수면 위로 올라왔지요. 이 CYOA라는 장르가 다시 인기를 끌게 된 이유는 무엇일까요?

CYOA의 이야기 구조를 보면 여간 복잡한 것이 아닙니다. 이런 이야기를 푸는 것도 재미있습니다만 정말 좋은 것은 학생 스스로 이런 이야기를 만들어 보는 것입니다. 흔히 요즘 말하는 **컴퓨팅 사고(Computational Thinking)** 훈련에 최적화된 것이죠. If ~ Then ~, Yes/No 구조로 이어지는 수많은 결정을 통해 치밀한 스토리텔링을 만들어내는 것은 그저 단순히 암기하고 답을 찾아내는 훈련과는 전혀 다른 수준의 교육 경험을 제공합니다.

이런 CYOA가 의료 분야에서 매우 유용하게 적용되는 곳이 바로 '감별 진단'입니다. 환자가 병원에 왔는데 열이 많이 납니다. 가장 중요한 것은 증상의 원인을 찾는 것입니다. 그래야 정확한 약을 처방할 수 있죠. 열이 나는데 이것이 바이러스성인지 세균성인지 알아야 이에 맞게 약을 고를 수 있습니다. 거꾸로 이야기하면 바이러스성 감염일 때의 특징과 세균성 감염 시의 특징을 정확하게 알고 이를 구별할 수 있어야 적절하게 진단하고 처방할 수 있다는 것이죠.

이러한 내용을 토대로 학생 스스로 이야기를 만드는 훈련을 하면 자연스레 시나리오 기반으로 질병의 특성을 인식하고 간접적인 경험을 하게 됩니다. 자기가 만들어 본 사례이니 아무래도 더욱 오래, 그리고 잘 기억하게 됩니다. 게다가 친구와 같이 만들어가는 과정에서 전미교육연합이 강조하는 4C(Communication, Collaboration, Critical Thinking, Creativity)가 그대로 적용됩니다. 그러다 보니 교실 현장에서 점점 더 많은 인기를 끌고 있습니다.

그렇다면 어떤 식으로 CYOA 수업을 진행하면 될까요?

우선 종이에 CYOA 템플릿을 인쇄해서 제공하는 것이 기본입니다. 아날로그식으로 종이에 펜으로 적는 거죠. 물론 디지털 환경에서 작업하려면 Twine(twinery.org)을 추천합니다. 수많은 갈림길과 선택을 정리하고 연결하는 데 매우 편리한 도구입니다. 이미 편하게 쓰는 마인드맵 도구가 있다면 그걸 제공해도 좋습니다.

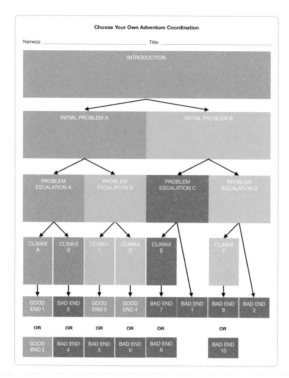

그림 2-88 ⊕ CYOA 템플릿. 인터넷에서도 다양한 템플릿을 내려받을 수 있습니다. 물론 직접 만들어도 좋습니다.

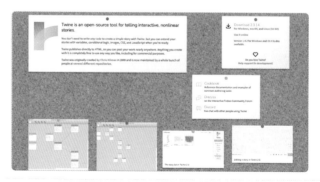

그림 2-89 ⊕ Twine(twinery.org)을 활용하면 인터넷 상에서 아주 편리하게 CYOA 스토리를 구상할 수 있습니다.

이렇게 해서 복잡하고도 유익한 시나리오가 완성되었습니다. 이제 이 시나리오를 어떻게 활용할 수 있을까요? 그냥 시나리오 전체를 친구에게 줘 버리면 결말이 한눈에 보이니 재미가 없겠죠? CYOA의 완성은 **파워포인트**와 **구글 프레젠테이션**입니다(유튜브와 구글 설문지로도 가능합니다). 이 프레젠테이션 도구들은 원래 한 장 한 장 순서대로 넘어가도록 만들어져 있습니다만, 화면 상에 넣은 링크를 통해서 특정 슬라이드로 넘어갈 수 있도록 할 수도 있습니다. 앞서 보인 것처럼 3페이지, 5페이지로 넘어가야 하는 것을 3번 슬라이드, 5번 슬라이드로 넘어가도록 만드는 것이죠. 게다가 이들 도구에는 이미지, 텍스트, 영상, 음악까지 넣을 수 있으니 제대로 만들면 한 편의 영화처럼 될 수도 있습니다.

무엇보다 이들 작품은 학교 현장에서 어렵지 않게 만들 수 있고 특히 구글 프레젠테이션은 공동 협업 작업에 최적화가 되어 있습니다. 큰 그림이 그려지고 난 뒤 각각의 슬라이드를 조원들이 함께 꾸며 나가도록 하면 짧은 시간에 양질의 결과를 얻을 수 있습니다.

다음 그림은 제가 진행하는 수업 중에 학생이 만든 재미난 CYOA 콘텐츠입니다. 기발한 아이디어와 엽기적인 그림 덕분에 재미있게 수업을 할 수 있어서 늘 기대가 되는 수업, CYOA로 학생의 멋진 창의성을 한번 확인해 보시죠. 교실에서 학생들은 그저 얌전히 받아 적고 배우기만 하는 존재라고 생각하지 말고, 이들이 가진 재능과 위트를 통해 멋진 학습 콘텐츠를 만들어내는 크리에이터로 활약할 기회를 주세요. 아마 놀라운 결과물이 등장할 것입니다.

그림 2-90 ⇨ 일단 표지만으로도 학생의 재치가 기대되는 CYOA 결과물입니다. 어쩌면 저렇게 합성을 잘했을까요? 참 재주가 많구나 생각해 봅니다.

그림 2-91 ⇨ '고스트 바둑왕'을 패러디한 '고스트 치주왕'이라는 콘셉트입니다. 가수 수지가 치과에 와서 진료를 받는다는 설정 하에 재미있게 잘 꾸몄습니다. 구글 프레젠테이션으로 만들었습니다. 따라서 공유와 협업도 간단합니다.

참고로 CYOA를 유튜브로 구현하는 것도 가능합니다. 상당히 번거롭고 복잡한 작업이 될 수 있습니다만 완성도는 파워포인트나 구글 프레젠테이

선보다는 높습니다. 넷플릭스에서 제공하는 <블랙 미러: 밴더스내치>라는
작품 역시 CYOA의 기법을 통해 스토리가 진행이 됩니다. 하지만, 한 편을
위해 무려 5시간 분량의 작품을 찍었다고 하니 기존의 작업에 비해 최소 2
배 이상의 공이 들어가는 장르입니다. 그렇지만 이 영화를 즐기는 청중들의
즐거움은 그 이상이 되겠지요. 이를 유튜브로 구현하는 것은 유튜브 영상
마무리 시점에 나오는 추천 영상 제시 기능을 활용하는 것입니다. 유튜브에
서는 일반적으로 영상 하나를 본 뒤 다음 이어지는 영상을 유튜버가 직접
제시하여 구독률과 시청률을 높일 수 있는 기능을 제공하고 있습니다. 유튜
브 스튜디오에서 영상을 업로드한 뒤 설정에 들어가면 영상 종료 전에 다음
그림처럼 영상을 좌우로 화면 상에 뜰 수 있도록 만들 수 있습니다.

그림 2-92 ✦ 유튜브 스튜디오에서 특정 영상을 선택한 뒤 [최종 화면] 기능을 클릭하면 영상이 끝나는 특정
시점에 본 영상 위로 추천 영상이 뜰 수 있도록 만들 수 있습니다. 이렇게 두 개의 영상이 좌우로 뜨도록 만
든 뒤 각각 청중의 선택에 따라 달라지는 영상을 링크로 연결하면 유튜브 CYOA가 완성됩니다.

그림 2-93 ↔ 청중의 선택에 따라 'GEG를 안다면?', 'GEG를 모른다면?' 으로 나누어 영상을 제작하고 각각 유튜브에 업로드했습니다. 이후 이를 본 영상에서 [최종 화면] 기능을 통해 제시하면 청중의 선택에 따라서로 다른 영상이 재생될 수 있습니다.

유튜브에서 CYOA의 진수를 맛보고 싶다면 다음 2가지 영상을 추천합니다. 좋은 스토리보드가 있고, 영상 촬영의 번거로움을 조금만 감수한다면 금방 작업을 마무리할 수 있으리라 생각합니다.

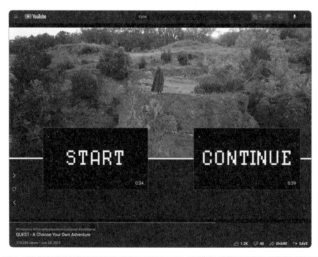

그림 2-94 ↔ 유튜브 CYOA 장르 대표작 '퀘스트(Quest)'

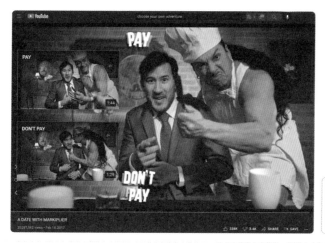

유튜브로 만드는 CYOA보다는 조금 점잖은 느낌이 들 수 있지만 구글 설문지를 통해서 CYOA를 구현하는 것도 가능합니다. 템플릿을 통해서 스토리라인만 미리 잘 만들어 두었다면 아주 손쉽게 이야기를 풀어나가는 도구가 될 수 있습니다. 우선 구글 설문을 하나 만들어보겠습니다. 새로운 구글 설문지(https://forms.new)를 만드는 페이지에 접속하면 바로 구글 설문지를 만들 수 있습니다. CYOA는 질문을 던지고 이에 대한 답변을 선택하는 방식인데 구글 설문에서 어떻게 그런 것이 가능할까 싶으시겠습니다만, 구글 설문지의 '섹션'과 '답변을 기준으로 섹션 이동' 옵션을 활용하시면 아주 손쉽게 제작할 수 있습니다.

우선 설문지에서 여러 개의 섹션을 생성합니다. CYOA 책으로 치면 이 섹션 하나하나가 한 장 한 장의 페이지에 해당합니다.

그림 2-96 ⊕ 구글 설문지를 생성하고 간단한 도입부를 만듭니다. 구글 설문지에는 단순하게 글만 넣는 것이 아니라 그림과 유튜브 영상을 넣을 수도 있습니다. 이를 잘 활용하면 학생들의 몰입감을 더욱 높일 수 있습니다.

그림 2-97 ⊕ 우측 사이드바의 메뉴를 이용해 섹션을 여러 개 만듭니다. 미리 제작한 템플릿을 이용하면 편리하고 빠르게 작업할 수 있습니다. 이후 각 섹션의 제목은 직전 질문을 다시 정리해 주면 편리합니다.

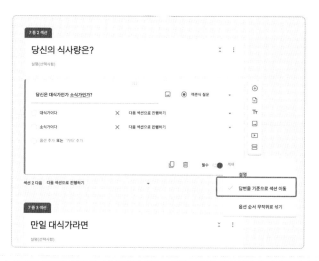

그림 2-98 ⊹ 섹션의 제목을 '당신의 식사량은?'이라고 정하고 아래 설명 항목에 자세한 배경이나 이야기를 입력합니다. 책으로 치면 본문이 되겠습니다. 이후 사이드바의 메뉴에서 [+] 버튼을 클릭하여 객관식 질문을 추가합니다. 이 부분이 중요합니다. 우측 하단의 3점 버튼을 클릭하고 [답변을 기준으로 섹션 이동]이라는 항목을 선택합니다. 그러자 객관식 지문 우측에 이동할 섹션이 제시됩니다.

그림 2-99 ⊹ [다음 섹션으로 진행하기] 버튼을 눌러 특정 지문을 선택할 경우 이동할 섹션을 골라 연동시킬 수 있습니다.

그림과 같은 방식으로 질문을 계속 추가하고 섹션을 이동시키면 응답자의 선택지에 따라 다양한 경로로 이야기를 진행할 수 있습니다. 만일 최종 질문을 통해 설문을 종료시키고 싶다면 '설문지 제출'이라는 옵션을 선택하여 구글 설문지를 제출하고 최종 엔딩 페이지를 볼 수 있게 만들 수 있습니다.

그림 2-100 ↔ '설정'에 들어가 [프레젠테이션]을 선택하고 제출 후 [확인 메시지]를 수정하면 모든 CYOA가 끝난 뒤 응답자에게 제시할 수 있는 글을 미리 입력할 수 있습니다.

구글 프레젠테이션, 파워포인트, 유튜브, 구글 설문지 외에도 CYOA를 구현할 수 있는 방법들은 여러 가지가 있습니다. 나름대로의 장단점이 있습니다만, 완벽한 도구는 없는 것 같습니다. 가장 중요한 것은 학생들을 얼마나 몰입시키고 스토리텔링을 치밀하게 하는지에 달려 있습니다. 흥미 요소가 많은 학습 방법이므로 학생들의 관심을 끄는 데 도움이 된다면 도전해 보는 것도 좋을 것 같습니다. 무엇보다 이러한 CYOA를 학생 스스로가 만들어 볼 때 주도적인 학습이 발생할 수 있음을 꼭 기억하고 학생들에게 자유로운 창작의 환경을 제공하면 좋을 것 같습니다.

06

학생과 함께 쓴 글, 모두 함께 보세요: 책 만들기

교실에서 글을 모아 학급 문집을 내는 경우가 잦습니다. 또는 별도의 교재를 만들어 제공하고자 교사가 직접 제본해서 제공하는 일도 흔합니다. 하지만, 이렇게 제본하여 나눠보는 책은 널리 전파되기 어렵습니다. 대개 학생의 가정과 부모님 정도로 독자층이 끝나게 되는데, 시대가 바뀌어 이제는 전 세계를 대상으로 하는 새로운 형태로 출판할 수 있습니다.

자, 가장 최근에 책을 샀던 기억을 되새겨 볼까요? 혹시 서점에 가서 한참 책을 둘러보고 나서 샀나요? 아니면 친구의 추천으로 본 책을 온라인에서 몇 번 클릭해서 택배로 받았나요? 아마 후자가 많을 겁니다. 책 구매 패턴이 달라졌죠. 그러다 보니 출판사도 생각을 바꾸게 됩니다. 온라인으로 주문이 들어오면 그때그때 얼른 인쇄해서 택배로 보내주는 형태의 서비스를 시작한 것입니다. 물론 미리 인쇄해 두는 것이 아니고 주문 즉시 인쇄하다 보니 시간이 좀 더 걸릴 수 있지만, 어차피 온라인으로 구매하는 독자가 많고 택배도 금방 배송되므로 나쁘지 않은 방법입니다.

이러한 형태의 출판을 **POD(Publish On Demand)**라 부릅니다. 이런 형태의 출판이 많아지면서 누구나 작가에 도전할 수 있게 되었습니다. 사실 이 방법을 통해서 그 누구나 자신의 글을 출판하고 이를 주변 사람과 나눌 기

2부 교육을 전환하는 도구

회가 제공되기 시작했습니다. 심지어는 초등학교 2학년이 쓴 책이 엄연히 출판물로 검색되기도 합니다.

그림 2-101 ✛ 제 아이가 초등학교 2학년일 때 출판한 《스페이스 닌자》라는 제목의 책. 교보문고 펍플을 통해서 출판했고 네이버에서도 검색됩니다.

국내에서는 여러 업체가 POD를 제공하는데, 개인적으로는 교보문고에서 제공하는 POD인 펍플(Pubple)과 부크크(bookk)를 추천합니다. 일단 펍플은 네이버에서도 책 제목이 검색되므로 아무래도 홍보 효과가 높은 편입니다. 반면 부크크는 네이버에서 검색은 안 되지만 원고 업로드 작업이 간단하고 쉬우며 또 다른 온라인 서점인 예스24와 알라딘에서도 동시에 판매할 수 있기 때문에 상대적으로 접근성은 높은 편입니다.

절차는 그리 쉽지 않습니다. 모든 원고 작업, 교정, 디자인, 편집 등의 작업을 작가가 직접 해야 하기 때문입니다. 그나마 부크크 같은 경우는 좀 편리하게 만들어져서 초보자라면 부크크를 추천하고 싶습니다. 펍플은 정부 기관 사이트 같은 느낌이라 크기가 안 맞거나 오류가 생기면 계속 반려되어, 제작 과정 중 마음의 상처를 입을 수도 있습니다. 하지만, 일단 올라가고 난 뒤에는 다 잊히는 순간의 고통이니 부디 좌절하지 말고 계속 노력하길 바랍니다.

그림 2-102 ✧ 부크크 사이트(https://www.bookk.co.kr/)에서 [책만들기]를 클릭하면 시작됩니다.

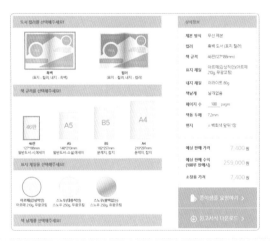

그림 2-103 ✧ 부크크 책 만들기에서는 책 크기, 종이 소재, 책날개 여부 등 다양한 옵션을 손쉽게 클릭 몇 번으로 정할 수 있습니다. 확실하지 않다면 [원고서식 다운로드] 버튼을 이용해 템플릿 파일을 아래한글(.hwp)과 워드(.doc) 중에서 골라 내려받은 후 내용을 채우고 올리면 간단하게 적용할 수 있습니다.

그림 2-104 ◈ 원고의 내용과 대략적인 정보를 입력하고 원고 파일을 올립니다. 표지 디자인 정도만 좀 더 신경 쓰면 책 만들기 준비는 끝입니다.

이렇게 올린 책은 ISBN도 발급받을 수 있고 네이버나 기타 웹에서 검색되기 때문에 업적으로 활용하는 사람도 많습니다. 인세도 일반 출판사보다 높습니다. 혼자서 모든 일을 다 했기 때문에 가능한 일이겠죠. 온라인 링크를 이용해 구매할 수 있으며 인쇄, 제본, 택배까지 고려한다면 가격은 합리적인 편입니다. 예전처럼 복사실에서 대량으로 복사하여 재고를 끌어 앉고 있다가 이것을 소진 못 해서 고민하는 일이 적어지게 됩니다. 필요한 만큼 그때그때 인쇄하면 되니 환경을 위해서도 좋은 일 같습니다.

하지만, 그 무엇보다 POD가 가진 큰 장점은 업데이트가 쉽다는 점입니다. 예를 들어서 책을 다 써서 이제 책이 한 권 두 권 팔리기 시작했다고 가정하겠습니다. 그런데 안타깝게도 책에서 엄청난 양의 오타가 발견됩니다. 이전의 출판 방식 같았으면 일단 1쇄 인쇄본을 소진할 때까지는 업데이트 하기 쉽지 않습니다. 하지만, POD에서는 간단하게 수정한 뒤 PDF를 다시 올리면 바로 (담당자가 확인하는 즉시) 개정판이 출시됩니다.

이렇게 책을 내기가 쉬워졌지만 아직도 많은 교실에서 학생에게 출판의 경험을 제공하지는 못하고 있습니다. 물론 교육자 자신도 직접 책을 내지 못하고 있습니다. 가장 큰 이유는 일정 분량 이상의 원고를 확보하지 못해서겠죠. 바빠서 쓸 시간이 없다는 것이 원인이라면 구글 문서를 추천합니다. 사실 제가 지난 10여 년간 20여 권의 책을 쓸 수 있었던 것은 구글 문서를 사용한 덕분입니다. (물론 공동 저자로 작업할 때도 큰 도움이 되었습니다. 구글 문서는 협업에 최적화되어 있습니다. 저자를 모으고 여러 저자가 하나의 구글 문서에서 글을 쓸 수 있도록 조율만 하면 한 권의 책이 만들어지는 것은 정말 순식간입니다.)

구글 문서는 클라우드형 문서 도구이므로 언제 어디서나 접근할 수 있습니다. 파일이 없어질까 걱정할 필요도 없고 최종판이 어떤 것인지 고민할 이유도 없습니다. 로그인만 하면 바로 그날 그 자리에서 최신판 원고에 이어서 작업할 수 있습니다. 타자 속도가 느리다면 [도구] 아래의 [음성 입력] 기능을 활용하면 됩니다(크롬 브라우저만 지원). 아직 100% 정확한 인식은 어렵지만 그래도 타자보다 빠른 속도로 많은 문장을 입력할 수 있습니다. 저는 스마트폰에도 구글 문서를 설치해 이동 중에는 스마트폰으로 대략적인 문장을 입력해 둡니다. 그리고 집이나 연구실에서 PC를 이용해 수정하면 책 한 권의 원고를 쓰는 시간이 대폭 단축됩니다.

그림 2-105 ✛ 구글 문서 내의 음성 인식 기능을 활용하면 굳이 타자를 치지 않아도 입으로 책을 쓸 수도 있습니다. 물론 조용한 환경에서 사용하는 것이 편리합니다.

말은 글보다 빠르죠. 이전에 강의한 자료나 회의 녹음이 있다면 이를 글로 풀어 책으로 엮어보는 것은 어떨까요? 사실 제가 쓴 이번 책은 제가 수년간 강의를 통해 녹화해 두었던 영상에서 텍스트를 추출하고 이를 기본 자료로 활용하여 쓴 책입니다. 수십 시간 분량의 강의 영상에서 어떻게 텍스트 추출을 다 했을까요? 대개 이 시점에서 이걸 저렴하게 해줄 사람을 찾는 것이 예전 방식이었다면 이제 시대는 디지털 전환 시대입니다. 인공지능이 이 일을 대신해 주는 것이죠.

다글로(Daglo.ai)라고 하는 국내 사이트에서는 유료 요금 결제를 통해 영상, 음성 속에서 텍스트를 추출하는 서비스를 제공합니다. 이렇게 해서 저는 과거에 쓴 그 어느 책보다도 빠르게 원고를 완성할 수 있었습니다. 이제 앞으로 제가 더 얼마나 많은 글을 쓸 수 있을지 설렙니다. 이 기분 좋은 설렘이 여러분에게도 전달되면 좋겠습니다.

그림 2-106 ⊕ 다글로 사이트(Daglo.ai)에 강의 영상이나 유튜브 영상 링크를 등록하면 순식간에 텍스트를 추출해 줍니다.

그림 2-107 ⊕ 물론 발음이 부정확하거나 영어나 전문 용어를 사용하면 인식률은 떨어집니다. 하지만 수시 간 분량의 영상에서 텍스트를 일일이 받아 적던 시절과 비교한다면 정말 놀라운 발전입니다. 추출된 글은 원하는 형식으로 내려받을 수 있습니다.

2부 교육을 전환하는 도구

만일 학생들과 협업해서 온라인 형태로 책을 출판하는 방식을 고민한다면 북 크리에이터(www.bookcreator.com)를 추천합니다. 책의 결과물을 링크를 통해서 공유하거나 온라인상에서 출판하여 누구나 접근할 수 있도록 만들 수 있습니다. 마이크로소프트의 스웨이(https://sway.office.com)도 이와 같은 온라인 출판물 제작에 최적화된 프로그램이지만 북 크리에이터의 경우 좀 더 융통성이 좋고 학생들이 배우기 쉽게 만들어져 있습니다. 또한 북 크리에이터 앰버서더 제도를 도입하여 교육자들이 이 도구를 좀 더 잘 사용할 수 있도록 교육자 사회에 전파하는 역할을 지원하고 있습니다. 또한 저 역시도 취득한, 구글 이노베이터 자격을 가진 분들에게는 평생 무료 서비스를 제공하고 있습니다(https://bookcreator.com/google-certified-innovators/).

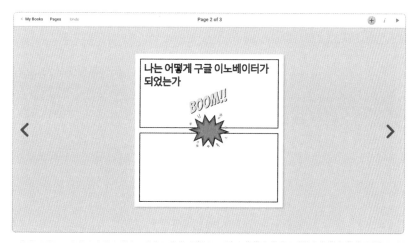

그림 2-108 ⊕ 북 크리에이터의 편집 화면. 웹 브라우저 상에서 편집이 가능하며 상당히 높은 수준의 자유도가 주어집니다. 학생들에게는 사고의 제한 없이 자신의 생각을 쏟아 놓을 좋은 공간인 셈입니다.

그림 2-109 ◆ 간단하게 템플릿을 이용한 뒤 카메라를 이용해 사진을 찍거나 기존 사진을 업로드하면 그럴 듯한 표지나 삽화가 만들어집니다. 학생들이 복잡하고 번거로운 과정을 피해, 본인들의 생각을 좀 더 편하고 자유롭게 표출하기 위해서는 높은 자유도를 가진 애플리케이션이 필수라고 생각합니다.

이번에는 학생들과 함께 또는 선생님, 학생 스스로 책을 쓰는 이야기를 나누었습니다. 그 무엇보다 학생들에게 가장 큰 도움이 되는 절차는 학생 스스로 교과서를 쓰는 행위라고 생각합니다. 저만하더라도 1년에 100여 회의 국내외 강의를 하고 있는데, 그 어떤 청중들보다도 제가 제일 공부를 많이 하고 있습니다. 좀 더 많은 내용을 전달하고 싶고 그중에 잘못된 정보가 없는지 점검해야 하며 혹시라도 제 강의를 이전에 들은 분이 계시다면 '에이 저번 것과 똑같잖아!'라고 불평하지 않도록 하기 위해서입니다. 그러다 보니 강의를 하는 제가 제일 많은 공부를 하고 있는 것입니다. 학생들의 공부도 마찬가지라고 생각합니다. 교사가 전해주는 내용만 이해하기보다는, 스스로 지식을 찾고 정리하여 친구들에게 전달하는 경험까지 쌓는 것이 훨씬 생생한 공부라고 생각합니다. 그래서 저는 학생이 할 수 있는 최고 단계의 학습은 스스로 교과서를 써 보는 경험이라고 생각합니다. 물론 이런 기회는 정말 드물겠지요.

5년 전, 제가 가르쳤던 치위생학과 학생들 중 공부에 열성을 보인 학생들이 10여 명 있었습니다. 학생들에게 혹시 후배들을 위해 멋진 교과서를 써 볼 생각은 없는지 물었는데 의외로 학생들은 긍정적인 반응을 보였습니다. 집필의 절차나 자세한 방법, 그리고 우리가 주로 사용할 구글 드라이브 등에 대해 소개하기 위해 모임을 가졌고 저는 학생들을 격려하기 위해 고기를 든든히 먹여주었습니다. 그리고 우리는 책이 나오는 그날까지 단 한 번도 오프라인에서 만나지 않았습니다. 모든 작업들이 온라인 클라우드에서 일어났기 때문입니다. 저는 다년간 교과서를 집필하기 위해 대한치주과학회 교수 협의회에서, 부산에서, 강릉에서 워크숍을 하고 맛있는 식사를 하며 많은 이야기를 했습니다. 그럼에도 작업은 더디게 진행되었습니다. 그런데 서로의 장소에서 각자 편한 시간에 온라인으로 작업했던 교과서 작업이 오히려 더 빨리 끝이 난 것입니다. 물론 교과서의 분량이나 수준에서 차이가 나기 때문에 직접적인 비교는 어렵습니다만, 여기서 분명 새로운 시대로 전환되고 있음을 깨닫게 되었습니다. 이전과 같은 방법으로는 이전과 비슷한 결과만 얻을 수 있습니다. 하지만 디지털 도구의 등장에 따라 우리 모두는 더 많은 이들과 함께 더 빨리 더 좋은 작업을 완수할 수 있다는 가능성을 보게 된 것입니다.

　학생들과 함께 만든 이 교과서는 매년 후배들에게 소개되면서 작업에 참여한 선배 학생들에게 큰 자부심으로 작용하고 있습니다. 또한 교수진들은 집필 작업에 봉사하는 마음으로 참여하여, 인세를 받지 않았고 대신 출판사와 협의하여 교과서의 가격을 최대한 낮춰 학생들에게 저렴하게 교과서가 제공될 수 있도록 하였습니다. 이러한 혁신적인 시도 역시 이전에는 누릴 수 없던 디지털 전환으로 인한 새로움이 아닐까 생각합니다.

그림 2-110 ↔ 학생들과 클라우드 작업을 통해 함께 집필한 교과서 '쉬운 치주학'. 구글 드라이브를 통해서 자료를 공유하고 구글 문서를 통해 실시간으로 글을 쓰면서 서로의 이야기를 적어 내려갈 수 있었습니다. 이 과정을 총괄한 교수진은 인세를 받지 않고, 대신 교과서의 정가를 최대한 낮게 책정하여 학생들이 저렴하게 구매할 수 있도록 하였습니다.

학생들이 글을 쓰는 것도 주제넘어 보이고 심지어 교과서까지 쓴다는 것이 말이 되나라는 걱정과 우려가 있을 수 있습니다. 저도 이러한 점에서 문제가 생기지 않도록 최대한 신경 쓰고 신중하게 집필에 임했습니다. 결과적으로는 디지털 도구를 적극적으로 활용함으로써 이전에는 있을 수 없었던 일을 할 수 있었습니다. 또한 이러한 경험을 해 본 학생들은 '내가 책도 썼는데 이 정도도 못하겠어?'라는 용기를 얻을 수 있을 것입니다. 오버뷰 이펙트 (Overview Effect)라고 하던가요? 우주에서 지구를 내려본 경험을 가진 이들은 결코 이전의 사고 수준으로 돌아갈 수 없게 된다고 하지요. 앞서 언급한 오목과 바둑의 예처럼 이전과는 다른 규칙에 따라 세상이 돌아가고 있습니다. 정말 좋은 디지털 도구와 함께라면 새로운 세상에 적응하는 것은 멋진 도전이 될 듯합니다. 이 책에서 소개한 방법 또는 이보다 더 좋은 도구와 방법들을 통해 학생이 가진 생각을 멋진 출판 결과물로 만들어 주세요. 미래의 베스트셀러 작가는 분명히 이렇게 탄생하리라 생각합니다.

07

온라인 수업,
화면을 장악하라

교육, 비즈니스 모든 분야에서 원격 화상 도구를 이용한 교육과 회의가 일상화되면서 온라인 수업도 보편화됐습니다. 원래 비즈니스 분야에서 사용하던 도구를 교육에 적용한 것인데, 사실 현 교육자들은 이러한 도구로 교육받은 적이 없으므로 디지털 도구를 능숙하게 다루는 교육자 또한 드문 것이 현실입니다. 그렇기에 실제 교육 경력과 무관하게 온라인 수업 앞에서는 모두가 초보 교사가 될 수밖에 없습니다.

물론 코로나19 첫해에는 이러한 사정을 충분히 고려했습니다. 하지만, 시간은 충분히 지났습니다. 이제는 온라인 강의 현장에서 화면을 공유하지 못하거나, PC에서 발생하는 불필요한 울림소리나 잡음을 해결하지 못하는 도구를 다루는 기술의 부족함. 채팅창에 질문이 100개가 올라오는데도 확인하지 않고, 학생들과 소통하지 않으면서 일방적으로 강의하고 있는 소통의 부재. 코로나19가 갑작스러웠다고 핑계대기엔 너무 많은 시간이 지났습니다. 충분히 개선 가능한 이러한 문제점을 아직도 지니고 있다면 분명 무언가 잘못된 것이겠죠.

원격 수업을 위한 공공 서비스 외에 다양한 업체의 디지털 도구를 한번 살펴볼까요? 물론 사기업이 제공하는 화상회의 도구는 영리를 목적으로 하므로 언제 어떤 변화가 생기고 요금제가 어떻게 바뀔지 모르니 사용할 때 항상 주의하는 것이 좋습니다.

- **도구별 노하우**

A. 줌

먼저 가장 널리 사용되고 있는 원격 연수 도구 줌(Zoom)입니다. 영상이 중국 서버를 거치기 때문에 보안의 문제가 있다고 판단하여 국내의 일부 대학, 연구소 그리고 미국의 많은 공공 기관, 대학은 사용하지 않습니다. 하지만, 줌에서도 보안을 강조하며 이러한 우려를 해결했다고 발표했습니다. 초창기, 이런 형태의 수업에 익숙하지 않았던 이들에 의해 회의 링크와 비밀번호가 공개되는 바람에 외부인이 회의 중에 불쑥 들어와 이상한 발언을 하거나 괴성을 지르고 나가는 등의 '줌바밍(Zoom Bombing)'이 문제로 대두된 적이 있습니다. 하지만 이후 많은 분이 줌을 활용한 수업에 익숙해지면서 이러한 위험성은 많이 해소되었고 특히 '대기실' 기능이 추가되면서 참석자를 확인하고 방으로 들여보낼 수 있게 되어, 번거롭기는 하지만 좀 더 안전하게 사용할 수 있습니다.

디지털 기술의 도입 초기에 항상 발생하는 대다수의 문제점들은 아날로그, 오프라인 상황이었다면 일어나지 않았을 일입니다. 때문에 많은 이들이 이를 지적하고 부정적으로 평가합니다. 하지만 재미있게도 이러한 한계점들은 디지털 기술을 통해 보완하고 해결해낼 수 있습니다. 프로그램들은 수많은 베타 버전과 패치를 거치며, 그 완성도가 높아져 갑니다. 우리의 디지털 전환도 이러한 마음가짐으로 계속 완성된 형태를 향해 나아갔으면 좋겠습니다. 처음부터 완벽한 것은 없습니다.

그림 2-111 ⊕ 줌의 기본 화면. 왼쪽 아래의 마이크와 카메라 버튼을 신경 써야 합니다. 의도하지 않았던 소리나 점잖지 않은 모습이 전체 회의에 송출될 수 있습니다. 한 대학 특강 중에 강의가 끝나갈 때 한 교수님 한 분에 갑자기 일어서시더니 와이셔츠를 벗으시고 옷을 갈아입기 시작하는 바람에 충격을 받은 적이 있습니다. 오래 집중하다 보면 카메라가 켜진 것을 잊을 수 있으니 사건 사고가 생기지 않도록 항상 주의해야 합니다.

줌의 기능 중 가상 배경 화면은 많은 분이 즐겨 사용하는 도구입니다. 집이나 기타 장소에서 수업에 참여할 때, 주변 배경이 나오는 것이 마음에 걸린다면 아주 간단하게 원하는 그림, 심지어는 동영상으로 배경을 바꿀 수 있는 기능입니다.

2부 교육을 전환하는 도구

그림 2-112 ✛ 설정에서 [배경 및 필터]를 선택하면 다양한 가상 배경 화면을 적용할 수 있습니다. 영화의 한 장면이나 자연 풍경을 사용할 수도 있습니다. Canva 등을 이용하여 가상 배경 화면을 직접 디자인하면 그림 과 같이 학교 정보를 넣은 공식적인 느낌의 배경도 직접 만들어서 사용할 수 있습니다.

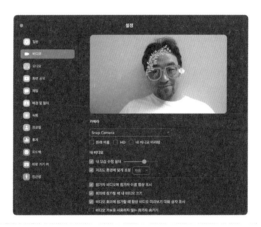

그림 2-113 ✛ 줌에서 제공하는 필터를 사용하면 아기자기한 증강 현실 스티커를 얼굴에 적용할 수 있습니 다. 좀 더 많은 필터를 원한다면 앞서 설명했던 스냅 카메라 앱을 PC에서 구동하고 나서 줌 설정에서 카메라 를 물리적인 PC의 카메라가 아닌 스냅 카메라로 변경하면 이처럼 다양한 필터를 적용할 수 있습니다. 다만, PC에 따라 속도가 떨어질 수 있습니다.

줌의 유용한 기능의 하나는 '잠시 마이크 켜기'입니다. 강의를 듣다 마이크를 켜고 참석을 원할 때는 스페이스 바를 길게 눌러 마이크를 켜면 됩니다(호스트가 설정에서 막을 수도 있습니다). 학생에게 질문하고 답변을 들을 때, 학생이 어렵게 여러 번 클릭하게 할 필요 없이 즉각적인 답변을 들을 수 있어서 선호하는 기능입니다.

줌의 또 다른 장점은 소회의실 기능입니다. 20명이 수업을 듣다가 5명 단위의 소그룹으로 모여서 토론을 해야 한다면 소회의실 기능을 통해 학생을 나눌 수 있습니다. 랜덤으로 그룹이 나눠져 회의실에 분배되지만, 드래그 앤 드롭 기능을 이용해서 손쉽게 학생의 위치를 변경할 수 있습니다. 제 아이가 줌으로 수업을 듣는 모습을 자주 보았는데 소회의실 기능을 적극적으로 활용하곤 했습니다. 수업 진행 중 이해를 못 하거나 질문이 있는 친구가 있으면 보조 교사가 주교사에게 양해를 구한 뒤 학생을 데리고 소회의실로 이동하여 내용을 확인하고 도와준 다음 다시 교실로 돌아오는 일이 빈번하게 일어납니다.

이외에도 줌은 다양한 기능을 계속 개발하여 추가하는 중입니다. 화면 공유 시 발표 자료 앞에 강연자를 띄워서 보인다거나 카메라 필터 기능을 이용해서 화장한 효과를 주거나 하는 것은 사용자의 불편함을 듣고 개선하려는 노력의 하나로 보입니다. 얼마 전에는 다양한 앱을 추가하는 기능이 대폭 업데이트되어 회의 참여자와 함께 게임까지 함께할 수 있는 토털 플랫폼이 되어가고 있습니다. 그래서 아직은 줌을 대체할 도구가 없는 듯합니다.

B. 구글 미트

구글 미트는 구글이 만든 화상회의 도구입니다. 구글의 평소 스타일대로 매우 쉽고 꼭 필요한 기능만 탑재하고 있었습니다만 코로나19의 여파로 줌이 약진하는 것을 보면서 줌의 기능을 많이 채용했습니다. 그 결과 줌과 비슷하지만, 막상 줌보다는 못한 도구가 만들어졌습니다. 개인적으로 구글 이노베이터라 구글 도구를 많이 쓰려 노력합니다만, 구글 미트는 잘 쓰지 않게 됩니다.

구글 미트의 장점으로는 일단 별도로 프로그램을 설치하지 않아도 PC에서 웹 브라우저를 통해 접속할 수 있다는 점입니다. 또한 구글의 인공지능을 적극적으로 활용하여 화자의 음성을 인식하여 실시간 자막으로 제공해 줍니다. 지금은 영어로만 제공됩니다만, 언젠가는 다른 언어도 지원하지 않을까 싶습니다. 이외에도 구글 도구와 잘 연계되어 있다는 장점이 있습니다. 특히 화이트보드로 사용할 수 있는 잼보드(Jamboard)가 한 세트로 묶여 있어서 수업하면서 다양한 판서 활동을 손쉽게 할 수 있습니다. 또한, 부가기능 앱을 자유로이 설치할 수 있으므로 원하는 기능을 구글이 제공하지 않더라도 제3의 개발자가 만든 기능으로 이를 보완할 수 있습니다.

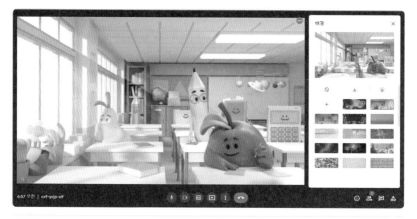

그림 2-114 ✧ 구글 미트에도 가상 배경 화면이 있습니다. 기본적으로 배경을 흐리게 하는 방법도 있고 이미지와 동영상을 넣는 방식도 있습니다.

그림 2-115 ✧ 구글 미트의 설정 창. 줌의 설정에 비해서는 훨씬 간단하고 기능이 많지 않아서 쉽게 적응할 수 있습니다.

그림 2-116 ✦ 구글 미트와 연동되는 잼보드. 수업을 진행하면서 다양한 판서 강의를 동시에 할 수 있습니다. 기존에 사용하던 잼보드를 불러올 수도 있어서 하나의 파일에 계속 판서하고 이후에 이를 PDF 파일로 나눠줄 수 있습니다.

그림 2-117 ✦ 별도로 열리는 구글 잼보드 창에서 판서를 진행합니다. 아무래도 원격에서 온라인으로 수업을 진행할 때는 듀얼 모니터를 사용하는 것이 좋습니다.

C. 그 외의 도구

줌과 구글 미트 외에 활용할 수 있는 여러 화상회의 도구를 소개하겠습니다.

웹엑스(Webex)는 주로 대기업이 사용하는 서비스입니다. 서버가 안정적이므로 천 명 단위로 참여해도 문제가 없다고 합니다.

구루미(biz.gooroomee.com)는 국내 기업의 프로그램입니다. 온라인 독서실이라는 콘셉트로 학생이 자신의 공부 환경을 스트리밍하고 이것을 서로 보면서 경쟁도 하고 격려도 하는 서비스인데요, 그 스트리밍 기술력을 이용해서 화상회의를 출시했습니다. 회의하는 모습을 유튜브나 페이스북으로 라이브 송출할 수도 있고 화이트보드와 온라인 회의록 기능도 있습니다. 학생출석부도 내려받을 수 있으므로 편리합니다. 다만 일대일 화상회의까지만 무료이고 그 이상의 기능은 유료입니다.

그림 2-118 ✛ 구루미 화면입니다. 화상회의 중에 화이트보드를 통해서 브레인스토밍을 편리하게 진행할 수 있습니다. 전체적인 디자인이 깔끔합니다.

미더스(Meetus)는 SK텔레콤이 만든 서비스입니다. 줌이나 구글 미트랑 비슷한 느낌이지만, 초기 단계라 아직 기능이 다양하지는 않습니다.

고투미팅(Gotomeeting)은 비즈니스 요소를 가미한 화상회의 도구입니다. 재미있게도 특정 강의 세션을 판매할 수 있는 기능이 있습니다. 예를 들어 꼿꼿이 강의를 진행하길 원하면, 화상회의를 예약해두고 수강자가 강의를 결제하면 강의에 들어올 수 있도록 해주는 식입니다.

웨어바이(whereby.com)는 북유럽 감성이 넘치는 재미있는 화상회의 도구입니다. 특징적인 것은 만든 회의방 번호가 도메인 주소로 정해진다는 것입니다. 따라서 언제 어디서나 누구든지 해당 주소를 입력하면 마치 방문을 두드리듯이 들어와서 회의를 할 수 있습니다. 심지어 노크 기능을 그대로 구현하여 노크 메시지가 들어오면 잠시 상대방의 얼굴을 본 뒤에 승낙 여부를 결정할 수도 있습니다(참고로, 저에게 부여된 화상회의 방 주소입니다. https://whereby.com/googleinnovator). 24시간 내내 있을 수는 없지만, 수요일 오후 2시부터 3시까지 상담 시간이라고 정해 놓고 이 링크를 공유한다면 직접 방을 찾아가지 않아도 편하게 학생과 상담을 할 수 있습니다. 무료 기능에서는 최고 100명까지 모아서 45분간 회의할 수 있습니다. 하지만 이러한 가격 정책은 수시로 변할 수 있으니 확인해야 합니다.

그림 2-119 ↔ 북유럽 느낌의 화상회의 도구 웨어바이. 회의방 번호를 무작위가 아닌 고정된 도메인 이름으로 제공한다는 특징이 있습니다. 방문자가 노크하면 문을 열어 방문을 허락하는 재미난 서비스입니다.

이외에도 블루진스(Bluejeans), 짓시(Jitsi), 온더라이브, 페이스타임 등도 교육 현장에서 사용할 수 있는 도구입니다. 여러 차례 말했듯이 100% 완벽한 화상 교육 도구는 없습니다. 모두 조금의 한계점이 있습니다. 이 도구를 어떻게 잘 꿰어 사용하는가는 구슬러가 될 여러분의 몫입니다.

▪ 온라인 수업 노하우: 줌

도구에 대해 전반적으로 살펴보았으니 제가 즐겨 사용하는 줌을 기준으로 저만의 온라인 수업 노하우를 소개하겠습니다.

1. 줌은 학생이 없어도 교사가 먼저 회의방에 들어가 있을 수 있습니다. 따라서 평소에 줌에 혼자 들어가서 화면 공유도 해보고 채팅도 해보면서 메뉴 위치 등을 익힐 것을 추천합니다.

2. 화면 공유가 중요합니다. 특히 듀얼 모니터를 사용해서 파워포인트나 키노트를 공유한다면 발표 화면이 아닌, 엉뚱한 화면이 공유되지 않도록 미리

충분히 연습하는 것이 좋습니다. 모니터링할 사람이 필요하다면 스마트폰에 줌을 설치한 다음, 회의 번호와 비밀번호를 입력하고 들어가 실제 수업이 어떻게 보일지 미리 확인하는 것도 좋습니다.

3. 기술적인 문제로 수업이 지연될수록 학생의 짜증이 크게 증가한다는 연구 결과가 있습니다. 오프라인에서는 여유롭게 기다리던 학생도 온라인 상황에서 이러한 기다림이 발생하면 갑작스럽게 집중력과 인내심이 바닥나는 것을 볼 수 있습니다. 오프라인에서는 친구와 대화하며 기다릴 수 있지만, 온라인에서는 그것이 어려워서 그런 것이겠지요? 무언가 오류가 있다고 해서 당황하면 안 됩니다. 학생 스스로 활동할 수 있는 내용을 항상 준비하고 문제가 생기면 각자 과제를 할 수 있도록 안내하세요.

4. 수업 시작이 10시라고 한다면 저는 시작 시각보다 15분 정도 미리 들어가 시작합니다. 줌에는 '대기실'이라는 기능이 있습니다. 10시 강의 전까지 학생들을 대기실에 모아두고 10시가 되면 연다는 개념인데요. 수업과 관계없는 이들이 불쑥 들어오는 '줌바밍'을 막을 수 있다는 장점이 있습니다. 그러나 오히려 학생들은 수업 전에 서로 소통할 수 없고, 오히려 수업 시작이 지연되는 문제가 생깁니다. 수업이 10시에 시작하면 이후에 마이크가 안 켜져요, 카메라가 안 돼요, 등 여기저기서 문제가 발생하고 이를 해결하고 나서 실제 수업을 시작하는 시간은 10시 15분이 됩니다. 그러니 15분 전에 교실을 여는 것이 맞겠죠. 교실을 미리 열고 학생들이 미리 들어와서 수업을 준비할 수 있는 여유를 주세요.

5. 15분 먼저 줌에 교실을 열고 뭘 해야 할까요? 저는 신청곡을 틀어줍니다. 카메

라 및 화면을 공유하고 마이크를 켠 다음 스마트폰 앱을 이용해 음악을 재생합니다. 신청곡은 채팅창을 통해서 받습니다. 신청곡이 선정된 학생은 그날 하루 수업 참여도도 좋습니다. 기분이 좋아서일까요? 아니면 라디오에 사연이 선정된 기분일까요? 학생이 좋아하는 음악 이야기를 하면서 음악 방송 흉내도 내니 분위기도 한결 좋아집니다. 무엇보다 접속하는 학생으로서는 음향 체크, 화면 공유 체크, 카메라 체크가 자동으로 되니 너무나 편리합니다. 이런 과정을 거치면 10시가 되면 바로 수업을 시작할 준비가 끝납니다.

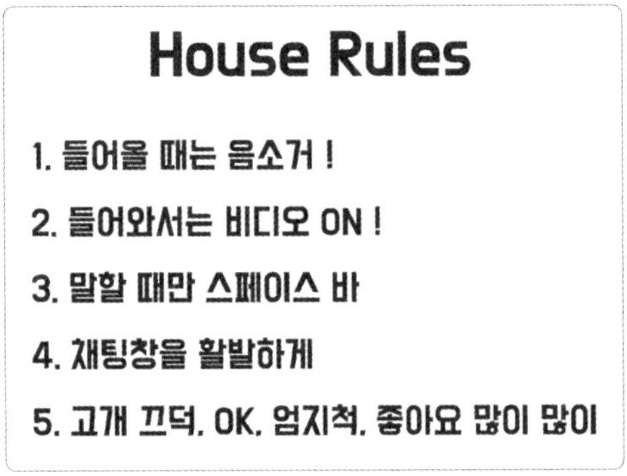

House Rules

1. 들어올 때는 음소거 !
2. 들어와서는 비디오 ON !
3. 말할 때만 스페이스 바
4. 채팅창을 활발하게
5. 고개 끄덕. OK. 엄지척. 좋아요 많이 많이

그림 2-220 ✛ 수업 시작 15분 전에 미리 공유하는 화면입니다. 학생에게 미리 주의해야 할 사항과 공지 사항을 슬라이드로 만들어 보여주면 이 역시 시간을 절약하는 좋은 방법이 됩니다. 화면 공유가 잘 되는지도 미리 확인할 수 있습니다.

6. 출석을 부를 차례입니다. 출석부를 보고 한 명 한 명 부르는 것도 좋겠습니다만 아무래도 시간이 오래 걸리고 그러다 보면 학생의 집중도가 떨어질 수 있습니다. 줌에 있는 주석(Annotation) 기능을 활용하면 화면 상에 누구나 필기할 수 있는데요, 출석부를 띄우고 학생이 자신의 이름을 적거나 이름

2부 교육을 전환하는 도구

옆에 서명할 수 있도록 하면 자연스럽게 참여도 하고 수업 준비도 하면서 효과적으로 출석을 확인할 수 있습니다.

그림 2-221 ⊕ 출석부를 통해 매번 호명하는 것보다는 줌의 '주석' 기능을 이용하면 재미있는 출석 부르기 시간이 가능합니다. 공유 화면에 출석부를 띄워 두고(그림에서는 빈칸입니다만 실제 교실 상황에서는 학생 이름을 적습니다.) 그 위에 학생이 오는 대로 주석 기능을 이용해서 출석을 확인하는 것입니다. 학생들은 직접 이름을 손으로 쓰거나 스티커를 찍거나 그림을 그릴 수 있습니다. 물론 대출(대리 출석)도 가능한 상황입니다만. 물리적으로 수업을 듣고 있어도 정신적으로 수업을 안 듣는다면 출석에 큰 의미는 없다고 생각합니다. 저는 대출을 잡아내는 것보다는 출석한 학생이 정말 정신적으로 출석하도록 하는 데 더 큰 의미를 두려고 노력합니다.

7. 수업을 시작하면 최대한 학생과 소통하려 노력합니다. 매번 질문하고 답을 들을 수 있다면 좋겠지만, 마이크로 한꺼번에 이야기하면 소리가 겹치기 때문에 저는 수신호를 많이 사용합니다. 엄지 척, 오케이, 손하트 등등을 통해서 "여기까지 이해했으면 오케이 하세요.", "제가 문제를 지금 맞게 풀었다고 생각하면 엄지 척해주세요." 등 학생에게 자신의 웹캠을 적극적으로 활용하도록 권장합니다.

8. 모니터 2대를 이용하여 하나는 발표 화면, 하나는 갤러리 뷰로 학생 모두의 얼굴

을 띄워 놓습니다. 줌에서는 기본적으로 25명, 설정을 바꾸면 최고 49명까지 한꺼번에 볼 수 있습니다. 강의를 진행하다 보면 점점 머리만 나오는 학생부터 카메라를 가리는 학생 등 다양한 반응이 나타나는데요, 온라인은 오프라인보다 더욱 소통에 공을 기울여야 합니다. 잠깐이나마 연결의 실이 끊어지면 그 순간 줌 강의는 온라인 소통이 아닌 죽어 있는 동영상 강의가 되어버립니다. 따라서 학생들과 이야기하고 이름을 불러주면서 관심의 끈이 끊어지지 않도록 노력해야 합니다. 당연히 오프라인 수업보다 진도가 느려질 수 있습니다만, 오히려 더 많은 소통을 통해 새로운 교육을 시작할 수 있습니다. 어쩌면 우리가 놓치고 있던 이상적인 교육은 이러한 형태일지도 모르겠습니다.

9. 채팅창을 적극적으로 활용하도록 권장합니다. 저는 이를 백그라운드 채널이라고 부릅니다. 교실 현장에서는 '지방방송'이라 해서 학생끼리 이야기하는 것을 금기시하지요. 수업 분위기를 흐린다고 말입니다. 하지만, 온라인에서는 이런 이야기가 터져 나오는 것을 권장합니다. 온라인 화면으로 수업을 듣는 것은 학생의 정보 습득 능력을 약간은 무시하는 행위입니다. 너무 단조롭고 지루하죠. 스테레오로 음악을 듣다가 갑자기 모노로 듣는 느낌이라고나 할까요? 그래서 저는 채팅창을 통해서 계속 질문하고 소통할 수 있도록 권장합니다. 누군가가 질문을 하면 제가 답변을 하기도 전에 누군가 답을 달아줍니다. 이것이 바로 피어 티칭(Peer Teaching), 피어 러닝(Peer Learning), 즉 교육의 궁극의 형태라고 생각합니다. 교사보다 동료 학습자에게 배웠을 때 더 잘 배우고 오래 기억할 수 있습니다.

10. 줌을 통한 수업이 딱딱하고 지루해서는 안 됩니다. 영화의 악당 조커가 이야기하는 "Why So Serious?"가 저에게는 하나의 정신적 가이드라인입니다. 배움은 즐거운 것이죠. 진지하고 엄숙하고 무거울 필요는 없다고 생각합니다. 진지하게 가르치는 선생님들이 많으실 테니 저 하나 정도는 좀 가볍게 수업하며 학생의 숨통을 틔워주어도 좋지 않을까 생각합니다. 사실 플립 러닝을 제대로 하려면 진지한 분위기가 되어서는 안 되기도 합니다. 엄숙한 분위기보다는 즐겁게 이야기하고 도전하고 발표하고 나눌 수 있는 분위기를 만들어 주십시오.

11. 줌으로 강의할 때는 기기를 하나 더 준비해서 판서용으로 활용하면 편리합니다. 아이패드나 갤럭시 탭처럼 화면이 크고 별도의 펜이 있다면 더욱 편리하겠죠. 중요한 내용을 빨간 펜으로 줄을 긋거나 그래프나 표, 공식 등을 자세히 설명할 때 편리하게 사용할 수 있습니다. 프레젠테이션 중 키보드의 [W] 키나 [B] 키를 누르면 배경이 밝게 또는 어둡게 바뀌어 필기가 잘 보입니다. 이를 위해서는 수업을 하는 노트북이나 PC 외에 모바일 기기에서 줌에 추가적으로 참여해야 합니다. 단, 스피커 소리를 마이크가 다시 잡으면서 하울링 현상이 생길 수 있으니 반드시 모바일 기기의 마이크와 스피커를 꺼두어야 합니다.

그림 2-222 ⊕ 판서를 위해서는 먼저 화면을 공유해야 합니다. 발표 화면을 공유하면 새로운 메뉴가 생기는데, 여기서 주석 작성에 들어가면 됩니다. 판서, 텍스트, 도형 등을 누구나 화면에 입력할 수 있습니다.

이외에도 줌을 활용한 원격 수업의 노하우는 다양합니다. 끊임없이 진보하는 도구 덕분에 저 역시도 계속 도구 업데이트 여부를 확인하며 기능을 공부하는 실정이니 도구를 잘 다루지 못한다고 해서 큰 흉은 아닙니다. 일단 무엇보다 좋은 소식이 있습니다. 전 세계에서 가장 오래전부터 줌을 쓰고 널리 애용한 것이 대한민국 사람이라는 연구 결과가 발표되었답니다. 대단한 결과죠. 일반적으로 줌을 사용하는 사람을 부를 때는 Zoom에 '-er'을 붙여서 'Zoomer' 즉, '주머'라고 불렀는데요, 무려 500여 년 전에 식당에서 줌을 쓰는 사람을 찾고자 그렇게 여기저기서 '주머~ 주모~'하며 부르는 소리가 났었다는 보고가 있네요. 전 세계에서 가장 잘 쓰는 민족으로서 너무 걱정하지 마시고 하나하나 차근차근 사용해 보면 좋겠습니다. 아, 물론 농담이니 사실이라고 오해는 하지 마시길 바랍니다!

코로나19 때문에 갑작스럽게 전국, 전 세계가 온라인 수업으로 넘어가 버렸습니다. 그리고 이제 줌을 넘어서는 새로운 형태의 원격 수업이 등장하기 시작했습니다. 게더 타운(Gather Town)이라는 앱은 실제 학교 현장에서 학생이 이동하면서 서로 소통하는 듯한 모습을 구현합니다. 마치 싸이월드의 미니룸과 같은 느낌의 8비트 수준의 그래픽을 제공하는데, 다양한 기능이 많아 학생이 좋아합니다. 이외에도 마인크래프트에서 학생을 모으고 반장 선거를 하고 수업을 하는 사례도 있습니다. 이제 교실에서만 공부할 수 있다는 편견이 전 세계적으로 깨진 것은 아닐까 싶습니다. 흔히 말하는 메타버스가 시작된 것입니다. 이제 중요한 것은 어떻게 더 확장하고 잘 관리할 것이냐는 것이죠. 기술의 진보는 인류의 편리함과 개발 업체의 이익을 위해 막무가내로 진행될 가능성이 많습니다. 이럴 때일수록 주관을 가지고 도구를 잘 선별하여 사용하는 모두의 노력이 더욱 중요할 것으로 생각합니다. 특히 이러한 서비스들은 사용 연령에 제한이 있을 수 있으니 약관을 잘 확인하고 안전하게 도입하여 사용하길 바랍니다. 참고로 게더 타운은 어린이들에게는 허용되지 않는 서비스이니 주의하길 바랍니다.

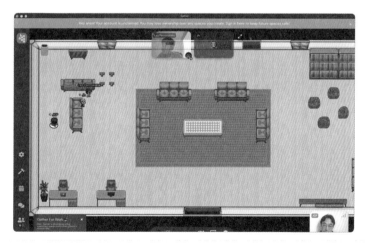

그림 2-223 ⟶ 게더 타운이라는 소프트웨어를 이용하여 학생을 온라인 공간으로 초대합니다. 자유로이 이동하며 실제 물리적 공간에서 활동하듯이 서로 이야기하고 상호작용할 수 있습니다. 가까워지면 얼굴이 보이다 멀어지면 얼굴이 사라지는 방식입니다. 재미있죠.

08

온라인 콘텐츠의
바다에 뛰어들자

사실, 온라인 콘텐츠의 시대가 오면서 많이 피곤해진 것은 사실입니다. 예전 같았으면 퇴근 후에 가족들과 식사하고 이런저런 이야기를 하다 잠이 들어도 그 다음날 생활하는 데 큰 불편함이 없었습니다. 하지만 이제 온라인, 오프라인, 공중파, 지상파, 구독형 OTT(넷플릭스, 티빙, 아마존 프라임 비디오, 디즈니 플러스, 패러마운트 플러스 등) 그리고 MOOC 등을 이용한 온라인 학습까지. 하루 종일 이런 것들만 보아도 시간이 부족할 정도로 많은 정보가 쏟아져 나오고 계속 공유되고 재생산되고 있습니다.

이 모든 것에서 뒤처지는 고립 공포감 '포모(FOMO, Fear of Missing out)'의 문제는 심각합니다. 깨어 있는 순간에는 멈추지 않고 콘텐츠를 소비하고 어딘가에 접속되어 있어야 위안을 삼을 수 있는 시대가 시작된 것이죠. 하지만 이런 콘텐츠의 범람의 시대 덕분에 교육계는 그 어느 때보다 풍족한 자료의 호황을 누릴 수 있게 되었습니다.

자료를 찾기 위해 공립 도서관, 국립 도서관 심지어는 타 도서관에 문헌을 신청하면서 공부해야 했던 시절이 생각납니다. 하지만 이제 우리는 편하게 책상 앞에 앉아서, 심지어는 지하철에서 스마트폰을 들고 있는 상태에서도 자료를 검색할 수 있게 되었습니다. 이제는 '구하기 어려운 자료'가 귀한 자료가 아니라 수많은 자료 속에서 정말 읽을 만한 가치를 가진 자료가 귀한 자료라 할 수 있습니다. 그렇기 때문에 그 어느 시절보다 검색 능력이 더욱 중요해졌습니다. 좋은 자료를 잘 발굴해 내야 하기 때문이죠.

앞으로 어떤 과목을 지도하건, 피해갈 수 없는 부분이 바로 '환경'입니다. 기후 변화는 이제 기후 위기로 다가오게 되었고, 우리가 환경 친화적이고 지속 가능한 방식으로 생활을 영유하지 않는다면 모든 인류의 생존이 위협을 받을 수준까지 오게 되었습니다. 이러한 시점에서 환경 관련 교육의 콘텐츠로 가장 추천하고 싶은 곳은 **내셔널 지오그래픽**입니다. 우리에게는 멋진 겨울 점퍼나 여행 가방에 붙어있는 로고로 잘 알려져 있지만, 사실 내셔널 지오그래픽은 1888년 지리학적 지식을 축적하고 전파하기 위한 목표로 33명의 교육자, 사업가, 환경보호론자 등에 의해 설립된 학술 단체입니다. 무려 130년이 넘은, 전 세계에서 오래된 비영리 단체 중 하나입니다. 이들은 지리학, 생태학, 여행, 역사, 환경 등 다양한 분야를 다루고 있고 이들이 수집한 정보들을 다양한 형태로 세상에 제공하고 있습니다. 디즈니 채널과 조인트 벤처를 운영하면서 다양한 다큐멘터리를 만들어서 영상을 제공하기도 하고, 동명의 잡지도 전 세계 40개 언어로 제공하고 있습니다. 하지만 교실 현장에서 가장 사용하기 편리한 것은 바로 내셔널 지오그래픽 교육 홈페이지(https://www.nationalgeographic.org/education/)입니다. 이곳에 들어가면 각 학년과 과목에 맞는 교육 자료들이 깔끔하게 정리되어 있는데 그 양이 대단합니다. 초등학교 6학년을 위한 자료의 수만 무려 3,800건입니다. 활동지, 기사, 컬렉션, 인포그래픽, 지도 사진, 비디오 등의 다양한 형태로 구비되어 있고 생물학, 지리학, 종교, 건축학 등 세부 과목의 종류도 방대합니다.

그림 2-224 ⊕ 내셔널 지오그래픽 교육 포털. 학년별, 과목별, 주제별로 방대한 교육 자료가 정리되어 있습니다. 필요한 주제를 찾아 자료를 클릭하면 PDF와 이미지, 비디오 등의 형태로 무료 자료를 마음껏 누릴 수 있습니다.

그림 2-225 ⊕ 리소스 라이브러리. 학년별, 활동별, 과목별로 필터링을 하면 원하는 수업 자료를 바로 찾을 수 있습니다.

2부 교육을 전환하는 도구

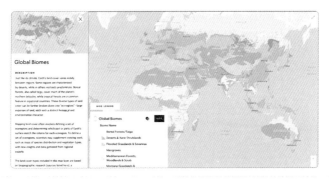

그림 2-226 ⊕ 전 세계의 기후 조건에 따라 만들어진 바이옴(biome)에 대한 자료. 지도를 130년 넘게 다루어온 단체의 콘텐츠답게 학생이 보는 자료 수준이라고 보기에는 상당히 깊은 내용들이 제공되고 있습니다.

내셔널 지오그래픽에서는 특별 과정을 통해 교육자들에게 인증 자격을 제공하고 있습니다. 제가 내셔널 지오그래픽 교육자 인증을 받기 위해 사용했던 활용 사례를 소개하고자 합니다. 의학 영역에서 질병의 전파 과정을 연구하는 역학(Epidemiology)은 집단 감염을 예방하고 적절히 대처하는 데 있어 필수적인 학문입니다. 하지만 질병이라는 것이 세균이나 바이러스를 통해 전파된다는 것을 몰랐던 시절에는 역학 조사를 하는 것이 쉽지 않았죠. 1800년대만 해도, 세균이 아닌 '나쁜 공기' 또는 '미아즈마(Miasma)'라는 존재가 병을 전파한다고 믿어졌습니다. 그러니 제대로 된 역학 관계는 파악하기 불가능했겠죠. 하지만 근대 의학에서 역학의 아버지라 불리는 존 스노우 박사는 그렇게 생각하지 않았습니다. 1854년 영국 런던에 창궐했던 콜레라의 원인을 미아즈마가 아닌 '물'에 있다는 것을 역학 조사를 통해 밝혀낸 것이죠. 그 과정이 매우 흥미롭습니다.

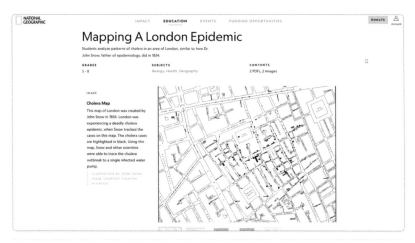

그림 2-227 ◈ 영국 런던 소호 지역의 지도가 제시된 내셔널 지오그래픽의 교육 리소스 홈페이지. 사망자들의 위치가 점으로 기록되어 있는 것이 보입니다. 흔히 접하기 어려운 자료인데, 이미 수업용으로 정리까지 완료된 상태입니다.

우선 존 스노우 박사는 콜레라의 원인을 찾기 위해 다른 의사들과는 달리 직접 가가호호 방문하기 시작합니다. 그리고 지도에 사망자가 살고 있는 집의 위치를 기록하기 시작합니다. 쉬운 일은 아니었겠죠. 게다가 의사로서 이러한 일을 한다는 것은 당시 권위를 중시했던 의료인 사회에서는 받아들이기 어려운 일이었을 것입니다. 하지만 존 스노우 박사는 개의치 않고 열심히 지도 상에 기록하여 정보를 수집하기 시작합니다. 정보가 누적되면 패턴이 보이고 통찰력이 생기게 됩니다. 어느 정도 정보가 수집되자 사망자들의 거주지가 밀집해 있었다는 것을 알게 됩니다. 물론 이 시점에서 '미아즈마와 같은 악취가 퍼져나가서 병을 전파했겠구나'라고 생각하고 이전과 똑같은 결론을 내릴 수도 있었을 것입니다. 하지만 존 스노우는 지도 정보를 잘 활용한 인물이었습니다.

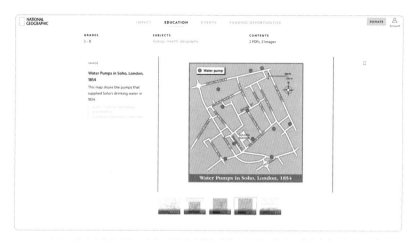

그림 2-228 ⊕ 내셔널 지오그래픽 교육 리소스 홈페이지에 올라가 있는 다양한 지도 자료. 이 지도에는 영국 런던 소호 지역의 공동 우물 위치가 기록되어 있습니다.

그가 사용했던 지도 중에는 소호 지역의 공동 우물 즉 식수원이 기록된 지도가 있었던 것 같습니다. 존 스노우 박사는 사망자 위치 지도와 우물의 위치 지도를 겹쳐 보는 순간 문득 우물 위주로 사망자들이 몰려 있다는 것을 깨달았던 것 같습니다. 그는 어쩌면 물이 콜레라의 전파원일 수도 있다고 생각하고 마을 우물 펌프의 손잡이를 떼어 내서 사람들이 그 우물에서 나오는 물을 먹지 못하도록 합니다. 그리고 그 이후 콜레라 환자의 수가 줄어들게 되었습니다. 물론 어느 정도는 각색되어 알려진 부분도 있지만 확실한 것은 존 스노우 박사가 지도 정보를 적극적으로 활용했다는 사실입니다. 당시 의학의 관점에서 보았을 때는 획기적인 시도였겠지요? 아마 그 당시 의학자들로 보아서는 이제 '지도를 활용한 의학의 전환'이 시작된다고 놀라워하고 걱정도 하고 그랬을 것 같습니다. 지금 디지털 전환과 비슷한 상황이겠지요.

그림 2-229 ⊙ 존 스노우 박사의 업적을 기리고자 영국 런던 브로드 스트리트에는 아직도 펌프 핸들이 제거된 우물이 기념비적으로 남아있습니다. (출처: 위키피디아 – '1854 Broad Street cholera outbreak')

이렇게 흥미로운 이야기를 들려주면서 지도 몇 장을 학생들에게 나누어 주고, 학생들이 직접 콜레라 환자의 분포와 우물의 위치를 분석하도록 수업을 진행하면 학생들은 지리 정보를 이용한 분석이 얼마나 과학적이었는지 깨닫게 될 것입니다. 하지만 아무래도 체험 정도로 수업이 끝나서는 안 되겠지요. 말씀드린 리소스 사이트에는 수업을 위한 지도 자료는 물론이고 수업 목표가 정리되어 있습니다. 다음은 그 예시입니다.

2부 교육을 전환하는 도구

과목 및 분야

- 생물학
- 건강
- 지리학

학습 목표

이 수업을 통해 학생들은 다음 목표를 수행할 것입니다.

- 문제를 해결하기 위해 지도를 분석한다.
- 전염병 지도 작성 단계를 따르고 결론이 어떻게 도출되었는지 평가한다.

교수법

- 브레인스토밍
- 토론
- 시각적 지시

기술 요약

이 활동은 다음 기술을 대상으로 합니다.

- 21세기 학생 성과

- 학습 및 혁신 기술
  - 커뮤니케이션 및 협업
  - 비판적 사고 능력
  - 이해

- 지리적 기술
  - 지리 정보 분석

체계적으로 수업이 구성되어 있으니 학습 교안을 작성하기에도 참으로 편리하겠지요? 게다가 영어 과목과 연계해서 수업하는 것도 매우 손쉽습니다. 일단 자료가 모두 영어로 되어 있고 사용되는 어휘들이 일목 요연하게 정리되어 있기 때문입니다. 앞서 소개한 존 스노우 박사의 업적과 관련된 자료는 다음 링크에서 만날 수 있습니다(https://www.nationalgeographic.org/activity/mapping-london-epidemic/). 이외에 또 어떤 자료들이 있을지 검색해 보고 수업에 적용하는 것은 이제 독자 여러분의 몫이 되겠습니다.

Vocabulary

cholera _Noun_
infectious, sometimes fatal disease that harms the intestines.

disease _Noun_
harmful condition of a body part or organ.

epidemic _Noun_
outbreak of an infectious disease able to spread rapidly.

epidemiology _Noun_
study of how disease spreads and can be controlled.

map _Noun_
symbolic representation of selected characteristics of a place, usually drawn on a flat surface.

map skills _Noun_
skills for reading and interpreting maps, from learning basic map conventions to analyzing and comprehending maps to address higher-order goals.

medical geography _Noun_
area of medical research that incorporates geographic techniques into the study of health around the world and the spread of diseases. Sometimes called health geography.

그림 2-230 ✛ 사용되는 어휘 정리. 지리 수업이지만 보건, 영어, 역사 등 과목과 함께 융복합 수업이 가능합니다.

이외에도 학생들이 손쉽게 접근하고 흥미를 가질 만한 데이터 베이스로는 구글 두들(https://www.google.com/doodles/)을 들 수 있습니다. 구글 두들은 1998년, 구글의 설립자 래리 페이지와 세르게이 브린이 버닝맨(Burning Man)* 행사에 참가하기 위해 회사를 비운 기간 동안 구글 로고에 버닝맨 로고를 겹쳐서 사용한 것이 최초였습니다. 이후 구글은 구글 로고를 다양한 이벤트에 맞게 바꾸어 게시하고 이를 구글 두들이라고 부르기 시작했습니다. 처음에는 단순한 기념 정도로 그치고 말았지만 세월이 지남에 따라 점점 구글 두들은 기술적으로 진보하기 시작했습니다. 2010년도에 처음으로 움직이는 이미지를 사용하여 아이작 뉴턴의 탄생을 기념하였습니다.

그림 2-231 ⊕ 2010년 1월 4일 아이작 뉴턴의 생일을 기념하는 구글 두들. 사과가 떨어지는 움직이는 이미지로 제작되었습니다.

---

* 미국 네바다주 블랙록 사막에서 개최되는 행사로 일 년에 한 번, 일주일에 걸쳐 개최됩니다. 행사 중, 토요일 자정에 사람 모양의 조형물 더 맨(The Man)에 불을 내고, 그것을 완전히 소각하는 것에서 유래한 이름입니다.

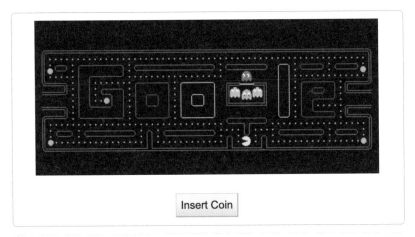

그림 2-232 ⊕ 구글 두들 최초로 인터랙티브 요소가 도입된 팩맨 30주년 기념 구글 두들. 클릭하면 게임을 할 수 있습니다. 게임을 해 보고 싶다면 다음 URL로 방문하길 바랍니다. URL: https://bit.ly/팩맨(원래 주소 :https://www.google.com/doodles/30th-anniversary-of-pac-man)

이후에도 구글 두들팀은 다양한 경축일을 기념하여 계속해서 두들을 만들었는데 이 중에는 교육적으로도 도움이 될 만한 내용이 많습니다.

그림 2-233 ⊕ 바흐의 생일을 기념하여 구글이 인공지능을 이용하여 바흐풍의 화성을 만들어 연주해주는 두들을 소개하였습니다. 사용자가 입력한 멜로디에 맞추어 화음을 연주해 줍니다. 음악 수업 시간에 화성악의 기초를 소개하기에 좋은 활동입니다. 링크를 통해 바로 접근 가능합니다. URL: https://www.google.com/doodles/celebrating-johann-sebastian-bach

2부 교육을 전환하는 도구

바흐가 있다면 베토벤도 빠질 수 없겠죠? 베토벤의 유명한 '운명 교향곡'이나 '엘리제를 위하여'의 곡을 듣고 순서가 뒤바뀐 악보를 찾아서 정리하는 간단한 게임도 구글 두들로 소개되었습니다. 바로 베토벤 탄생 245주년을 기념하는 날이었습니다(https://www.google.com/doodles/celebrating-ludwig-van-beethovens-245th-year).

그림 2-234 ✥ 베토벤의 명작들을 듣고 악보의 순서를 맞추는 게임

이외에도 비발디, 모차르트 등도 구글 두들 속 주인공이 된 적이 있었습니다만, 워낙 구글 두들 초창기에 만들어진 것이라 인터랙티브한 요소는 빠져있습니다. 구글 두들에서도 앞서 설명한 환경 요소를 수업에 적용할 수 있는 관련 자료를 찾을 수 있습니다.

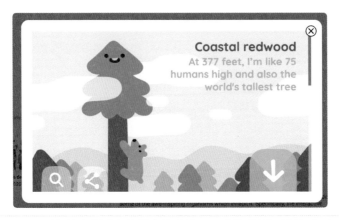

그림 2-235 ⇨ 1970년도부터 미국에서 시작된 '지구의 날(어스 데이)'을 기념하는 구글 두들. 2019년에는 다양한 환경 정보를 설명하는 애니메이션이 구글 두들로 소개되었습니다(https://www.google.com/doodles/earth-day-2019).

영화 <휴고>를 재미있게 보셨다면 영화에 등장했던 전설적인 프랑스 영화감독 조르주 멜리에스(Georges Méliès)의 영화에 대해 궁금해하셨을 것 같습니다. 원래는 마술사였던 그는 나중에 환상적인 도구들과 기술을 이용해 당시 영화로서는 혁신적인 효과들을 만들어 냈었는데요. 그의 생일을 기념하는 구글 두들은 특별히 가상 현실과 360도 인터랙티브 두들을 통해 그가 만들었던 다양한 특수 효과들을 경험할 수 있는 콘텐츠로 재탄생하였습니다(https://www.google.com/doodles/celebrating-georges-melies). 원래는 구글 카드보드와 같은 장비가 있어야 제대로 감상할 수 있습니다만 유튜브에서는 마우스를 드래그함으로써 360도로 감상할 수 있습니다(https://bit.ly/휴고).

그림 2-236 ⊕ 조르주 멜리에스 감독의 생일을 기념하는 **백 투 더 문**이라는 제목의 360도 영상. 브라우저에서 보이는 화면이 전부가 아니니 꼭 마우스를 이용해서 화면을 360도로 드래그 하면서 감상하길 바랍니다.

1847년 헝가리 의사 이그나즈 제멜바이스(Ignaz Semmelweis)는 당시 산욕열로 사망하던 임산부들을 돕기 위해 손을 깨끗하게 씻자는 주장을 합니다. 당시 오스트리아 비엔나 일반 병원 산부인과의 치프 레지던트가 된 제멜바이스는 산파들이 아이를 받는 병실과 당시 교수들이 아이를 받는 병실의 산모 사망률이 큰 차이를 보인다는 사실을 깨달았습니다. 놀랍게도 사망률은 교수에 의해 출산한 산모 쪽에서 월등히 높았습니다. 당시 장갑을 낀다거나 손을 씻는다는 개념이 없던 의과대학에서는 인체 해부학을 한 뒤 손에 피를 묻힌 상태로 수술방으로 들어오는 것을 일종의 명예로 여기는 풍습이 있었다고 합니다. 당연히 오염된 손으로 아이를 받는 과정 중에 감염이 발생할 수밖에 없었을 것입니다. 이에 제멜바이스는 산파들이 아이를 받기 위해 물을 끓이고 이를 통해 손을 깨끗이 씻는 절차를 거친다는 것을 알게 되고 염화 석회수를 이용해 손을 씻는 것이 사망률을 줄일 수 있는 방법이라고 생각하였습니다. 그는 연구를 통해서 1847년 5월, 손을 씻기 시작한 이후 18.3%에 달하던 사망률이 그해 7월 1.2%, 그 다음 해에는 0%로 감소했다는 데이터를 제시하였습니다.

하지만 당시 의학계는 몹시도 권위적이었고 제멜바이스의 이러한 이야기를 믿지 않았습니다. 이 때문에 그는 많이 괴로워했고 결국 47세의 나이로 정신병원에 강제 입원 당하고, 입원한지 14일 만에 사망하게 됩니다. 종이에 손을 베여서인지 아니면 간호사에게 맞아서 감염이 된 것인지는 알 수 없으나 어쨌건 손에 생긴 감염으로 사망하게 되었으니 참으로 아이러니가 아닐 수 없습니다. 특히 코로나 바이러스로 인한 팬데믹이 시작되던 시기인 2020년 3월 20일, 구글 두들에서는 제멜바이스에 대한 헌사로 손 씻기 교육을 영상화한 구글 두들을 제작하였습니다(https://www.google.com/doodles/recognizing-ignaz-semmelweis-and-handwashing).

그림 2-237 ✛ 제멜바이스의 손 씻기 교육 영상이 제시된 구글 두들

복잡한 애플리케이션이나 화려한 자료는 아니지만 구글 두들이라고 하는 형식을 통해서 세계의 다양한 인물들과 기념일을 배울 수 있는 좋은 콘

텐츠입니다. 현재 구글 두들은 4000여 개 정도의 콘텐츠가 존재한다고 합니다. 마음먹고 보기 시작해도 어쩌면 한 번에 다 보지 못할 양일지도 모르겠습니다. 수업 내용과 관계있는 콘텐츠를 우선적으로 검색해 보는 식으로 접근하면 어느 순간 꽤 많은 양들을 검색할지도 모릅니다. 구글을 만드는 이들이 주로 영미권 사람들이기 때문에 아무래도 콘텐츠의 내용이 편중되어 있을 수 있습니다. 앞으로 동양의, 특히 한국의 내용들을 구글 두들로 많이 알리기 위해서는 어떤 방법이 있을까요? 그리고 어떤 내용을 우선적으로 올리는 것이 좋을까요? 이러한 의문에 대한 답을 찾아가는 기회를 우리 학생들에게 제공하는 것 또한 좋은 문제 해결의 기회가 될 것 같습니다.

미래 사회에는 생각지도 못한 많은 문제가 등장할 것입니다. 이러한 문제들을 이제 학생들은 스스로 해결해 나가야 합니다. 이전 세대들 역시 해결하기 어려울 테니까요. 방대한 지식의 보고를 뒤져서 정답을 스스로 찾아나갈 수 있는 능동적인 학생들로 성장하기를 고대해 봅니다.

그렇다면 미래의 문제를 해결할 학생들은 과연 어떠한 도구를 이용해서 문제를 해결하게 될까요? 망치와 드릴과 못으로 해결할까요? 아니면 플라스틱과 3D 프린터를 사용할까요? 아마 십중팔구 학생들은 PC나 노트북을 켜고 키보드에 무언가를 프로그래밍하거나 인터넷을 통해 다른 이들과의 협력을 통해 문제를 해결하게 되지 않을까 싶습니다. 그렇다면 아이들이 이러한 문제 해결능력을 갖출 수 있도록 학교에서 교육을 충분히 해주고 있을까요? 물론 나라에서 지정한 교과과정만 따라가기도 부족하다는 하소연을 너무나 많이 들어서 알고 있습니다. 그럼에도, 미래 사회에 대한 대비를 소홀히 할 수는 없지 않을까요? 이러한 절실함은 사실 구글이라는 회사 역시 뼈저리게 느끼고 있는 것 같습니다. 매일 같이 새로운 직원을 채용하는 과정에서 재능은 뛰어나지만 디지털 도구의 활용 능력이나 온라인 매너가 부족한 인재들을 정말 많이 보아 왔었나 봅니다. 온라인상에 무료로 디지털 스킬을 배울 수 있는 커리큘럼과 이를 교육하고 관리할 수 있는 플랫폼인, '응용 디지털 스킬(Applied Digital Skills, https://applieddigitalskills.withgoogle.com)'이라는 프로그램을 시작하였습니다.

응용 디지털 스킨은 온라인 프로젝트 기반 학습 커리큘럼입니다. 프로그램 내의 수업은 현재 무려 160개가 존재하는데 매년 배가 넘는 속도로 성장하며 그 덩치를 키우고 있습니다. 구글이 보기에도 이러한 디지털 스킬을 익히는 것이 중요한 교육이며 또한 이러한 디지털 리터러시의 보급을 통해 많은 사회 문제를 해결할 수 있을 것이라고 생각하는 듯합니다. 물론 구글의 도구를 이용해 실습이 진행되기 때문에 자연스럽게 구글 문서 도구 등을 어린 학생들에게 각인시키는 뛰어난 구글 도구 홍보 활동이 될 수도 있습니다.

현재 응용 디지털 스킬 과정은 학생들이 실제 문제를 해결하는 데 도움이 되도록 디지털 기술 학습을 적극적으로 적용하도록 꾸며져 있고 굳이 교사의 도움을 받지 않더라도 스스로 학습할 수 있도록 단계별로 내용을 알려주는 비디오로 구성되어 있습니다. 비디오의 호흡이 매우 짧기 때문에 학생들이 관심을 잃지 않고도 바로바로 진행할 수 있게 구성되어 있습니다. 수업을 완료한 학생은 인포그래픽 또는 대화형 스토리와 같은 학업 학습이나 이

력서를 스스로 작성하는 등의 실습을 통해서 과제를 완수해야 합니다. 다수의 학생들을 교사(굳이 교사가 아니더라도 부모 또는 가이드의 역할을 할 수 있는 그 누구나 가능합니다)들이 한눈에 살펴보고 학습 진행 속도나 과제 제출 상황을 보고 개별 맞춤형 관리를 할 수 있는 구글 클래스룸과 비슷한 서비스가 제공되고 있습니다.

그림 2-238 ◈ 응용 디지털 스킬 교육을 위한 플랫폼. 로그인 시 교사로 로그인하면 학생들을 초대한 뒤 학생들의 학습을 관리할 수 있습니다. 온라인으로 이 과정들이 실시간 진행되는 모습을 살펴볼 수 있습니다. LMS(Learning Management System)라고 봐도 무방할 수준입니다. 역시나 구글답게 디자인과 기능은 아주 심플합니다. 구글 클래스룸과 연동되므로 실제 수업을 받는 학생들을 대상으로 진행하는 것도 편리합니다.

그림 2-239 ⬦ 제공되는 전체 과정 중 어린아이들과 함께 하기에 편리하고 흥미로워서 처음에 많이 시도하는 '만일-그렇다면(If-then) 스토리' 입니다. 앞서 언급한 CYOA 방식의 스토리텔링을 스스로 만들어 내는 내용입니다. 저는 초등학생 자녀들을 등록시켜 직접 수업을 진행하였습니다. 학생들의 진행 상황이 한눈에 들어옵니다.

그림 2-240 ⬦ 실제 학생들이 보게 되는 수업 영상입니다. 길지 않은 영상들로 나누어져 있으며 필요한 경우에는 자막을 띄워서 이해를 도울 수 있습니다. 전체 대본이 제시되기 때문에 만일 내용이 너무 쉽다고 느끼는 학생들은 대본을 읽고 영상을 건너뛸 수도 있습니다. 아울러 각 영상별로 해야 할 과제들이 명확히 제시됩니다. 학생들 각자의 PC에서 이어폰을 통해 자신의 페이스에 맞게 영상을 듣고 실습을 해 볼 수 있기 때문에 함께 모여서 하지만 따로 할 수 있는 실습이 됩니다.

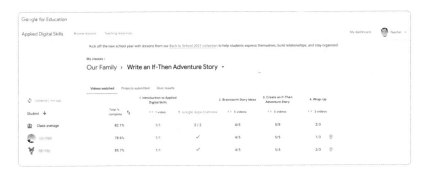

그림 2-241 ✦ 주어진 영상 강의의 이수 여부, 그리고 주어진 과제의 수행 여부를 한 번에 확인할 수 있습니다. 이후 최종적으로 퀴즈 항목까지 끝내면 이 모든 과정을 마무리할 수 있습니다.

그림 2-242 ✦ 성공적으로 교육을 1회 마무리하면 구글에서 Applied Digital Skills 트레이너 디지털 배지를 제공해 줍니다.

그림 2-243 ✦ 과정을 잘 이수한 학생들에게는 자동으로 디지털 이수증이 발급됩니다. 디자인이 화려하지는 않지만 그래도 학생들에게는 좋은 성취감을 줄 수 있습니다.

앞으로 다가올 미래 사회에서 요구되는 직업 기술들을 학교에서 모두 가르쳐 주기는 어렵습니다. 학생들 스스로 어떤 기술이 필요할지 알아내서 자기 주도적으로 공부하기도 불가능합니다. 그렇기에 구글은 이러한 부분에 공백이 발생하지 않도록 정보를 모아서 제공하는 노력을 하고 있습니다. Grow with Google(https://grow.google)이라는 사이트는 구글의 정보들과 콘텐츠를 통해서 미래 직업 또는 현재 직업에 필요한 기술들을 업데이트할 수 있는 다양한 프로그램들을 제공해 주고 있습니다.

그림 2-244 ⟡ Grow with Google이라는 프로젝트의 메인 홈페이지. 구글이 제공해주는 자기 개발 콘텐츠와 프로그램들을 통해 자기 주도적으로 기술을 향상하여 미래 직군과 사회에 대비할 수 있습니다.

앞선 응용 디지털 스킬이 디지털 도구를 이용한 활용에 초점을 맞추고 있다면 이러한 기술들을 스스로 만들어 낼 수 있는 코딩에 관련된 프로그램도 있습니다. CS First라는 이름의 프로젝트(https://csfirst.withgoogle.com/en/home)가 바로 그것인데 이는 학교 차원에서 학생들에게 컴퓨터 교육을 하는 것을 지원하기 위한 다양한 커리큘럼을 구글이 제공해 주는 사업입니다.

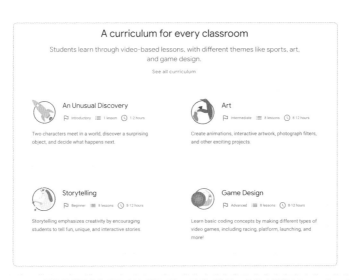

A curriculum for every classroom

Students learn through video-based lessons, with different themes like sports, art, and game design.

See all curriculum

An Unusual Discovery

⚑ Introductory | ☰ 1 lesson | ◷ 1-2 hours

Two characters meet in a world, discover a surprising object, and decide what happens next.

Art

⚑ Intermediate | ☰ 8 lessons | ◷ 8-12 hours

Create animations, interactive artwork, photograph filters, and other exciting projects.

Storytelling

⚑ Beginner | ☰ 8 lessons | ◷ 8-12 hours

Storytelling emphasizes creativity by encouraging students to tell fun, unique, and interactive stories.

Game Design

⚑ Advanced | ☰ 8 lessons | ◷ 8-12 hours

Learn basic coding concepts by making different types of video games, including racing, platform, launching, and more!

그림 2-245 ⟡ 구글은 학생들에게 컴퓨터 사이언스 즉, 코딩의 기초를 교육하기 위한 CS First라는 프로젝트를 운영합니다. 복잡한 이론적인 수업보다는 프로젝트 기반의 교육으로 구성되어 있어서 재미있게 공부할 수 있습니다.

만일 좀 더 진지하게 취업이나 이직을 염두에 두고 있다면 이를 위한 교육 콘텐츠도 제공하고 있습니다. 바로 구글 커리어 이수증(Google Career Certificates)이라는 프로젝트인데 마치 하나의 작은 학위증처럼 기능을 할 수 있는 프로그램입니다. 현재 제공되는 프로그램은 프로젝트 매니저, 데이터 분석, UX 디자인, IT 자동화 전문가 등의 주제이며 강의는 구글 사이트가 아닌 코세라(Coursera)라고 하는 온라인 MOOC 서비스를 통해 진행됩니다. 현재 미국 내에서만 이러한 전문성을 요구하는 일자리가 100만 개 정도 존재하며 시작 연봉은 6만 9천 달러, 우리 돈으로 약 8천1백만 원 정도에 해당합니다. 그리고 구글은 대학 졸업장보다는 이러한 이수증을 보고 우선적으로 채용하겠다고 선언한 상태입니다.

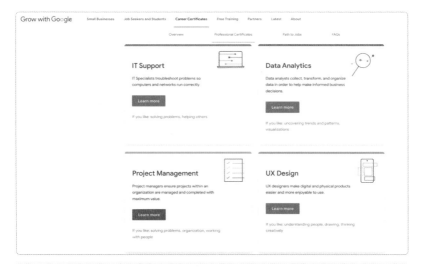

그림 2-246 ◇ 구글 커리어 이수증(Google Career Certificates)에서 제공하는 대표적인 강좌들입니다. 최소한의 수업료를 지불하면 바로 실전에 투입될 수 있을 정도의 실력을 보장하는 교육을 들을 수 있습니다. 이후 이수증을 이력서에 포함시키면 대학 졸업장보다 더욱 인정받는 자격이 될 수 있다고 합니다.

현재 구글의 집계에 따르면 IT 종사자들의 59%가 4년제 대학 졸업장을 갖고 있지 않다고 합니다. 4년제 대학 교육이 무용하다는 것은 아닙니다. 구글 역시 이 과정은 그저 보완적인 내용이며 대학 졸업장을 가진 이들에게도 부가적으로 필요할 수 있다고 합니다. 이 과정을 이수하는데 대개 3~6개월 정도가 필요하니 4개 과목을 차례대로 이수하면 결국은 2년의 시간이 필요합니다. 하지만 한 달에 39달러, 6개월 모두 해봐야 234달러 밖에 되지 않는 등록금으로 대학 졸업장에 필적할 만큼의 실력을 보증하는 서류를 얻을 수 있다고 한다면, 이는 기존 교육 시스템에 대한 도전이 될 수 있습니다. 그리고 앞으로 세상이 정말 많이 바뀔 것이라는 예고도 됩니다.

개인적으로는 학생들의 능력은 우리가 이해하는 것보다도 더 뛰어나고 무한한 가능성을 갖고 있기 때문에 학생들에게 더 많은 기대를 해도 된다고 생각하는 '낭만주의적 사고'를 갖고 있습니다. 그저 재미있는 과목을, 흥미를 가질 만한 테마를 그리고 마음에 맞는 교육자와 동료 학습자를 만나지 못해서 그런 것일 뿐 우리 학생들 모두에게는 더 많은 것을 소화하고 누릴 수 있는 능력과 재능이 존재합니다. 그렇기 때문에 저는 학생들이 한 학기 동안 학교에서 듣는 수업 외에도 별도의 수업을 들을 수 있는 기회를 제공한 바 있습니다. 이름하여 HTTP(Hermione's Time Turner Project)라는 프로젝트였습니다. 영화 <해리 포터>를 좋아하는 분이라면 다들 알만한 매우 중요한 소품인데, 한 바퀴 모래시계를 돌릴 때마다 시간을 과거로 돌릴 수 있는 도구입니다. 영화에서는 공부하는 것을 너무나 좋아하는 헤르미온느가 좀 더 많은 공부를 하기 위해서 맥고나걸 교수님의 허락을 구한 뒤 '타임 터너' 목걸이를 이용해서 하나의 수업을 듣고 난 뒤 다시 시간을 감아서 다른 수업을 듣고, 또다시 시간을 되감아서 또 다른 과목을 듣는 방식으로 남들보다 배로 많은 수업을 듣는 장면이 나옵니다. 물론 나중에는 체력적으로 너무 힘들어서 목걸이를 다시 교수님에게 돌려주고 맙니다만 이 장면이 너무 인상적이어서 학부 수업에 적용해 보았습니다.

MOOC의 대표적인 플랫폼인 코세라(Coursera)에는 다양한 과목들이 존재합니다. 2021년을 기준으로 150여 개의 대학에서 4천여 개 이상의 과목과 수업을 제공하고 있습니다. 이렇게 많은 과목 중에는 당연히 학생들의 관심을 끌거나 적성에 맞는 수업들이 있기 마련이죠. 그래서 저는 학기 중에 제가 미리 선정한 몇몇 코세라 과목을 학생들에게 제시해 주고 이 과목을 이수하여 (이수증을 코세라에서 제공해 줍니다) 마무리한 친구에게는 가산점을 주겠다고 약속하였습니다. 바쁜 치대 수업 중에도 코세라 수업을 듣는 것이 쉬운 일은 아니었습니다만 그래도 꽤 많은 학생이 HTTP에 동참해 주었고 성공적으로 과목을 마친 친구들에게는 부가점수를 제공해 주었습니다. 아쉬웠던 점은 학생들 중 아주 일부의 학생이 코세라 수업 중간중간 나오는 퀴즈들을 공유하여 친한 친구끼리는 코세라 수업을 손쉽게 이수한 것으로 인정을 받았다는 이야기를 듣게 된 것입니다. 물론 HTTP 이후 부가적인 퀴즈나 시험을 만들어서 학생들의 수강 여부를 좀 더 엄격하게 파악할 수도 있었습니다. 그래도 학생들을 믿고 자율적으로 공부하도록 맡긴 것이었기에 많이 서운하고 실망도 하였습니다. 그럼에도, 선의의 뜻을 가지고 열심히 공부했던 친구들, 특히 별도의 시험이 없기 때문에 마음 편하게 공부를 했을 친구들이 나중에 HTTP를 통해 접한 새로운 과목과 새로운 수업 방법을 통해서 무언가 남다른 길을 가게 되지 않을까 기대하며 실망스러운 마음을 삭힐 수 있었습니다.

앞서 보여드린 사례들을 통해서 온라인에 얼마나 많은 교육 관련 자료가 존재하는지 어느 정도 느꼈을 것입니다. 이제 이러한 방대한 자료를 교육자로서 적극적으로 검색, 활용하지 않는 것은 직무 유기라고 볼 수도 있습니다. 그저 좋은 교육을 위한 '참고 자료'의 수준으로 이를 받아들이면 안 됩니다. 어쩌면, 정말로 어쩌면 앞으로의 교육은 저 방대한 온라인 망망대해에 존재할지도 모르겠습니다. 일단 알아내기 위해서는 발을 담가 보는 수밖에 없습니다. 부담 갖지 말고 가볍게 구글 두들부터라도 시작해 보는 건 어떨까요? 어느 순간 이 모든 자료를 요리하고 있는 모습을 발견하게 될 것입니다.

이제 기술의 혁신은 전 분야를 막론하고 닥쳐오고 있습니다. 이는 우리가 해 오던 일과 환경을 전환시키기 시작하였습니다. 제가 근무하는 치과계도 마찬가지입니다.

얼마 전 일본에서는 사랑니를 빼는 로봇이 등장해서 성공적으로 이를 뽑았다고 합니다. 중국에서는 임플란트를 심는 로봇이 나와서 임플란트를 심었다고 합니다. 영상을 찾아서 보았더니 로봇이 열심히 임플란트를 심고 있고 옆에서 의사가 드릴을 바꿔 끼워주고 있더군요. 심지어는 수술의 처음과 끝에 절개와 봉합을 해 주는 '자율 수술 로봇 STAR'가 이름 그대로 스타처럼 등장하기도 하였습니다. 변화의 속도는 점점 더 가속화되어 가고 있습니다.

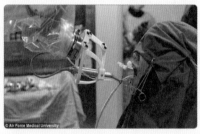

그림 1 ⇨ 사랑니를 뽑는 로봇(출처: juniordentist.com)과 임플란트를 심는 로봇(출처: wonderfulengineering.com)

그림 2 ✚ STAR처럼 등장한 STAR(Soft Tissue Autonomous Robot, 연조직 자율 로봇). 봉합을 자동으로 해주고 있습니다. (출처: wired.co.uk)

이렇게 인류는 인공지능과 로봇에게 밀려서 긴 역사를 마감하게 될까요? 사실 많은 직업이 이미 사라졌고 앞으로도 많은 직업이 사라진다고 합니다. 앞으로 어떤 미래가 펼쳐질지는 모르지만 확실한 것은 많은 부분이 기계화, 자동화된다는 것이죠. 유발 하라리가 말했듯이 '변화만이 유일한 상수'인 시대가 오고 있습니다. 확실하게 예측할 수 있는 것은 이러한 변화가 이전보다 더욱 빠른 속도로 가속화될 것이라는 점입니다. 최근 세계 곳곳에서 배달하고 식당에서 주문하고 쇼핑몰에서 결제하는 모든 과정을 비접촉 (Contactless)으로 대체하는 중입니다. 코로나19라고 하는 특수한 상황이 가장 큰 원인입니다만, 일단 이런 세계를 맛보았기에 다시 돌아가기는 어렵지 않을까 생각합니다. 상점 입장에서는 결제 장비를 들여놓을 때 비용은 발생했지만, 이후에 인건비가 현저히 줄어들기 때문이죠. 쇼핑하는 소비자로서도 말 한마디 안 하고도 (아주 잘) 먹고살고 지낼 수 있으니 상당한 매력입니다. 이러한 디지털 도구가 만들어낸 전환은 우리의 삶을 근원부터 변화시키고 있습니다. 압도적인 효율과 불가능하던 것을 가능하게 하는 디지털 도구의 힘을 경험한 이상 다시 이전으로 돌아가기 어려울 것입니다.

교실도 마찬가지입니다. 굳이 학교에 오지 않아도 많은 부분을 온라인 수업이나 독립적인 영상 시청을 통해 대체할 수 있다는 것을 깨닫게 되었고 직접 견학지를 찾아가지 않아도 VR, AR, 라이브 스트리밍을 통해서 직접 갔다 온 것과는 다른 형태의 만족스러운 체험을 할 수 있게 된다는 것을 알게 되었습니다. 그리고 훨씬 안전하고 비용도 적게 들지요. 물론 학생에게는 사람의 손길이 필요합니다. 사교적으로 친구와 교류하고 사회의 규칙을 배워 나가고 또한 많은 부분 놀면서 배워야 하는 것도 있지요. 이것을 온라인으로, ICT로 모두 대체할 수는 없지만, 많은 부분은 디지털 도구가 대체할 것이라는 것을 이제 인정해야 합니다.

어쩔 수 없이 다가올 미래라면 순응하고 이 상황을 어떻게 온 힘을 기울여 잘 만들까를 고민해야 합니다. 지난 코로나19 기간 동안 온라인 학습을 하면서 여러 가지 문제점이 지적되었습니다. 반대로 너무나도 잘 수업을 이끌어 모범 사례로 손꼽힌 경우도 많습니다. 이 모든 인류의 기록과 지혜가 헛되이 사라지지 않고 잘 전파되고 향상되었으면 좋겠습니다. 다음 세대는 이런 시행착오를 경험하지 않도록 할 수 있을 테니까요.

제 전문 분야인 치과, 치주학과와는 거리가 있는 디지털 도구를 활용한 교육 혁신에 대해 공부하고 그 내용을 나눈 지 수년이 되었습니다. 지난 수년간 교실에서 많은 학생과 디지털 전환을 통한 수업을 진행하며 얻었던 노하우를 많이 얻을 수 있었고 이를 한 권의 책으로 엮었습니다. 물론 부족한 부분도 많고 더욱 좋은 사례들도 많습니다만, 여러 차례 말씀드린 대로 구슬러 정신을 가지고 주어진 도구를 잘 활용하는 것이 최고의 솔루션임은 아무리 강조해도 지나치지 않습니다. 제가 소개한 새로운 교실의 모습을 만들어 가는 다양한 사례가 참고가 되어, 우리의 소중한 학생들이 미래에 잘 대비할 수 있는 좋은 교육을 받을 수 있게 된다면 큰 영광이겠습니다. 마치 카멜레온처럼 자신의 색을 바꿔가면서 위기와 환경에 잘 적응하는 유연한 사고와 능력이 독자 여러분 모두에게 충만할 수 있기를 응원합니다.

무엇보다도 교실 내에서 학생들과 함께 하는 멋진 지적 여정이 펼쳐지기를 응원합니다.

저자 박정철 올림